武汉大学文科基础学科振兴行动计划资助出版

江汉地区文化变迁

余西云　著

商務印書館
创于1897　The Commercial Press

2017年·北京

图书在版编目（CIP）数据

江汉地区文化变迁／余西云著. — 北京：商务印书馆，2017
（珞珈史学文库）
ISBN 978-7-100-14437-7

Ⅰ.①江… Ⅱ.①余… Ⅲ.①文物－考古－湖北－文集 Ⅳ.①K872.63-53

中国版本图书馆CIP数据核字（2017）第147449号

江汉地区文化变迁
余西云　著

商　务　印　书　馆　出　版
（北京王府井大街36号　邮政编码 100710）
商　务　印　书　馆　发　行
三河市尚艺印装有限公司印刷
ISBN 978-7-100-14437-7

2017年8月第1版　　　开本 710×1000　1/16
2017年8月第1次印刷　　　印张 21 1/4

定价：72.00元

总　序

“珞珈史学文库”是武汉大学历史学院教师学术研究成果的结集。第一批推出的是二十多位教授的文集。以后将根据情况，陆续推出新的集子。

武汉大学历史学科具有悠久而辉煌的历史。早在1913年，武汉大学的前身国立武昌高等师范学校就设置历史地理部。1930年武汉大学组建史学系，1953年改名历史学系，2003年组建历史学院。一批又一批著名学者，如李汉俊、李剑农、雷海宗、罗家伦、钱穆、吴其昌、徐中舒、陈祖源、周谱冲、郭斌佳、杨人楩、梁园东、方壮猷、谭戒甫、唐长孺、吴于廑、吴廷璆、姚薇元、彭雨新、石泉等，曾在这里辛勤耕耘，教书育人，著书立说，在推动武汉大学历史学科和中国现代史学发展、繁荣的同时，在武汉大学和中国史学史上也留下了嘉名。其中，唐长孺、吴于廑两位大师贡献最为卓殊。

改革开放30年间，武汉大学历史学科建设成效显著。1981年，中国古代史和世界史获得全国首批博士学位授予权。1987年，历史地理学获得博士学位授予权。1988年，中国古代史被列为国家重点学科。1995年，历史系被批准为国家文科基础学科人才培养和科学研究基地。1997年，获得历史学一级学科博士学位授予权。1999年，建立历史学博士后流动站。2001年，中国古代史再次被列为国家重点学科。2007 年，中国古代史第三次被评为国家重点学科，世界史新增为国家重点学科。2008 年，历史学一级学科入选湖北省重点学科。2001 年，以中国古代史为核心的国家“211 工程”二期建设项目“中国文明进程与世界历史整体发展”启动。2008 年，分别以中国古代史与世界史为中心的“211 工程”三期建设项目“新资料整理与中国古代文明进程研究”与“世界历史整体发展中的社会转型与文化变迁研究”启动。目前，历史学院设有历史学、世界历史、考古学三个本科专业；史学理论及史学史、考古学及博物馆学、历史地理学、历史文献学、专门史、中国古代史、中国近现代史、世界史、中国文化史、中国经济史、国际关系与中外关系史和地区国别史等 12 个二级学科。在研究机构方面，设有中国三至九世纪研究所、世界史研究所、历史地理研究所、中国文化研究所、中国经济与社会史研究所、15—18 世纪世界史研究所、第二次世界大战与战后世界研究所，以及简帛研究中心、科技考古研究中心。在前一辈学者奠定的基础上，经过后继者的持续努力，逐步形成了严谨的学风和优良的教风，确立了理论探讨与实证研究相结合，断代史与专门史、地区史与国别史相结合，传世文献与出土资料并重的学术特色，成为武汉大学在海内外学界具有重要影响的学科之一。

历史学院的老师，在辛勤教书育人的同时，也为科学研究倾注了大量心血，在各自从事的方向或领域，推陈出新，开拓前行，撰写了一大批有价值的专著和论文。学院决定编撰教师个人的学术文集，是希望各位老师把自己散见于海内外各种出版物上的代表性论文加以整合。这样，通过一种文集，可以约略体现教师本人的研究历程和领域；而于整体方面，也可在一定程度上展示武汉大学历史学的学科格局和学术风格。

每本文集的选篇和修订，由作者各自负责。学院教授委员会对入选文集进行遴选，并提出一些指导性的建议。

“珞珈史学文库”的出版，得到了国家“211工程”三期建设项目的支持，得到了武汉大学“基础学科振兴行动计划”的支持，得到了商务印书馆各位领导和相关编辑先生的支持。在此致以诚挚的谢意。

2010年2月

序 言

考古学是根据实物遗存研究人类文化及其历史的学科。考古学研究的遗存，应该具备情境属性，情境的核心就是时间上的联系和空间上的联系。那些没有明确出土遗址和层位的流散文物，就基本上不具备考古学研究的价值，大致属于金石学研究的范畴。考古学的研究对象，从具体层面上说是遗存，从抽象层面来说就是文化，文化研究是考古学更本质的特征。考古学研究就是从遗存出发，通过时间联系和空间联系，达成文化研究。

考古学的文化研究，主要在两个维度展开：一个是文化内涵的揭示，具有共时性的特点；一个是文化历史的复原，具有历时性的特点。文化历史研究，有一个从局部到整体，从具体到抽象的过程。对一批遗存，特别是遗物，进行排队、分期；对一个地区进行文化编年，建立文化序列；对文化进行谱系研究。以上是我们目前所知的三个主要阶段。遗存分期揭示的是特定遗址或者特定文化发展的阶段性；文化序列揭示的是特定区域文化的静态变化过程；文化谱系揭示的是广泛区域内文化的动态变迁过程。在文化序列的基础上，分析文化的源流，是文化区系研究的主要内容；文化因素分析，主要揭示考古学文化尺度上不同区域文化之间的联系和影响；文化谱系研究，则是在文化期的尺度上，揭示不同文化或者同一文化内部不同区块（空间类型）之间的互动，揭示文化生成、变异、扩张、收缩、瓦解或消亡的过程。遗存的排队、分期，是文化历史的基础，区域文化序列是文化历史的骨架，文化谱系是文化历史的血肉，这是一个递进的过程。文化序列是相对有限的，而文化谱系是绝对无限的。文化历史会在谱系研究中不断深化，不断丰富。

文化是一个复杂整体，但其内涵可以分为不同部分或者不同层面，比较合理的是将文化分为技术层面、组织层面和意识层面。技术层面包括生业、制作石器、制陶、治玉、冶金等诸多内容；社会组织层面主要包括亲族组织和政治组织两部分；意识层面包括文字、艺术、宗教等诸多内容。这三个层面是联系的、互动的，把考古遗存分为技术遗存（technofacts）、社会遗存（sociofacts）和意识遗存（ideofacts）三部分，并不合适，因为具体的遗存既可能反映了人类的意识，也可能同时包含有技术的和社会的信息。将这三个层面联系起来，就会形成链式的研究。如陶器的形制研究，首先从同一器类的形态差别分析制陶技术之间的差异，陶器形态以及制陶技术的区别，反映的可能就是人群的不同，就是组织层面的内容，由此可以达到文化谱系的研究。石器的"操作链"研究，既涉及选取石料、加工石器等具体的技术层面；不同技术类型也可能反映不同的人群，这就涉及组织层面；不同的操作模式，也可能反映操作者或者所在社会的认知情况等，这就涉及意识层面。青铜器首先是技术的产物，但如果从找矿、采矿、选矿、冶炼、铸造、运输、交换、分配、赏赐、馈赠、使用、废弃和埋藏等进行链式研究，就会从技术层面延伸到社会层面和意识层面。新石器化和文明起源的研究，虽然分别侧重生业类型和政治组织，但其实也是一种链式的研究。

现在的考古学主要还是在实物遗存的层面建构历史，将来的考古学应该会更多地从文化内涵的层面建构历史。

目录 Contents

第一编　文化谱系

第二编　文化结构

第一编　文化谱系

长江中游及周边地区几类新石器时代早期遗存的谱系与年代

长江中游及周边地区发现了一系列新石器时代早期遗存，是探讨华南地区新石器化的重要资料。关于这些遗存的年代与谱系，学术界存在不同的意见。我们从楠木园文化探源的角度出发，对几类典型遗存进行分析，试图对长江中游诸新石器时代早期遗存的年代与谱系做一番梳理。

一、楠木园文化

楠木园文化根据巴东楠木园遗址命名，是近年在三峡地区发现的一种新的考古学文化[①]。同类遗存还见于丰都玉溪遗址[②]。

楠木园文化陶质主要为夹砂陶。粗泥质陶也占一定比例。仅有少量泥质陶和夹炭陶。陶色以红褐色为基调。陶器表面装饰主要为绳纹，有少量花边、划纹（网格状）和素面（抹光）。主要器类有釜、支座、罐、钵、碗和壶等，另有少量勺、匙、器盖、杯等。楠木园文

① 国务院三峡工程建设委员会办公室、国家文物局编著，余西云主编：《巴东楠木园》，科学出版社 2006 年版。

② 邹后曦、袁东山：《重庆峡江地区的新石器文化》，载《重庆·2001 三峡文物保护学术研讨会论文集》，科学出版社 2003 年版。

化的陶器几乎全为手制，仅有个别陶器可能经过轮修。最主要的制法为泥片贴塑。

楠木园文化石器数量相当多。石器多以砾石为原料。石器绝大部分仅经过打制，石器的主要剥片方法是锐棱砸击法，其次为锤击法。打制形成的石核、石片经过简单修理或不再修理即大量使用。这些石核工具、经过简单修理的石片工具和未经修理的使用石片占到全部石器的六成五左右。成型石器很少，只占石器总数的 15% 左右，一般经过琢制，有的再经过磨制。磨制石器的比例低是楠木园文化石器的一个特色。磨制石器只占石器总数的 6.8%。磨制石器中绝大多数又只磨刃部。通体磨光的石器仅占石器总数的 1% 左右。

根据文化面貌的变化和层位关系，发掘报告把楠木园文化遗存分为早、晚两期，年代大致为 5500B.C.—4500B.C.，早期与晚期之交在 5100B.C. 左右。楠木园文化早期遗存与城背溪遗址 H1 等遗存有可比之处。楠木园文化晚期遗存与以朝天嘴遗址 G6、G7 为代表的柳林溪文化遗存多有可比之处。

关于楠木园文化的来源，发掘报告在讨论楠木园文化的性质时，提出楠木园文化早期遗存主要包含有城背溪文化的因素和李家村类型因素。本文主要探讨楠木园文化来自长江中游地区的这支源头。

二、城背溪文化

城背溪文化根据宜都城背溪遗址命名[①]，但城背溪遗址发掘报告对城背溪文化内涵的界定比较含混。发掘报告将城背溪遗址的“城背溪文化”遗存，根据南北两个发掘区的“地层堆积情况和出土遗物特

---

① 湖北省文物考古研究所：《宜都城背溪》，文物出版社 2001 年版。

点”，分为五部分，认为南区遗存可分为上、下两层，实际就是前、后两期。而T6和T7第③层遗存则包含了前、后两期。北区T10③这个“夏商周时期”的地层包含的城背溪文化陶器与南区上层陶器接近。

检索发掘报告的内涵，总的来说，各组遗存多有含混之处。根据釜、支座及其他器物组合等情况，大致可以分为这样从早期到晚期的五组：

I组 以城背溪南区T6③主体部分为代表的遗存。其中的釜为深腹，溜肩，卷沿较大，沿腹交界不明显，一般为重叠沿，从唇到底满饰绳纹。支座底部较大，头大幅度前倾。有特色的组合器类有双耳扁腹壶、镂孔圈足盘等。

II组 以城背溪H1等“南区下层”主体部分为代表的遗存。其中釜的腹较深，溜肩，卷沿较小，沿腹交界比较明显，一般为重叠沿，从唇到底往往满饰绳纹，也有个别器物口沿部位不饰绳纹。支座底部较大，头大幅度前倾。有特色的组合器类有双耳折腹壶、圈足盘等。

III组 以城背溪“南区上层”主体部分为代表的遗存。包括城背溪北区T10③中的“城背溪文化”遗存。其中釜的腹较圆，肩较鼓，卷沿或重叠卷沿外侈，沿腹交界处有明显束颈痕迹，从唇到底往往满饰绳纹。

IV组 以城背溪南区T7③主体部分为代表的遗存。其中釜的腹较圆，肩较鼓，折沿略外侈，从唇到底往往满饰绳纹。

V组 以城背溪南区T5③：1釜（报告称为“瓮”）等为代表的遗存。T5③：1釜，腹较圆，肩较鼓，折沿，腹部饰绳纹，口沿外一般不饰绳纹。

另外，《宜都城背溪》发掘报告还发表了金子山、栗树窝、枝城北、青龙山、孙家河、花庙堤等遗址“城背溪文化”的内涵。

金子山位于宜都市枝城镇白水港村，为一个近圆形的小山丘，山坡较陡，文化层“往往有冲积现象”，估计是次生堆积。金子山的“城背溪文化”遗存，也包含了不同时期的遗存，其中的釜类可以做如下排序：

I T4②：14，溜肩，卷沿较大，沿腹交界不明显，一般为重叠沿，满饰绳纹。接近城背溪I组的同类器。

II T3③：11，腹较圆，肩较鼓，卷沿外侈，从唇到底往往满饰绳纹。或接近以城背溪“南区上层”主体部分为代表的遗存。

III H1：12，腹较圆，肩较鼓，折沿，腹部饰绳纹，口沿外一般不饰绳纹。接近以城背溪南区T5③：1釜等为代表的遗存。

IV T3③：17，圆鼓腹，素面。应该已经进入了大溪文化的范畴。

另外，T3③：4这类“罐”可能更晚一些，或可晚至春秋时期。

综上分析，《宜都城背溪》报告中的“城背溪文化”遗存可做如下分组：

第一组：以枝城北H1为代表的遗存。

第二组：以城背溪南区T6③主体部分为代表的遗存，包括金子山I组。

第三组：以城背溪H1等“南区下层”主体部分为代表的遗存。

第四组：以城背溪“南区上层”主体部分为代表的遗存，包括城背溪北区T10③中的“城背溪文化”遗存。略晚一点的有金子山II组。

第五组：以城背溪南区T7③主体部分为代表的遗存。还有青龙山第④层、H2，栗树窝T1⑤等。

第六组：以城背溪南区T5③：1釜（报告称为“瓮”）等为代表的遗存。包括金子山III组，青龙山第③层、H1。

第七组：孙家河T5③等。

第八组：金子山IV组，孙家河采：041等。

其中第二、三、四、五组的文化面貌接近，可作为城背溪文化的典型遗存（图一）。以枝城北H1为代表的第一组遗存与城背溪文化遗存有比较明显的差别，后文将做进一步的讨论。第六、七组也与上述城背溪文化遗存有一定差别，大体进入了一般所谓的“柳林溪文化”或“关庙山一期文化”的范畴。至于第八组，则属于典型的大溪文化遗存。

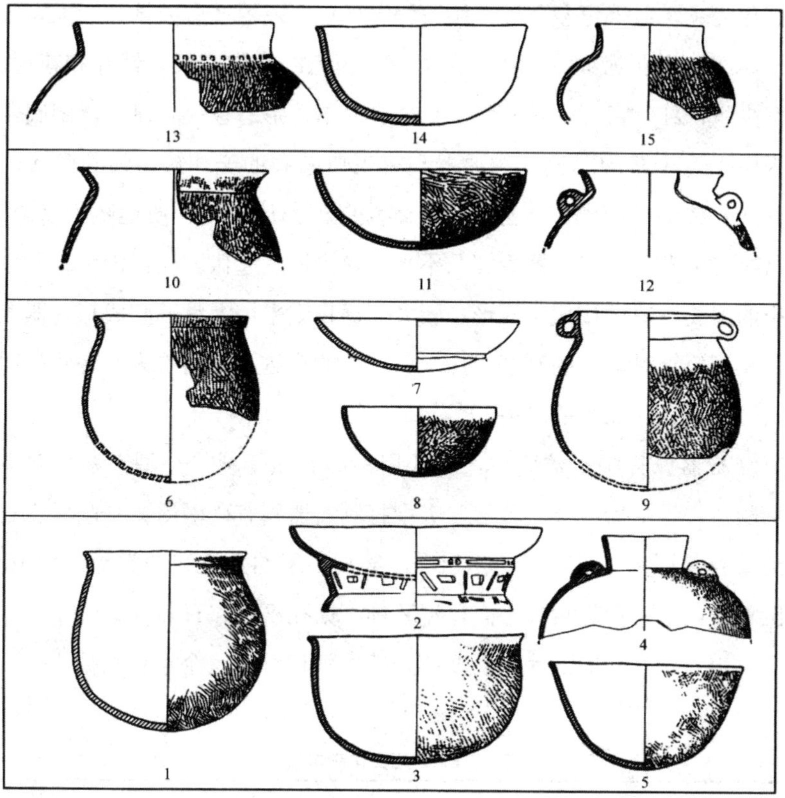

图一　城背溪文化的分期

1. 釜（T6③：67） 2. 圈足盘（T6③：23） 3. 盆（T6③：14） 4. 双耳壶（T6③：73） 5. 钵（T6③：6） 6. 釜（H1①：2） 7. 圈足盘（H1②：12） 8. 钵（H1②：8） 9. 双耳罐（H1②：4） 10. 釜（T10③：32） 11. 钵（T10③：2） 12. 双耳罐（T10③：8） 13. 釜（T7③：57） 14. 钵（T7③：11） 15. 罐（T7③：47）（标本均出自城背溪遗址）

其他进行过发掘的城背溪文化遗址还有宜昌路家河[①]。

城背溪文化陶器的陶质以夹炭陶为主，往往含有大量的碳化物，

① 长江水利委员会：《宜昌路家河——长江三峡考古发掘报告》，科学出版社2002年版。

其中有的是以泥炭土为原料而成，有的则是有意掺入草本植物、稻草或谷壳所致。有少量的夹砂陶和泥质陶。陶色在器表红黑相间，以红色为主，显得斑驳不纯，胎心为深黑色。陶器多有纹饰，素面陶较少。纹饰主要为绳纹，另有刻划纹、篦点纹、锥刺纹、镂孔和花边，有少量饰红、黄、白等色陶衣。器类简单，形态也很随意，以圜底器为主，有少量圈足器，主要器类有束口圜底的釜、罐，浅腹圜底的盘，弯体的支座和圈足盘等。陶器烧制的温度不高，质地疏松易碎。器物造型多不规整，器表凹凸不平，口沿波状起伏。陶器为手制，较小的器物一般直接捏塑成形，较大的器物则采用泥片贴塑成形，器表常见到修饰时留下的刮削、抹平、打磨的痕迹。总的看来，陶器呈现出一种简朴、原始的风格。

石器以打制石器为主，一般用河卵石做原料，小型石器主要有刮削器、锥形器和雕刻器等，大型打制石器则有砍砸器、刮削器、石锤、石斧、锛、凿等，制作粗糙。磨制石器的数量和种类都比较少，但制作精细，形态规整，有棒形坠饰、钻孔石管和石斧等。

城背溪遗址有三个年代数据，路家河遗址有一个年代数据[①]：

表一　城背溪文化测年数据

实验室编号	标本来源	标本性质	^{14}C 年代（距今，5730）	高精度表树轮校正年代
BK 84028	城背溪 T6 ③	兽骨	6800±80	5619—5477 B.C.
ZK-2643	87ZCH1	夹炭陶片	8220±250	无校正
ZK-2644	89ZCK1	夹炭陶片	8274±234	无校正
ZK-2645	路家河 T6 ⑧、T1 ⑤	夹炭陶片		5740—5540 B.C.

① BK 84028 引自中国社会科学院考古研究所：《中国考古学中碳十四年代数据集（1965—1991）》，文物出版社 1992 年版。ZK-2643、ZK-2644 引自中国社会科学院考古研究所实验室：《放射性碳素测定年代报告（二〇）》，《考古》1993 年第 7 期。ZK-2645 引自：长江水利委员会：《宜昌路家河——长江三峡考古发掘报告》，科学出版社 2002 年版。

ZK-2643 和 ZK-2644 两个年代数据所使用的标本均为夹炭陶中的碳，即所谓的基质碳，此类碳标本进行测年往往会出现偏前的年代数据。BK 84028 的年代大致代表了城背溪文化较早阶段的年代；路家河所测得的年代数据与城背溪的 BK 84028 相差不远。根据 BK 84028 和 ZK-2645 这两个测年数据，将城背溪文化年代上限定在 5600B. C. 前后，比楠木园文化稍早一点，应该是基本合理的。

三、彭头山文化

位于洞庭湖西北的澧阳平原的彭头山和八十垱等遗址的发现与发掘，找到了一种早于城背溪文化的遗存，有人倾向于将其纳入城背溪文化的范畴，也有人将其命名为彭头山文化[①]。

彭头山遗址 1984 年发现，1988 年进行发掘。其中有石家河文化等晚期遗存，但其主体部分是所谓彭头山文化遗存。

这类遗存陶器以夹炭掺砂陶为主，夹炭掺稻陶和夹炭陶次之，有少量夹砂陶。陶胎的掺和物中明显有稻谷壳和稻草。陶色以红褐色为基调，往往斑驳不纯。绝大部分陶器有纹饰，只有少量素面陶。绳纹占陶片总数的七成以上，有少量戳印纹、捺压纹、刻划纹、锯齿纹、按窝纹、乳丁纹、镂孔等，素面陶不到总数的一成。绝大部分陶器口沿都有锯齿纹。器类主要有圜底釜、支座、圜底罐、圜底钵、圜底盆、圜底盘、圜底碟、勺、双耳罐、矮足鼎等。圜底器占绝大部分，不见圈足器是这类遗存与城背溪文化的主要区别之一。陶器的成型方法主要是泥片贴塑法（图二）。

---

① 湖南省文物考古研究所：《彭头山与八十垱》，科学出版社 2006 年版。

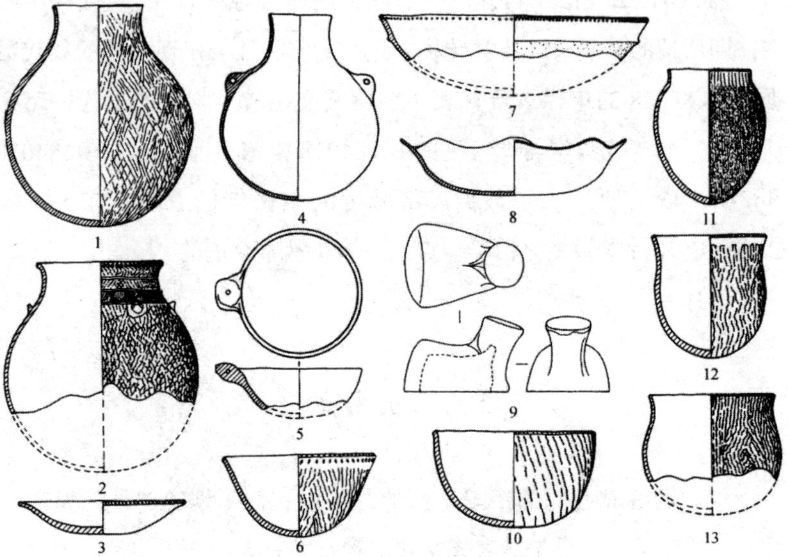

图二　彭头山遗址出土陶器

1. 釜（H2：47）　2. 釜（H2：1）　3. 碟（H2：5）　4. 双耳壶（H9：1）　5. 勺（T2②：29）
6. 钵（T13③：30）　7. 盘（T4⑤：42）　8. 盘（T13③：43）　9. 支座（H4：7）
10. 钵（H2：46）　11. 罐（H2：10）　12. 罐（H2：44）　13. 釜（H2：18）

八十垱 1993—1997 年间进行了五次较大规模的发掘，发掘面积 1200 平方米。八十垱遗址的主要内涵是彭头山文化遗存。八十垱遗址“彭头山文化”遗存和彭头山遗址的“彭头山文化”遗存陶器在陶质、陶色方面大同小异。纹饰仍以绳纹为主，占陶片总数的 55% 左右，比例有所下降；戳印纹、捺压纹及刻划纹比例上升；按窝纹、锯齿纹及镂孔也占一定比例；但乳丁纹基本不见了。陶器的器类组合没有大的差别，只是具体的器形有明显变化（图三）。

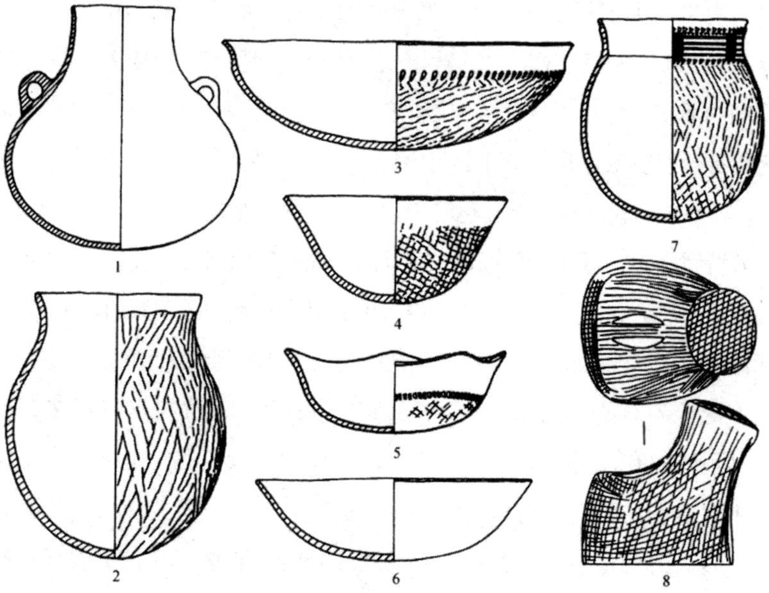

图三 八十垱的彭头山文化陶器

1. 双耳壶（M45：1） 2. 釜（T5⑤：124） 3. 盘（T1⑩：16） 4. 钵（T50⑯：5）
5. 盆（T47⑯：6） 6. 盘（T1⑨：6） 7. 罐（T6⑩：22） 8. 支座（T43⑰：7）

发掘报告将彭头山和八十垱的“彭头山文化”遗存各分为三段，然后将彭头山的第Ⅲ段与八十垱的第Ⅰ段合并，在此基础上将两遗址的“彭头山文化”遗存分为五段，再归纳为三期。检索发表的材料，可以看出八十垱的陶器比彭头山的陶器“进步”不少，两者间应无重叠，可能还有一定的缺环。将它们看成前后两个阶段可能更合理一点。这一点从测年数据上也能看出来，八十垱最早的测年数据比彭头山最晚的测年数据约晚200年。

从陶器组合看，彭头山文化的圜底釜、圜底罐、支座、圜底钵、圜底盆、圜底盘、双耳壶等主要器类基本都可以在城背溪文化中找到，城背溪文化新出现了圈足盘、圈足碗等圈足器以及双耳折腹罐（如城背溪G1②：8）等器类、器形。同类器物的形态比较，八十垱的釜卷沿较大，斜上侈，整个器形显得瘦高。彭头山的釜束颈，卷沿更大，器形更显瘦高。与城背溪文化中支座越早基座越大、头部越前倾的演变趋势相连接，八十垱与彭头山的支座基本为卧式。这些形态变化都说明彭头山早于八十垱，八十垱的“彭头山文化”早于城背溪文化。这些现象说明城背溪文化晚于彭头山文化，是彭头山文化的继承者。但城背溪文化出现了一组新的文化因素，有文化重组的过程，可以将彭头山文化和城背溪文化看成同一谱系的、具有早晚承继关系的两种文化。城背溪文化出现的新因素与皂市下层文化在洞庭湖周边地区的兴起有关。

圜底双耳壶是彭头山文化的特色器类之一，数量虽然不多，但从早到晚都有。因为双耳壶在裴李岗文化中大量存在，是裴李岗文化的典型器类，我们认为彭头山文化中的双耳壶是来自裴李岗文化的元素。彭头山文化中的圜底双耳壶的演变趋势与裴李岗文化中双耳壶的演变趋势基本相同：从圆鼓腹到扁腹，从较高到较矮。只是裴李岗文化中有腹部更深，器形更高的双耳壶。所以彭头山文化接触的可能并非最早的裴李岗文化。裴李岗文化的双耳壶一般以平底或小平底为特色；有少量圜底或尖圜底双耳壶，造型与彭头山文化中的同类器风格有所不同。特别是彭头山文化中始终有一种饰绳纹双耳壶也不见于裴李岗文化。说明彭头山文化对裴李岗文化的双耳壶并非简单照搬，而是进行了改造。

北京大学考古系与牛津大学考古与艺术史研究实验室合作采用AMS—^{14}C 技术对彭头山遗址的数个标本进行测年①。在此基础上，陈铁梅先生等人对测年数据进行了具体分析，认为只有 T1 ② H2 的一块陶片中碳化稻谷的测年结果是可靠的，该标本的测年数据为距今7775± 90 年（OxA 2210），这个年龄值处在该陶片腐殖酸年龄和基质碳年龄之间，估计年龄区间为距今 7900—7700 年。结合其他 AMS

① 陈铁梅、R. E. M. Hedges：《彭头山等遗址陶片和我国最早水稻遗存的加速器质谱 ^{14}C 测年》，《文物》1994 年第 3 期。

年龄和常规 ^{14}C 年龄，确定彭头山遗址的年代为距今 8000—7700 年或稍大于 8000 年。

发掘报告对这一分析结果表示质疑，采用校正软件对北京大学考古系碳十四实验室采用常规方法测定的数据进行了分析，推定彭头山遗址早期遗存的年代为距今 9000—7800 年。这个结果与陈铁梅先生等人分析的结果分歧不小。

彭头山文化的年代是我们认识华南诸早期遗存年代的一个重要支点。我们希望能够从另外的途径对彭头山文化的年代进行讨论。

四、甑皮岩文化

对甑皮岩遗址进行过多次发掘，发掘报告将史前遗存分为五期①。

甑皮岩第一期只发现了一件陶器，圆唇，敞口，斜弧壁，圜底，腹较浅。夹粗石英灰白陶。器表大部分为素面，近口沿部分隐约可见粗绳纹，滚压而成再抹平。报告称为圜底釜，从造型看，应该为圜底钵。第二期的陶器数量也较少，器类单一，器形简单，大多数器形为釜（报告称为“罐”），均为较小残片。第三期的器类组合和器形与“第二期相比没有太多变化”，但其中有一些较大的陶片，其中陶釜的形态大致为卷沿，束颈，鼓腹，圜底。第二期和第三期有一些残口沿估计为钵口沿。

甑皮岩第三期的釜（如 DT4⑪：003）与彭头山出土的陶釜整体形态有相似之处，只是束颈更明显，口沿更外撇，其腹部类似橄榄形，比彭头山的釜的腹部更深一些。由此可知甑皮岩第三期比彭头山

---

① 中国社会科学院考古研究所、广西壮族自治区文物工作队、桂林甑皮岩遗址博物馆等：《桂林甑皮岩》，文物出版社 2003 年版。

文化更早。甑皮岩第一、二、三期的器类组合虽然简单，能辨别出来的器类主要就是圜底釜和圜底钵，圜底釜和圜底钵也是彭头山早期遗存器类组合的核心内涵，甑皮岩第一、二、三期为代表的遗存极有可能就是彭头山文化的源头，至少是其源头之一。所谓“甑皮岩文化”应该指这三期内涵。

甑皮岩第四期的主要器类组合仍然是圜底釜，其形态一般为卷沿，沿较直立，鼓腹，沿、腹有明显的分界。DT4⑬：001 的形态特征大致与八十垱 T4⑨：22 接近；DT4⑬：003 也与八十垱 M50：3 等有类似之处。估计甑皮岩 DT4⑬ 大体应该与八十垱 T4⑨的年代相当或略有早晚。至于甑皮岩 KDT5：049、KDT5：018 等陶片的沿腹分界更清晰，其年代或更晚一点（图四）。

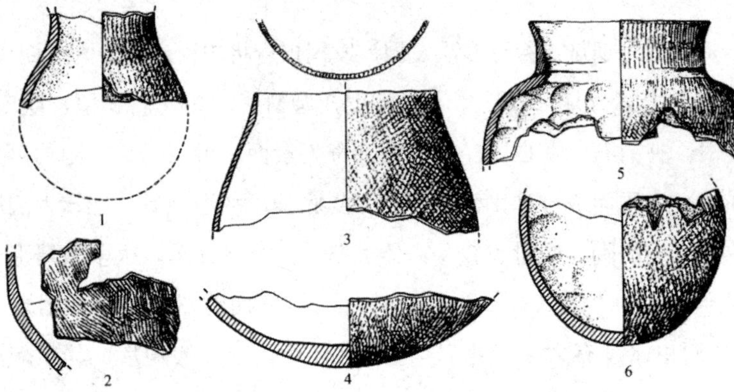

图四　甑皮岩遗址第四期陶器

1. 釜（DT4⑫：003）　2. 釜（DT3⑤：001）　3. 釜（DT4⑬：003）
4. 器底（K：008）　5. 釜（KDT5：049）　6. 器底（DT4⑫：002）

甑皮岩第五期遗存与前四期有较大差别，器类有敞口釜、盘口釜、敛口釜、圈足盘、圈足碗、敞口盆、支座等。纹饰种类丰富，造型繁复。主要有细绳纹、草编纹、刻划纹、戳印纹等。有少量素面陶，部分器表施红衣，并磨光。其中的盘口罐、敛口罐、敞口盆等都显示出与皂市下层文化的同类器相似特点。纹饰也具有皂市下层文化的特色。

对甑皮岩遗址进行了多组标本的测年：

一组是中国社会科学院考古研究所以螺蚌壳样本所做的常规 ^{14}C 测年，对结果做 $\delta^{13}C$ 校正后减去偏老年代 1500 年再做树轮校正。各期年代范围为：一期，10900B.C.—9220B.C.；二期，9600B.C. —9140B.C.；三期，9600B.C. —8600B.C.；四期，9220B.C. —7970B.C.；五期，7030 B.C.—5530B.C.。按单个数据的中值取值，各期年代范围为：一期，10550B.C. —9415B.C.；二期，9420B.C. —9375B.C.；三期，9410B.C. —8875B.C.；四期，9015B.C. —8310B.C.；五期，6835B.C. —5600B.C.。

另一组是北京大学考古文博学院 ^{14}C 实验室用加速器方法测定的木炭样本，报告在剔除了部分数据后，再对单个数据按中值处理，得出各期年代范围为：一期，10625B.C. —8725B.C.；二期，9200B.C. —8600B.C.；三期，8350B.C. —8025B.C.；四期，8195B.C. —7875B.C.；五期：8200B.C. —7600B.C.。

报告编写者又对这些测年数据进行了拟合，认为第一期大致的年代范围在距今 12500—11400 年；第二、三、四期的年代大致在距今 11000—10300 年；第五期的年代大致在距今 8800—7600 年。

五、枝城北 H1、裴李岗文化与贾湖文化

枝城北遗址位于宜都市枝城镇北部的西湖乡白水港村，长江西岸的台地上。遗址存留面积很小，只有 200 平方米左右，1984 年湖北省博物馆进行发掘，发掘面积 50 平方米，其中主要的新石器时代遗存就是 H1。H1 平面呈不规则圆形，直径 5—5.7 米，最深处约 0.55 米。H1 北边和西边较直，南边和东边呈弧形。坑底较平整，由

北向南倾斜。坑北部和西北边缘堆放了大量陶片和石器。

枝城北 H1 为代表的遗存的陶器，陶质以夹炭陶为主，约占总数的六成；泥质陶约占四成，有少量夹砂陶和极少量夹蚌陶。陶色以红色和红褐色为大宗，占到总数的 99% 以上。纹饰以绳纹为主，占到总数的一半以上，素面、磨光素面、磨光素面饰红衣占四成以上，有极少量戳印纹、刻划纹。主要器类组合有深腹矮足罐形鼎、卷沿圜底釜、靴形支座、圜底钵、素面磨光红衣盘、圜底盆、双耳尊和罐、双耳壶等（图五）。

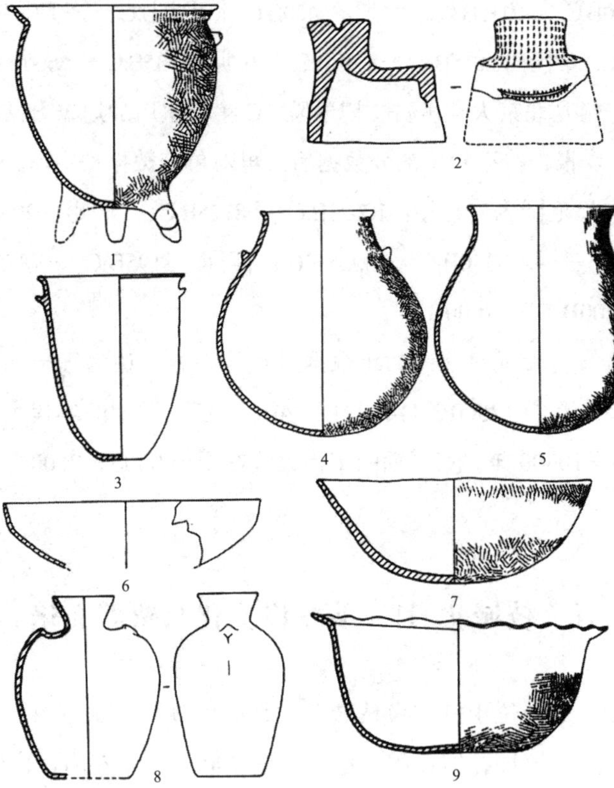

图五　枝城北 H1 出土陶器

1. 鼎（H1：14）　2. 支座（H1：20）　3. 筒形罐（H1：5）　4. 釜（H1：18）　5. 釜（H1：17）　6. 钵（H1：91）　7. 钵（H1：16）　8. 双耳壶（H1：35）　9. 盆（H1：6）

枝城北 H1 所出的釜为大卷沿，溜肩，沿、腹交界不明显，深腹，圜底。其腹部一般较城背溪南区 T6 ③所出釜的沿颈部更高一些，腹部更深。与彭头山 T6 ④：115 这类釜相比，其颈部要矮一些。其整体形态大体接近八十垱 T5 ⑩：124 这类釜。靴形支座、圜底钵、素面磨光红衣盘、圜底盆等也均与八十垱遗址的同类器近似。

枝城北 H1 出土的深腹矮足罐形鼎折沿外侈，颈部下有一对乳丁状小耳，腹部较深，圜底，小矮足。同类鼎见于裴李岗文化，如贾湖 H198：3、石固 M15：2 等。只是裴李岗文化的这种鼎腹部较浅，而枝城北 H1：22 腹部较深。枝城北 H1 出土的双耳尊，也是裴李岗文化的典型器类。而枝城北 H1 出土的双耳壶，虽然在彭头山、八十垱、城背溪也都有少量出现，但所有这些双耳壶显然都与裴李岗文化的双耳壶有关。

枝城北 H1 的器类组合虽与彭头山文化、城背溪文化具有一定的共性，但其中的裴李岗文化特色也非常明显。其年代大致与八十垱、裴李岗文化早期相当。将枝城北 H1 看成是裴李岗文化深入鄂西南地区并吸收了大量邻近的八十垱期文化因素可能更加合理。

枝城北 H1 这类遗存说明中原地区的裴李岗文化确实曾深入到了鄂西南地区的长江边。这样我们对彭头山文化中为什么存在裴李岗文化因素就比较好理解了。

学术界对裴李岗文化的内涵与外延尚存争议，其中涉及贾湖遗址和“贾湖文化”[①]。

贾湖遗址的发掘报告将新石器时代遗存分为三期，每期又分为 3 段。根据报告的观察，第一期第 1 段全部为夹砂陶；第 2 段夹砂陶占 99.4%，其余为泥质陶；第 3 段夹砂陶占 97%，泥质陶占 2.4%，夹砂同时夹骨屑（蚌片）陶占 0.6%。到第二期开始时的第 4 段，泥质

① 河南省文物考古研究所：《舞阳贾湖》，科学出版社 1999 年版。

陶占42.9%，是第一大陶系，夹砂陶占第二位，出现真正的不夹砂的夹骨屑（蚌片）陶，新出现夹炭红衣陶和夹云母片与滑石粉陶系，这种陶系一直延续到第三期第9段。

从制作工艺上看，第一期第1—3段以泥片贴塑成型为主，泥条盘筑较少。第二期第4段后泥片贴塑成型减少，泥条盘筑成型增多。第一期除素面磨光和施陶衣外，只有绳纹、刻划纹和戳刺纹；第二期后出现了篦点纹、篦划纹、网绳纹、乳丁纹、花边纹等。第一期的主要器类组合是角把罐、双耳罐、罐形壶、方口盆、深腹盆、敞口钵等。第二期的主要器类组合是深腹罐、鼎、折肩壶、圆肩壶、敛口钵等。从陶质、陶色、纹饰、制法等方面都能够看出贾湖第一期与第二期遗存存在巨大差别，而器类组合更是表明两期遗存有质的不同。

根据我们的分期方案①，角把罐、方口盆只见于第一期，A型罐和罐形壶（溜肩壶）也基本只见于第一期。而第二期新出现了鼎等一系列新器形。第二期和第三期之间尽管也有比较大的差别，但基本的器类组合并没有变化。贾湖第二期、第三期的基本器类组合为深腹罐、鼎、折肩壶、圆肩壶、钵等。这一组合与目前发现的其他的裴李岗文化遗存并无大的不同。因此我们认为贾湖第二期和第三期遗存仍然属于裴李岗文化的范畴。至于第一期，其文化面貌，特别是器类组合，显然已经超出了裴李岗文化的范畴。发掘报告将贾湖的新石器时

① 我们对贾湖遗址的分期有所调整：
第一期：以西区第④层、东区第⑥层以及开口于这些地层上的墓葬等遗迹。
第二期：以西区第③c层、东区第⑤层以及开口于这些地层上的墓葬等遗迹。
第三期：以西区第③b层、东区第④层以及开口于这些地层上的墓葬等遗迹。
下列单位出土器物与其他第一期墓葬有一定差别，报告归入第二期。根据地层关系，应该属于第一期：
M369：T27③c → M369 → H262 → H278。
M132：T23③c → M132 →④。
M123：T10、23③c → M123 →④。
M501：T71⑤→ M501 →⑥。

代遗存命名为“贾湖文化”，我们倾向于这一概念只指我们重新界定后的“第一期”遗存。

裴李岗文化已有十余个测年数据，除了像ZK-0572、ZK-0434等个别数据大幅度偏早之外，绝大部分数据的年代集中在距今7450—6435年之间，经过校正后的年代在6170B.C.—4940B.C.之间（表二）。

表二　裴李岗文化测年数据表

实验室编号	标本来源	标本性质	^{14}C 年代（距今，5730）	树轮校正年代（高精度表）
ZK-0434	裴李岗 T1H1、T2H2	木炭	7885±80	未校
ZK-0571	裴李岗 H11、①、未编号 H	木炭	7145±300	6090—5540B.C.
ZK-0572	裴李岗 T31①、T34①②	木炭	9300±1000	未校
ZK-0751	裴李岗 T102H18	木炭	6435±200	5380—4940B.C.
ZK-0753	裴李岗 T106H17	木炭	7185±200	6077—5640B.C.
ZK-0754	裴李岗 T111②	木炭	7445±200	6230—5889B.C.
ZK-1130	沙窝李 T9②H17	木炭	7170±105	5970—5720B.C.
ZK-0748	巩义市铁生沟 T2	木炭	7265±200	6100—5720B.C.
WB 78-17	密县莪沟 T79H27	木炭	7290±120	6080—5800B.C.
WB 78-38	密县莪沟 T1H1	木炭	6975±100	5740—5560B.C.
WB 78-39	密县莪沟 T24	木炭	7265±160	6090—5740B.C.
ZK-0580	密县莪沟 T79H27	木炭	7240±80	5985—5797B.C.
ZK-0747	密县马良沟 T1H1	木炭	6855±110	5640—5480B.C.
WB 79-60	石固 A 区 T41H159	木炭	7450±90	6170—5988B.C.
WB 80-15	石固 A 区 T56H238	木炭	7295±85	6077—5837B.C.
WB 80-17	石固 A 区 T5H197	木炭	7010±85	5743—5624B.C.
ZK-1367	中山寨 T101④H16	木炭	7390±100	6110—5970B.C.
ZK-1368	中山寨 T103④H20	木炭	6955±90	5730—5550B.C.
ZK-2344	水泉 T108H43	木炭	7100±100	5953—5640B.C.
ZK-2345	水泉 T205AH80	木炭	7270±120	6077—5760B.C.
ZK-0755	淇县花窝 T1①	木炭	7130±120	5960—5650B.C.

资料来源：中国社会科学院考古研究所：《中国考古学中碳十四年代数据集（1965—1991）》，文物出版社1992年版。其中ZK-0754的树轮校正年代根据《舞阳贾湖》订正。

贾湖遗址第一、二、三期都有多个年代数据，第一期实测年代范围大致为距今 8285—7050 年，经过校正的最可几值为公元前 7040—5700 年。第二期实测年代为距今 8090—7035 年，经过校正的最可几值为公元前 6620—5680 年。第三期实测年代为距今 7825—7017 年，经过校正的最可几值为公元前 6410—5650 年。这三期的年代数据重叠部分很多。根据裴李岗文化的年代范围，第二、三期的年代范围大致在 6170B.C. —4940B.C. 之间，而第一期早于第二、三期，所以第一期可能的年代范围应该在 7040B.C. —6170B.C. 之间（的某一时间段）。

六、皂市下层文化

洞庭湖西北区域在彭头山文化之后出现了以石门皂市遗址下层遗存为代表的皂市下层文化。“在澧县、津市、临澧、石门、兹利、桃源、常德等县和岳阳地区发现数十处同类性质的遗存”，分布范围涉及澧水中下游和沅水、湘水下游，相对集中地区在澧县和临澧县境内澧水以北地区。经过发掘的重要遗址有石门县皂市①、临澧胡家屋场②、岳阳钱粮湖坟山堡③等。

根据胡家屋场发掘报告，这类遗存的陶器的陶质以夹砂陶为主，泥质陶较少，有少量夹炭陶。陶色以红色为基调。素面陶和纹饰陶大致各占一半，饰纹主要有打印、压印、刻划、剔刻、镂孔、戳印等方法，主要有交错细绳纹、横断绳纹、划纹、篦点纹等。有少量白衣红

① 湖南省博物馆：《湖南石门县皂市下层新石器遗存》，《考古》1986 年第 1 期。

② 湖南省文物考古研究所：《湖南临澧县胡家屋场新石器时代遗址》，《考古学报》1993 年第 2 期。

③ 岳阳市文物工作队：《钱粮湖坟山堡新石器时代遗址试掘报告》，载《湖南考古辑刊》第 6 集，岳麓书社 1994 年版。

陶绘彩，彩绘一般是在高圈足盘的托盘下部或圈足上绘带状图案。器类多为圜底器、圈足器和平底器，不见三足器。主要器形有亚腰双耳罐、圈足盘、釜、器座、钵、杯形器、陶饼、支垫等（图六）。

石器分为两类，一类为砾石石器，原料多为青色闪长岩和砂质灰岩，一般都经打磨；一类为燧石石器，除少量可见压制痕迹外，一般均系打制而成。砾石类石器有斧、锛、凿、网坠、盘状器和磨石等。燧石类石器有的局部保留天然岩面。主要器类为刮削器和使用石片。

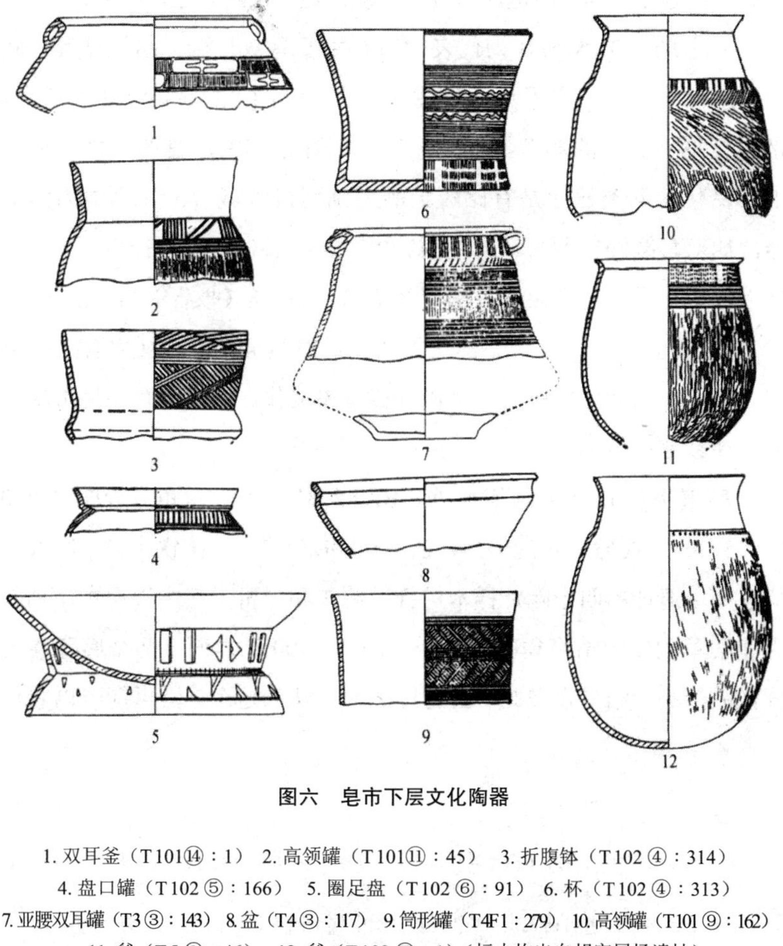

图六　皂市下层文化陶器

1. 双耳釜（T101⑭：1） 2. 高领罐（T101⑪：45） 3. 折腹钵（T102④：314）
4. 盘口罐（T102⑤：166） 5. 圈足盘（T102⑥：91） 6. 杯（T102④：313）
7. 亚腰双耳罐（T3③：143） 8. 盆（T4③：117） 9. 筒形罐（T4F1：279） 10. 高领罐（T101⑨：162）
11. 釜（T5②：46） 12. 釜（T102⑦：1）（标本均出自胡家屋场遗址）

皂市下层文化的器类组合有明显的特点，其中的圈足盘与双耳亚腰罐很有特色，并不见于彭头山文化的遗存中。过去学术界往往将皂市下层文化与彭头山文化看成同一文化，或者看作同一谱系的两种文化遗存，这是没有道理的。彭头山文化虽与皂市下层文化都分布在洞庭湖西北岸的澧水流域且有早晚，但似乎没有直接的谱系关系。两种文化有一定的共性，大概也只是因为皂市下层文化继承了一部分的彭头山文化。皂市下层文化的出现与彭头山文化的结束，以及这一文化系统的重心北移到鄂西地区形成城背溪文化，在时间上大体吻合。

八十垱以 T25 ③ B 为代表的遗存主要有双耳罐、圈足盘等，其中的双耳罐和圈足盘不见于彭头山和八十垱的“彭头山文化”遗存，是皂市下层文化的典型特征，但其中双耳罐和圈足盘的造型与皂市下层文化的同类器还是有比较大的差别而接近城背溪文化中的同类器。如双耳罐的造型与城背溪 H1 ②：4（报告 P18，图一三，1）等接近；而圈足盘造型应该与城背溪 T18 ④ b：8（报告 P24，图一六，1）相差不会太远。也就是说这类遗存虽然与皂市下层文化有某些类似之处，但其文化性质应该更接近城背溪文化。这类遗存还见于坟山堡、涂家台[①]等遗址。

皂市下层有一个测年数据，BK82081，实测为距今 6920±200 年（5730），树轮校正为5750B.C.—5480B.C. 年[②]。陈铁梅先生等人对胡家屋场遗址的四个陶片样本进行了测年和分析。其中根据炭化稻谷壳和稻草测年的结果集中在距今 6800—6400 年之间，两个腐殖酸组分样品的测年结果也在此年龄范围之内，认为这个年龄区间可以看作

---

① 益阳地区博物馆、南县文物管理所：《南县涂家台早期新石器时代遗址调查报告》，载《湖南考古辑刊》第 6 集，岳麓书社 1994 年版。

② 中国社会科学院考古研究所：《中国考古学中碳十四年代数据集（1965—1991）》，文物出版社 1992 年版。

胡家屋场遗址的年代[①]。

另外胡家屋场还有三个未经树轮校正的数据[②]：

T102 ⑦标本 7190± 140 年（BK87045）

T4 ④标本 7210± 110 年（BK87046）

T102 ⑤标本 6960± 100 年（BK87047）

这三个数据略早于皂市下层 BK82081 实测数据。皂市下层文化与城背溪文化有着千丝万缕的联系，两者的年代应该有一段重叠。参考城背溪文化的年代，这四个测年数据所反映的年代大致就应该是皂市下层文化的年代，即 5500B.C. 前后一段时间。

七、汤家岗文化与高庙文化

汤家岗文化以湖南安乡汤家岗遗址命名[③]。经过发掘的遗址还有澧县丁家岗[④]、三元宫[⑤]、安乡划城岗[⑥]、华容刘卜台[⑦]、湖北公安县王家岗[⑧]等。主要分布在环洞庭湖地区。

汤家岗遗址多数探方除耕土外，有三个文化层，据此发掘报告

① 陈铁梅、R. E. M. Hedges：《彭头山等遗址陶片和我国最早水稻遗存的加速器质谱 ^{14}C 测年》，《文物》1994 年第 3 期。

② 湖南省文物考古研究所：《湖南临澧县胡家屋场新石器时代遗址》，《考古学报》1993 年第 2 期。

③ 湖南省博物馆：《湖南安乡县汤家岗新石器时代遗址》，《考古》1982 年第 4 期。

④ 湖南省博物馆：《澧县东田丁家岗新石器时代遗址》，载《湖南考古辑刊》第 1 集，岳麓书社 1982 年版。

⑤ 湖南省博物馆：《澧县梦溪三元宫遗址》，《考古学报》1979 年第 4 期。

⑥ 湖南省博物馆：《安乡划城岗新石器时代遗址》，《考古学报》1983 年第 4 期。湖南省文物考古研究所：《湖南安乡县划城岗遗址第二次发掘简报》，《考古》2001 年第 4 期。

⑦ 湖南文物考古研究所、岳阳市文物工作队、华容县文物管理所：《华容县刘卜台新石器时代遗址发掘简报》，载《湖南考古辑刊》第 5 集，岳麓书社 1989 年版。

⑧ 湖北省荆州地区博物馆：《湖北王家岗新石器时代遗址》，《考古学报》1984 年第 2 期。

将新石器时代遗存分为三期，认为“早、中两期衔接非常紧”。检索发表的陶器，中期的某些器物明显偏晚，如T8②：1豆等。所谓汤家岗文化应该以剔除这些晚期遗存之后的早、中期遗存为代表。

根据划城岗遗址第二次发掘简报，其中的甲类遗存陶器90%以上为夹砂陶，陶色多红褐色和黑褐色，白陶均夹细小石英砂末。纹饰陶占90%以上，主要为绳纹和戳印篦点纹。篦点纹极其繁缛，纹样有波浪纹、带状纹、曲折纹、连珠纹、圆圈纹、方格纹、四角纹等。白陶和彩陶不到陶器总数的5%，白陶以压印指甲纹和勾连纹为主，彩陶以黑彩为主，有少量红、黄彩。器类中釜约占总数的60%，其次为圈足盘、钵、罐，有少量支座、器盖和白陶盆等。其中饰繁缛纹饰的折沿垂腹釜、筒腹釜、曲肩罐、折沿圈足盘、折沿碗等都非常有特色（图七）。

近年在黔阳高庙[①]，辰溪松溪口[②]、征溪口[③]等遗址中发现了一类与汤家岗文化有比较密切联系的遗存。

高庙遗址发掘简报将I区T1115第12—8层、III区T2104第28—19层、T2003第27—20层、T1905和T2005第19—12层作为“下层”遗存；将T1115第7—3层、T2104第18—5层、T2003第19—4层、T1905和T2005第11—3层作为“上层”遗存。将高庙下层代表的遗存命名为“高庙下层文化”，将高庙上层早、中期遗存命名为“高庙上层文化”。

高庙下层文化的陶器中夹砂陶占95%以上，泥质陶很少。陶色不匀，多红褐色和灰褐色。有一定数量白陶，白陶均夹细石英。纹饰主要为绳纹、戳印篦点纹、在戳印篦点纹上填暗红彩三种，另有少量凸点纹。篦点纹的纹样有波浪纹、带状纹、连续梯形纹、垂帘纹、凤

---

① 湖南省文物考古研究所：《湖南黔阳高庙遗址发掘简报》，《文物》2000年第4期。

② 湖南省文物考古研究所：《湖南辰溪县松溪口贝丘遗址发掘简报》，《文物》2001年第6期。

③ 湖南省文物考古研究所：《湖南辰溪县征溪口贝丘遗址发掘简报》，《文物》2001年第6期。

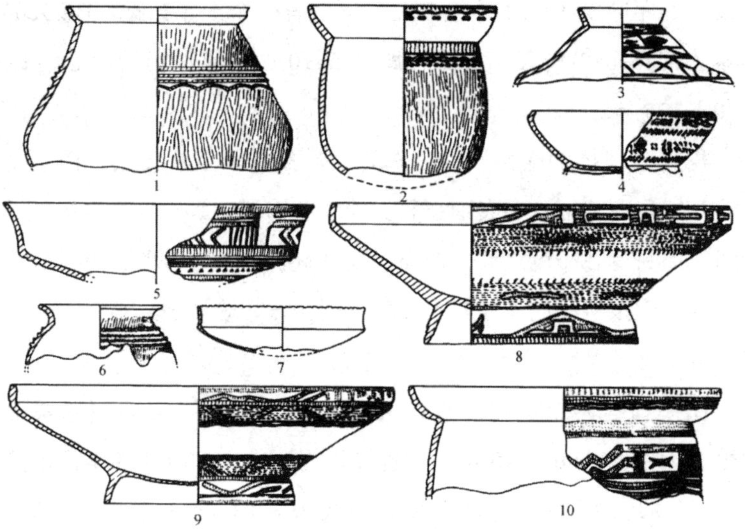

图七 汤家岗文化陶器

1. 釜（T13⑦B：6） 2. 釜（T13⑦B：5） 3. 罐（M149：1）
4. 白陶盆（T20⑤：1） 5. 钵（T23⑧：1） 6. 釜（T25⑥：8） 7. 钵（T13⑦B：4）
8. 盘（M156：4） 9. 盘（M156：2） 10. 釜（T25⑥：1）（标本均出自划城岗遗址）

鸟纹、兽面纹等。陶器以圜底器为主，圈足器次之，不见三足器。器类有釜、罐、钵、盘、簋等，其中釜为鼓腹圜底。陶器采用手制轮修制作。

高庙上层的陶器仍以夹砂褐陶、灰褐陶、褐红陶为主，新出现一定数量泥质红陶（有的施红衣绘黑彩），不见白陶。绳纹很少见，多拍印的凸点纹，有少量篦点纹，流行戳印方格纹、曲折纹、雪花纹等。器形以圜底器、圈足器为主，有少量的平底器、三足器和尖底器。器类有釜、支座、罐、钵、盘、簋、杯、碟、器盖等。较晚阶段有鼎、豆、碗等。陶器均为轮制，器壁厚薄均匀。

高庙下层有两个年代数据，BK92033，标本为T1115⑫层炭粒，实测为距今6740±80年，树轮校正为距今7360±80年；BK92038，标本为T1115⑨层炭粒，实测数据为6790±90年，树轮校正为距今7410±115年。上层早期有一个测年数据，BK92036，标本为T1115⑥炭粒，实测为距今5420±80年，树轮校正为距今6070±125年。

松溪口遗址的陶器以夹砂陶为主，只有少量泥质陶。白陶是这一遗存的典型特征，多夹细小石英砂。纹饰以刻划纹为主，多配以间断绳纹，另有戳印篦点纹。器类主要有宽折沿折腹的釜、束颈罐、白陶盘等。简报将早期遗存归入高庙下层文化，晚期遗存被命名为“松溪口文化”。

松溪口有两个测年数据，BK94120，标本为T2⑮层木炭，实测数据为距今6340±90年，树轮校正为距今6980±115年，该数据“代表了遗址的早期的晚段”。另一个数据，BK94113，标本为T2⑦层木炭，实测数据为距今6015±70年，树轮校正为距今6670±105年，该数据“代表了遗址晚期的年代”。

征溪口简报将新石器时代遗存分为三期Ⅴ段，有两个属于第三期第Ⅳ段的年代数据：BK94114，标本为T5⑤的木炭，实测年龄为距今5225±150年，树轮校正为距今5855±165年；BK94115，标本为T3⑥的木炭，实测年龄为距今5525±70年，树轮校正为距今6180±120年。

因为这三个遗址的简报对遗址的地层关系、陶器组合和分期标准都含糊其词，难以细究其分期结论。从发表的陶器与测年数据，我们可以看出在高庙有年代相当于城背溪文化、汤家岗文化和大溪文化时期的遗存；松溪口主要为相当于洞庭湖周边地区的汤家岗文化时期的遗存，征溪口早期大致相当于汤家岗文化，晚期相当于大溪文化。高庙下层文化中有部分遗存早于汤家岗文化，而高庙、松溪口、征溪口都有部分相当于洞庭湖周边地区的汤家岗文化时期的遗存，两者在文化面貌上也有较大共性，所不同的是，洞庭湖周边地区的汤家岗文化中含有较多柳林溪文化和大溪文化的因素。只有到了大溪文化最晚阶段，才有比较典型的大溪文化进入沅水中游，如高庙遗址出土的鼎、豆等。高庙等遗址的发掘表明，过去所谓的汤家岗文化的中心区域也许就在沅水中游一带，而洞庭湖周边地区的汤家岗文化不过是这一文化系统向北渗透的结果，进入洞庭湖地区的文化融合了一定的柳林溪文化—大溪文化因素。

八、问题讨论

综上所述，可以将楠木园文化的渊源一直追溯到以甑皮岩一、二、三期为代表的甑皮岩文化。甑皮岩文化发展成彭头山文化，文化的空间大幅度向北移动，但在甑皮岩附近区域仍然可能保留有这类遗存，甑皮岩四期遗存的年代大体与八十垱期彭头山文化相当。彭头山文化可以分为彭头山和八十垱两期。

彭头山文化的直系后继文化应该是城背溪文化，文化中心从洞庭湖西北移向鄂西地区；但在洞庭湖周边也保留了一些这一谱系的文化遗存。彭头山文化的空间移动伴随着皂市下层文化的出现，可以认为是皂市下层文化挤压的结果。皂市下层文化的来源尚不明朗，但可以肯定的是这一文化并非来源于彭头山文化。皂市下层文化中能够见到彭头山文化的因素，可能只是吸收了部分当地早期的文化因素。皂市下层文化的横空出世，不仅挤压了洞庭湖西北区的彭头山文化，使其转向鄂西以及洞庭湖东区一带；也深刻影响了桂北一带以甑皮岩五期为代表的遗存；转向鄂西的城背溪文化受其影响，也包含了很多皂市下层文化的因素。楠木园文化也是在这一文化迁徙的大背景下形成的，是向西发展的城背溪文化遇到了南来的李家村类型，碰撞、重组、融合而成的一种新文化。

大体在皂市下层文化鼎盛时期，在沅水中游一带出现了高庙下层文化。随后这一文化向北强力扩张，占领了洞庭湖周边地区，形成所谓汤家岗文化，皂市下层文化在洞庭湖地区也随之消亡。皂市下层文化是否转到其他地区了尚不可知，但可以肯定的是，至少其有部分因素保留在城背溪文化以及后续文化中，成为这一文化系统的一个组成部分。汤家岗文化进入洞庭湖地区是城背溪文化发展成柳林溪文化（关庙山一期文化）、楠木园文化从早期发展到晚期的动因，在这些文化中能够见到典型的汤家岗文化因素。

楠木园文化有一组测年数据，使我们对这一文化的年代范围有一个比较可靠的判断：5500B.C.—4500B.C.。根据城背溪和路家河的测年数据，可以判定城背溪文化的年代上限在 5600B.C. 前后，比楠木园文化稍早一点。对彭头山文化的年代范围有不同意见。我们根据陶器的联系，可以判定彭头山文化的年代范围不会超出中原地区裴李岗文化的年代范围，也就是不会超出 6170B.C.—4940B.C. 之间。但考虑其后续的城背溪文化的年代上限在 5600B.C. 前后，估计其年代范围在 6170B.C.—5600B.C. 之间。这个结论与陈铁梅先生等人的结论比较接近，与发掘报告的结论差别较大。八十垱最早的测年数据比彭头山最晚的测年数据约晚 200 年，说明彭头山与八十垱两个彭头山文化遗存之间可能还有一段时间的缺环，由此看来，八十垱遗址的彭头山文化遗存应该不会早于 6000B.C.。

如果这个推论是合理的，甑皮岩四期遗存的年代就应该不早于 6000B.C.。这比根据螺蚌壳所做的测年数据的分析结果晚了 2500 年左右，比根据木炭所做的测年数据的分析结果也晚了大约 2000 年。因为甑皮岩遗址一、二、三、四期的测年数据基本上是连续的，这个年代差应该对甑皮岩一、二、三期的测年数据也有参考价值。

目前在华南地区发现了一系列早期新石器时代遗址，如何确定这些遗址的年代是一个重大学术课题。我们认为在没有建立起基于本土的校正表之前，^{14}C 测年数据可能更多只具有相对年代的参考价值。

我们以楠木园文化、城背溪文化为起点，逐步往前追溯，并以裴李岗文化的年代修正，确认彭头山文化的年代，再用彭头山文化的年代修正甑皮岩文化的年代，似乎是在用一些测年结果否定另外一些测年结果。我们怎么就一定相信裴李岗文化的年代数据可靠，而彭头山、甑皮岩的年代数据就不可靠呢？只能说这是一个由近及远，从已知求未知的过程。

（原载于《新果集——庆祝林沄先生七十华诞论文集》，
科学出版社2009年版）

从庹家洲看老官台文化动态变迁过程

庹家洲遗址位于湖北省郧县五峰乡东峰村二组汉水南岸的临江台地上，西面和北面分别有一条冲沟，东面为一条村级公路和居民区。遗址南距郧县五峰乡政府约 3 公里，中心位置地理坐标为北纬 32°50′48″，东经 110°22′57″，海拔 170—174 米（图一）。1958 年中国社会科学院考古研究所长江工作队和长办文物考古队调查发现该遗址并进行了试掘[①]。武汉大学考古系承担了该遗址的南水北调中线工程的考古发掘任务，于 2011 年 8 月—2012 年 1 月进行考古发掘，布 10× 10 ㎡探方 18 个（图二），发现了比较丰富的唐代、东周、石家河文化、屈家岭文化、西阴文化、老官台文化等时期的遗存，其中老官台文化遗存在湖北省尚属首次发现。

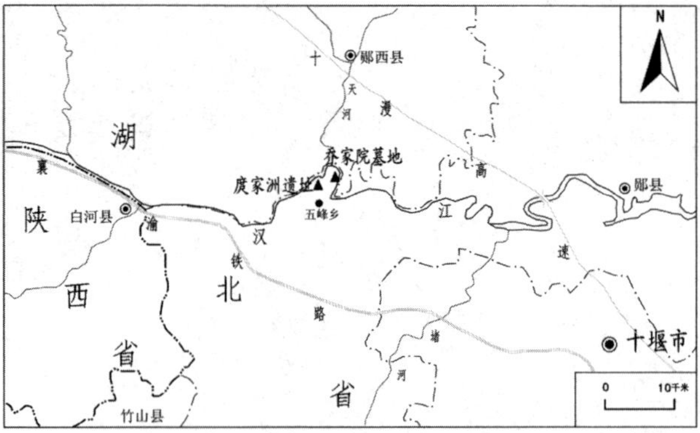

图一　庹家洲遗址位置示意图

① 中国社会科学院考古研究所长江工作队：《湖北郧县和均县考古调查与试掘》，载《考古学集刊》（4），中国社会科学出版社 1984 年版。

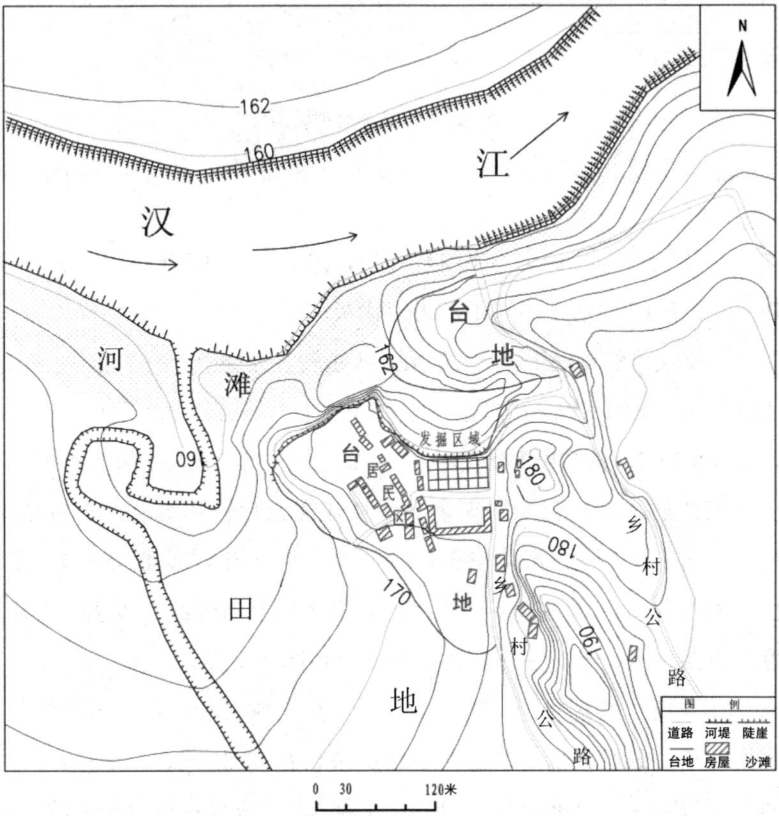

图二 庹家洲遗址平面图

一、地层堆积

老官台文化遗存分布范围很小，主要有 T0103 第 9 层及叠压于该层下的 H60。以 T0103 南壁为例说明该探方的地层堆积情况（图三）。

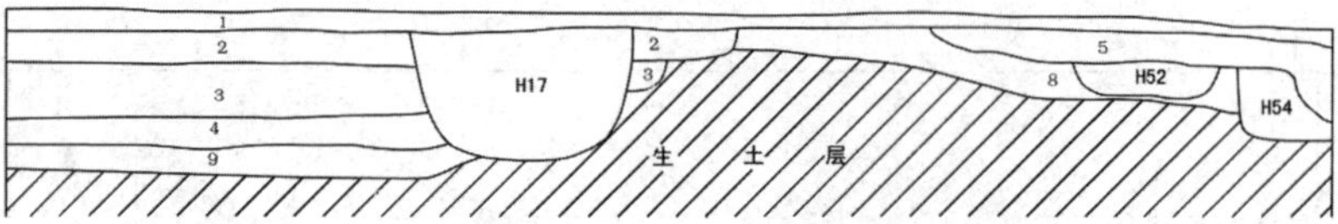

图三 T0103 南壁剖面图

1. 灰褐色土 2. 红褐色土 3. 浅褐色土 4. 黑褐色土 5. 白色黏土 8. 黑褐色沙土 9. 黑褐色土

第 1 层：灰褐色土。土质较疏松，厚 0.05—0.2 米。该层为现代耕土层。H17 叠压于本层下，为唐代灰坑。

第 2 层：红褐色土。土质较硬，夹杂较多红烧土颗粒。分布于探方中部和东部，深 0.05—0.18 米，厚 0—0.3 米。出土陶片、石块、瓦片和莲花纹瓦当等。陶片以泥质灰陶为主，器形有盆等。该层为唐代文化层。

第 3 层：浅褐色土。夹杂有少量红烧土颗粒和炭屑，土质较疏松。分布于探方中部和东部，深 0.18—0.35 米，厚 0.35—0.5 米。出土陶片较多，以夹砂灰陶为主，器表多饰有粗绳纹，少量为素面。器形有鬲、盂、罐、豆等。该层为东周时期文化层。

第 4 层：黑褐色土。夹杂少量的红烧土颗粒和炭粒，含沙较多，土质疏松。分布于探方东部和中部，深 0.7—0.85 米，厚 0—0.3 米。出土大量陶片，以夹砂灰陶和夹砂红陶为主，表面多饰有粗绳纹，器形有鬲、盂、罐、豆等。该层为东周时期文化层。

第 5 层：白色黏土。夹杂黑土，含有较多红烧土颗粒，土质疏松。水平分布于探方西南部，深 0.05—0.15 米，厚 0—0.55 米。出土大量陶片，夹砂灰陶较多，也有一些黑陶和夹砂红陶。陶片多为素面，少量饰篮纹，器形有折沿罐、盆、圈足豆等。该层为石家河文化层。H52、H54 叠压于本层下并打破第 8 层，为西阴文化灰坑。

第 6 层：红褐色土。夹杂有较多炭屑和大量红烧土颗粒，土质较硬，包含有少量的陶片及石块。水平分布于探方西北部，不见于南壁剖面，深 0.08—0.7 米，厚 0.05—0.6 米。陶片以夹砂灰陶为主，少量为泥质红陶，多为素面，少量饰绳纹。器形有鼎、罐、钵等。该层为石家河文化层。

第7层：深黑褐色土。夹杂有大量炭屑和极少的红烧土颗粒，较疏松，包含有较多的陶片及石块。分布于探方西北部，不见于南壁剖面，深0.08—0.50米，厚0.1—0.4米。陶片以夹砂灰陶为主，少量为泥质红陶，多为素面，少量饰绳纹，器形有红陶钵、鼎、罐等。该层为屈家岭文化层。

第8层：黑褐色沙土。夹杂少量红烧土颗粒，土质疏松，包含少量石块和陶片。水平分布于探方西南部，深0.1—0.4厘米，厚0—0.3厘米。有的石块有明显加工痕迹。陶片以泥质红陶为主，少量为夹砂红陶，大多为素面，少量饰绳纹。器形有红陶钵、釜形鼎等。该层为西阴文化层。

第9层：黑褐色土。含沙量大，土质疏松，夹杂少量红烧土颗粒，包含大量陶片和石块。分布于探方中部和东部，深0.85—1.10米，厚0—0.2米。陶片以夹砂红陶为主，少量为泥质红陶，器表多饰绳纹，也有素面陶。器形有卷沿深腹罐、圜底钵、三足钵、圈足碗等。该层为老官台文化层。

二、遗迹

老官台文化的遗迹只发现一个灰坑H60。H60位于T0103的中部偏东，叠压于T0103第9层下，打破生土。平面近似椭圆形，斜壁，坑底不规则。坑口长约3.7米，宽约3.38米，深0.26—0.44米。H60填土分两层。第1层为黑褐色黏土，厚约0.1厘米。第2层为黄色沙土，厚0.15—0.35米。该层中包含大量陶片、石片、动物骨骼（图四）。

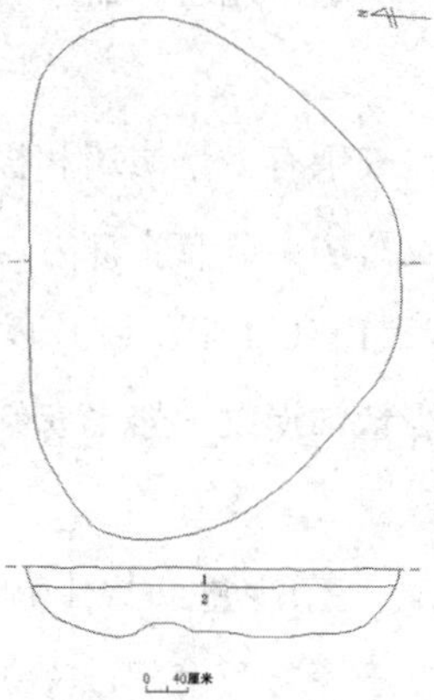

图四　H60平、剖面图

1. 黑褐色黏土　2. 黄色沙土

三、遗物

T0103第9层和H60包含大量陶器、少量石器和动物骨骼。出土陶器烧制温度不均匀，陶器表面颜色往往斑驳不纯。以夹砂红陶、红褐陶为主，约占74.8%，其次为泥质红陶、红褐陶，约占11.9%，大部分陶片内壁为黑色。还有少量夹蚌、夹云母陶。陶器表面大多施绳纹，约占总数55%，有粗绳纹、细绳纹、交错粗绳纹和交错细绳纹等。素面陶约占44%。有少量篦划纹和乳丁纹。陶器均手制，很多陶器有片状剥落，应为泥片贴塑法制成。器类有筒腹罐、鼓腹罐、圆腹罐、碗、器盖、圜底钵、三足钵、平底钵、小口广肩壶等。

筒腹罐　2件。H60：17，夹砂褐陶。口微敞，直腹。口部饰锯齿纹，器身饰细绳纹。口径20厘米，残高9.6厘米（图五，3）。T0103⑨：8，夹砂黑灰陶。斜直腹，口部微敞，器身饰交错细绳纹，唇部饰锯齿状花边纹。口径21.2厘米，残高10.4厘米（图五，7）。

鼓腹罐　5件。H60：16，夹砂褐陶。卷沿，溜肩，深腹微鼓，平底。口沿下方饰有绳纹。口径15.2厘米，腹径15.2厘米，底径7厘米，高17.8厘米（图五，1）。T0103⑨：3，夹砂褐陶。卷沿，深腹微鼓。素面。口径23厘米，残高25.6厘米（图五，2）。H60：26，夹砂褐陶，内壁黑色。卷沿，溜肩，深腹微鼓。器身饰细绳纹。口径16.4厘米，残高18.3厘米（图五，4）。T0103⑨：1，夹蚌褐陶。卷沿，圆唇，鼓腹，平底。素面。口径14厘米，底径6.8厘米，高12.3厘米（图五，5）。H60：18，夹砂褐陶，内壁黑色。卷沿，溜肩，鼓腹。口沿下方有一对乳丁。口径14厘米，残高8.4厘米（图五，6）。

圆腹罐 1件。H60：1，夹砂灰陶。整体略有变形，侈口，方唇，卷沿，溜肩，圆腹，平底。口部有锯齿状花边，器身饰交错粗绳纹。口径28.8厘米，底径12厘米，高41.4厘米（图五，8）。

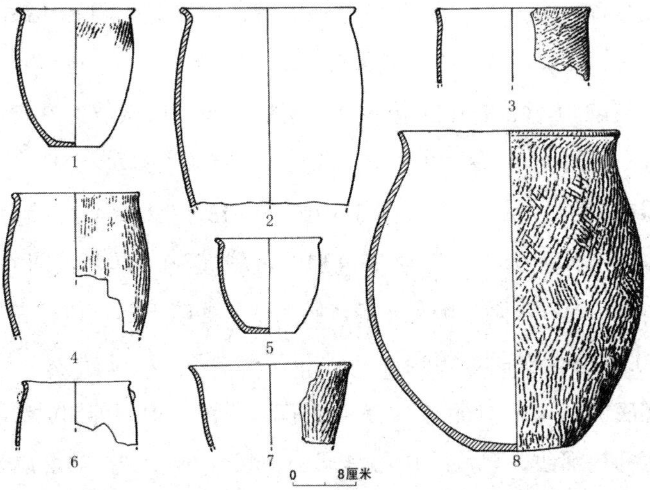

图五　庹家洲遗址出土陶罐

1. 鼓腹罐（H60：16）　2. 鼓腹罐（T0103⑨：3）　3. 筒腹罐（H60：17）
4. 鼓腹罐（H60：26）　5. 鼓腹罐（T0103⑨：1）　6. 鼓腹罐（H60：18）
7. 筒腹罐（T0103⑨：8）　8. 圆腹罐（H60：1）

绳纹碗 2件。H60：28，粗泥灰黑陶，内壁黑色。敞口，弧腹。口沿下方抹光一周，器身饰粗绳纹。口径17.2厘米，残高11.2厘米（图六，2）。H60：11，夹砂褐陶，内壁黑色。敞口，弧腹，圜底，圈足已脱落。口部抹光一周，不甚明显。器身饰交错细绳纹。口径23.6厘米，残高10.2厘米（图六，3）。

素面碗 4件。H60：2，泥质红陶，内壁黑色。胎体较厚，烧制温度较低。侈口，折沿，斜腹较浅，矮圈足。口径31.2厘米，圈足径10.4厘米，高11厘米（图六，1）。H60：8，泥质红陶，内壁黑色。敞口，弧腹较浅，矮圈足。口径24.2厘米，圈足径9.6厘米，高9.4厘米（图六，4）。T0103⑨：2，粗泥红褐陶，陶色不纯，内壁黑色，黑胎较厚。敞口，圆唇，沿略外撇，深斜腹，圈足较矮。口径16厘米，圈足径7.2厘米，高12.2厘米（图六，5）。H60：14，粗泥黑皮陶，器表磨光。敞口，深弧腹，小圈足。口径13.6厘米，圈足径5.2厘米，高8厘米（图六，8）。

带箍碗 1件。T0103⑨：15，夹蚌红陶。口微敛，方唇。口沿下方有一道凸棱。口径32厘米，残高8.6厘米（图六，7）。

器盖 2件。敞口，斜壁。T0103⑨：13，夹砂褐陶，陶色不纯，内壁黑色，器表磨光。口径26.4厘米，残高10.2厘米（图六，6）。H60：12，夹砂褐陶，陶色不纯。圆纽，纽面略下凹。口径33厘米，纽径10.4厘米（图六，9）。

圜底钵 5件。H60：3，夹砂红陶。卷沿。口部外侧涂红彩，器身外面饰粗绳纹，以底为中心呈同心圆状分布。口径35.2厘米，高12厘米（图七，1）。H60：10，手制。夹砂褐陶，内壁黑色。厚胎。圆唇。口沿处抹光一周，器身饰细绳纹。口径14厘米，高5.8厘米（图七，2）。敞口，弧腹，圜底。T0103⑨：12，夹砂红陶。圆唇，卷沿下方略内凹，底部已残。器身饰交错粗绳纹，口沿内外面均涂红彩。口径32厘米，残高7.5厘米（图七，4）。T0103⑨：7，手制。夹砂褐陶，内壁黑色。厚胎。素面。口径 20 厘米，高 6.2 厘米（图七，5）。T0103 ⑨ ：4，夹砂黑陶，内壁黑灰色。唇部有锯齿状花边，磨蚀严重，口沿外抹光一周，腹部饰粗绳纹。口径 21.6 厘米，高 6.9 厘米（图七，7）。

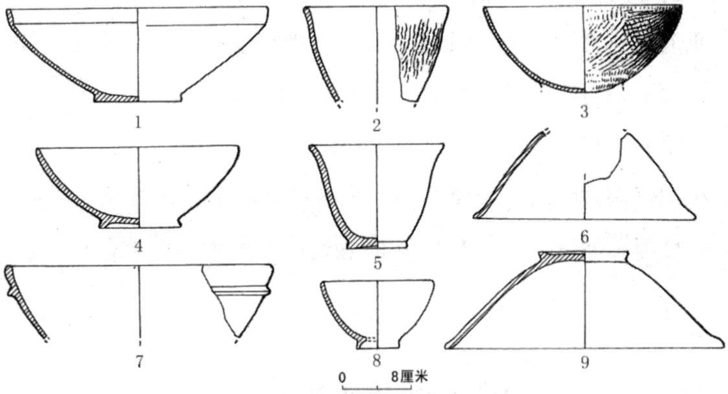

图六　庹家洲遗址出土陶碗、器盖

1. 素面碗（H60：2） 2. 绳纹碗（H60：28） 3. 绳纹碗（H60：11）
4. 素面碗（H60：8） 5. 素面碗（T0103 ⑨：2） 6. 器盖（T0103 ⑨：13）
7. 带箍碗（T0103 ⑨：15） 8. 素面碗（H60：14） 9. 器盖（H60：12）

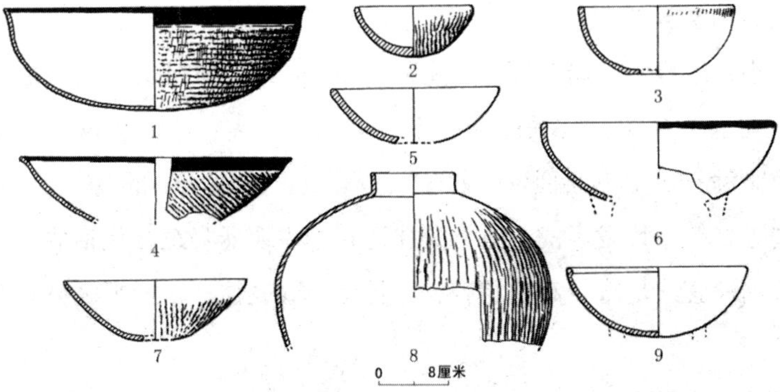

图七　庹家洲遗址出土陶钵、壶

1. 圜底钵（H60：3） 2. 圜底钵（H60：10） 3. 平底钵（H60：15）
4. 圜底钵（T0103 ⑨：12） 5. 圜底钵（T0103 ⑨：7） 6. 三足钵（H60：23）
7. 圜底钵（T0103 ⑨：4） 8. 小口广肩壶（H60：4） 9. 三足钵（H60：24）

三足钵 2件。弧腹，圜底，下腹部有三个锥形足，已残断。H60：23，泥质红陶，内壁黑色。敛口，圆唇。口沿下方有一黑色带，应为烧造所致。口径21.2厘米，残高7.9厘米（图七，6）。H60：24，敛口，口径27.6厘米，残高9厘米（图七，9）。

平底钵 1件。H60：15，夹砂黑皮陶，器表磨光。侈口，弧腹，平底。口沿下方有一周戳印纹。口径18.4厘米，底径7.6厘米，高8厘米（图七，3）。

小口广肩壶 1件。H60：4，夹蚌红陶。小口，直领，广肩，鼓腹。器身饰篦划纹。口径9.8厘米，残高20厘米（图七，8）。

四、老官台文化的动态变迁过程

庹家洲T0103第9层和H60出土的陶器以夹砂红陶、红褐陶为主，其次为泥质红陶、红褐陶，有少量夹蚌和夹云母陶。制法为泥片贴塑。陶器表面多施绳纹，素面陶约占44%，有少量篦划纹和乳丁纹。器类有筒腹罐、鼓腹罐、圆腹罐、圜底钵、平底钵、三足钵、碗、小口广肩壶、器盖等。从文化面貌看，与老官台文化最为接近。

与老官台文化有关的遗存主要分为四大类。第一类以西乡李家村遗址为代表[①]，包括西乡何家湾[②]、紫阳马家营[③]、汉阴阮家坝[④]、南郑龙岗寺[⑤]等遗址发现的老官台文化遗存。主要器类组合包括器表饰满绳纹的深腹三足罐、高圈足碗、三足钵、圜底钵，素面平底钵和器表

---

① 陕西省考古研究所、陕西省安康水电站库区工作队：《陕南考古报告集》，三秦出版社1994年版。
② 陕西省考古研究所、陕西省安康水电站库区工作队：《陕南考古报告集》，三秦出版社1994年版。
③ 陕西省考古研究所、陕西省安康水电站库区工作队：《陕南考古报告集》，三秦出版社1994年版。
④ 陕西省考古研究所、陕西省安康水电站库区工作队：《陕南考古报告集》，三秦出版社1994年版。
⑤ 陕西省考古研究所：《龙岗寺——新石器时代遗址发掘报告》，文物出版社1990年版。

饰绳纹的小口鼓腹罐等。第二类遗存以关中东部的临潼白家村遗址为代表[①]，包括临潼零口等遗址[②]。主要器类组合有器表饰满交错绳纹的深腹三足罐和圈足碗，口沿饰红彩带、下部饰交错绳纹的圜底钵和三足钵，素面三足钵和素面小口鼓腹罐等。第三类遗存以甘肃秦安大地湾遗址“第一期文化遗存”为代表[③]，包括天水西山坪遗址“大地湾一期文化遗存”等[④]。这类遗存几乎包括了第二类遗存的全部内涵，但出现了器表饰满交错绳纹的深腹平底罐。第四类遗存以宝鸡关桃园遗址为代表[⑤]，包括宝鸡北首岭“下层”[⑥]、天水师赵村“第一期文化遗存”[⑦]、天水西山坪“师赵村一期文化遗存”等。主要器类组合有器表饰绳纹的卵形深腹三足罐、深鼓腹平底罐、素面平底钵、假圈足碗和腹部饰绳纹的小口鼓腹双耳罐等。

有些遗址的老官台文化遗存本身还可以分期，如白家村、西山坪和关桃园等。而每一类遗存本身也往往可以进一步分期。如第一类遗存大致可以分为：以李家村、阮家坝为代表的第一期；以马家营、何家湾为代表的第二期；以龙岗寺、白马石遗址为代表的第三期。

这四类遗存有明显的地域性。第一类遗存基本上分布在陕南汉水流域，第二类分布在关中东部，第三类分布在甘肃东部，第四类主要分布在关中西部。它们也表现出时间差异，在西山坪，第四类遗存叠压在第三类遗存之上。更重要的线索是，这几类遗存的主要器类组合变化有序，主要器类有明显的演变过程：绳纹深腹罐由口沿略敞、直腹，到束

① 中国社会科学院考古研究所：《临潼白家村》，巴蜀书社 1994 年版。
② 陕西省考古研究所：《临潼零口村》，三秦出版社 2004 年版。
③ 甘肃省文物考古研究所：《秦安大地湾——新石器时代遗址发掘报告》，文物出版社 2006 年版。
④ 中国社会科学院考古研究所：《师赵村与西山坪》，中国大百科全书出版社 1999 年版。
⑤ 陕西省考古研究院、宝鸡市考古工作队：《宝鸡关桃园》，文物出版社 2007 年版。
⑥ 中国社会科学院考古研究所：《宝鸡北首岭》，文物出版社 1983 年版。
⑦ 中国社会科学院考古研究所：《师赵村与西山坪》，中国大百科全书出版社 1999 年版。

颈、鼓腹，再到两端小而中间鼓的卵形；绳纹圈足碗的腹部由深到浅，其圈足由高到矮，最终消失。这四类遗存应属同一谱系文化遗存随时间推移出现的空间变化，反映了老官台文化的动态变迁过程。

庹家洲的这类遗存既包含有绳纹筒腹罐、绳纹圈足碗这类典型的第一类遗存的因素，有下腹饰绳纹、上部为红彩带的圜底钵、素面三足钵等第二类遗存的因素，还有与第四类遗存接近的鼓肩小口罐、绳纹鼓腹罐等，说明这类遗存的年代与老官台文化第四类遗存大致相当。

庹家洲的这类遗存中假圈足碗的数量比较多，还有一些大口鼓腹罐和口沿下有一对乳丁的卷沿素面鼓腹罐，这些都是中原地区裴李岗文化的典型器类。说明裴李岗文化也对庹家洲的这类遗存有比较明显的影响，这种影响或为老官台文化转化为半坡文化的主要动因。

（与李默然、李俊合作完成，原载于《考古》2016 年第 1 期，标题有改动）

楠木园文化及相关诸问题

楠木园遗址位于湖北省巴东县官渡口镇楠木园村，坐落在巫峡东段长江南岸的二级台地上。遗址西距鄂渝边界约 10 公里，东距巴东县城 20 公里。楠木园遗址的位置为东经 110°13′05″—110°13′50″，北纬 31°00′45″—31°01′15″，海拔高度为 100—140 米。遗址东西长约 1000 米，南北宽 50 米左右，面积近 50000 平方米。为配合三峡工程建设，从 2000 年秋季到 2003 年夏季近三年间，武汉大学考古系等单位联合对楠木园遗址进行了大规模发掘。发掘共进行七次，发掘总面积近 10000 平方米。楠木园文化的发现、确认以及多学科结合所做的研究是最重要的收获。

一、分布情况

楠木园文化遗存绝大部分出土于 G II 与 G30 这两条沟内。两条沟之间的南部地势较高的接近山坡的地带以及 G II 西侧也零星发现有一些楠木园文化的地层和遗迹。这些零星的楠木园文化遗存跨越的区域面积约 3500 平方米。

二、文化面貌

陶器陶质主要为夹砂陶，粗泥质陶也占一定比例，仅有少量泥质陶和夹炭陶。陶器的烧制大致只有氧化过程，形成红色调的陶器。但在陶器的使用过程中，不仅釜、罐、支座这些炊器，也包括碗、钵等大部分食器，都有经过火烤烟熏的受热过程，由此形成褐色、黑褐色、黑色等深浅不同的颜色。个别陶器则因为陶胎中含有少量碳质而显现为深褐色或黑色。泥质陶及夹炭陶中有少量为外表红色，腹内壁黑色。陶器表面装饰主要为绳纹，有少量花边、划纹（网格状）和素面（抹光）。器类组合主要为釜、支座、罐、钵、碗和壶等，另有少量勺、匙、器盖、杯等。陶器几乎全为手制，仅有个别陶器可能经过轮修。最主要的制法为泥片贴塑。

石器发现的数量相当多。石器多以砾石为原料。石器绝大部分仅经过打制，石器的主要剥片方法是锐棱砸击法，其次为锤击法。打制形成的石核、石片经过简单修理或不再修理即大量使用。这些石核工具、经过简单修理的石片工具和未经修理的使用石片占到全部石器的六成五左右。成型石器很少，只占石器总数的 15% 左右。成型石器一般经过琢制，有的再经过磨制。磨制石器的比例低是楠木园文化石器的一个特色。磨制石器只占石器总数的 6.8%。磨制石器中绝大多数又只磨刃部。通体磨光的石器仅占石器总数的 1% 左右。

三、楠木园文化的分期

根据文化面貌的变化和层位关系，可以把楠木园文化遗存分为早、晚两期。

早期的陶质绝大多数为夹砂陶，很少粗泥质陶。纹饰较多细绳纹，且多为交错绳纹。陶器全部为手制。就器形来看，早期的釜有类似折沿的风格，颈部往往有一条勒沟。釜的腹部最大径一般在中部以下部位，因而呈现出垂腹特征。支座的器身明显前倾。罐的腹部较深。碗和钵的腹壁一般斜外张，侈口较小，腹较深。假圈足碗的圈足往往明显内凹。就整体而言，早期的器形较瘦高。

晚期的陶质夹砂陶的比例下降，粗泥陶的比例上升。纹饰仍以绳纹为主，绳纹较粗且较规则。在陶器的装饰方面，最明显的一个变化是在部分碗或者釜的口沿出现花边装饰。在制法上虽仍以手制占绝大多数，但个别的钵出现轮修痕迹，在口沿下形成凹弦纹。在器类方面，晚期丰富一些，出现了勺这类器物。在器形上，晚期釜的形态以卷沿外翻为特色，腹部最大径一般在中部，因而显得圆鼓。支座体较直立。晚期罐的腹部较浅，有些已很难与早期的深腹钵区别开来。晚期的钵的腹部也较浅。圈足碗和钵的口沿一般斜外侈，腹部较浅。假圈足碗的圈足内凹不明显，有的完全不内凹。就整体而言，晚期的器形较矮胖。

四、楠木园文化的性质

与以往发现于鄂西地区诸遗存比较，楠木园文化与城背溪文化[①]和以朝天嘴 G6、G7 为代表的遗存最为接近[②]。这几类遗存的陶质均以夹砂陶或者夹炭、夹蚌陶这类夹掺和料的陶质为主，有少量泥质

---

① 湖北省文物考古研究所：《宜都城背溪》，文物出版社 2001 年版。

② 国家文物局三峡考古队：《朝天嘴与中堡岛》，文物出版社 2001 年版。

陶。陶色以红褐色占绝大多数。绝大多数陶器表面装饰均为绳纹，这几类遗存的绳纹陶片大致都占总数的九成左右。这与其他晚期遗存有明显区别。另外这几类遗存的陶器都有装饰手指按窝的情况。就陶器的制法来看，这几类遗存的陶器都是以泥片贴塑为最主要的成型方法。从器类看，这几类遗存都包含有侈沿鼓腹圜底釜、弯头支座、圜底钵等。

楠木园文化遗存虽与城背溪文化、以朝天嘴 G6 和 G7 为代表的遗存多有联系，但楠木园文化与这两类文化遗存的差别也是明显的。楠木园文化中那些特有的器类大多表现出与汉中地区的李家村类型，甚至陇东地区的师赵村一期遗存有密切的联系。

与楠木园文化同类的遗存还见于丰都玉溪遗址[①]。从目前发现的材料看，楠木园文化均分布在巫峡以西地区；而城背溪文化和以朝天嘴 G6、G7 为代表的遗存的分布均没有越过西陵峡。

五、楠木园文化的年代

为了确定楠木园文化的绝对年代，我们委托北京大学考古文博学院科技考古实验室对 L IT0102 连续 9 个层位出土的骨头标本进行了系列的年代测定。

从所得的测年数据来看，层位最早的 L IT0102 ⑨层、⑧层和 G18 的年代上限大体为 5480B.C.，而层位最晚的 L IT0102 ②层的年代下限大体为 4790B.C.。从⑨层到②层跨越了 700 年左右，而处在⑨层和②层中间的诸层位的年代数据也大体介入两者之间。

---

① 邹后曦、袁东山：《重庆峡江地区的新石器文化》，载《重庆·2001 三峡文物保护学术研讨会论文集》，科学出版社 2003 年版。

GII 最多可以分为 13 个地层，L IT0102 只包含了其中的 8 个。推测楠木园文化的年代大致从 5480B.C. 延续到 4500B.C. 前后，其中早期大致为 5480B.C.—5100B.C.，晚期大致为 5100B.C.—4500B.C.。

六、楠木园文化时期的环境

楠木园遗址出土的一些生态比较典型的野生动物有鱼、猴、亚洲象、熊、鹿等类。从这些动物的生态来看，猴栖息于林区；象栖息于稀树草原、竹阔叶树混交林，喜水；熊生活在密林深处；鹿类生活在平原、山地的林间灌木丛。除亚洲象目前仅分布于云南西双版纳地区以外，其他动物的分布范围比较广泛。由此推断当时的气候比较温暖湿润，居住地周围的植被有灌木丛和茂密的森林等。

楠木园遗址鱼骨的研究也证明，当时该地区气候为四季分明的东亚季风暖温带气候，长江水量较大。

七、楠木园文化生计类型

楠木园文化的地层共收集动物骨骸一万余块，这些动物骨头分属鱼类、爬行类、鸟类、哺乳类等。动物种群大致表明当时的气候比较温暖湿润，居住地周围的植被有灌木丛和茂密的森林等。当时人们的肉食主要来源于捕鱼和狩猎，狩猎对象主要以鹿科动物为主。饲养家猪仅占据极其次要的地位。

鱼类的专题研究表明楠木园文化遗存中鱼骨数量相当多，但食用鱼类组成较为单一，且具有明显的类群分布不均衡性，以草鱼和鳜属鱼类为主，青鱼数量稍少，鲢亚科鱼类和鲶形目及鲟形目鱼类数量稀少。这种现象说明当时的人们已经掌握了一些鱼类繁殖集群的习性，捕鱼具有一定的季节性。

楠木园文化的石器表现出一定的原始性。但楠木园文化的石器毕竟有一批成型石器，包括斧、铲、锛、凿以及锄、镰、磨盘、磨棒等。楠木园文化的石器组合与旧石器时代甚至华南新石器早期的石器组合有很大的不同，这种差别应该反映了石器功能的变异。导致这种变异的最主要的原因最有可能是农业的出现以及与定居有关的房屋建筑。

八、楠木园文化聚落复原的设想

GII 和 G30 东西相对，南端均明显向内侧弯曲，但没有连接到一起，北端均消失在台地边缘，大致形成一个直径约 50 米的不完整环形。这两条沟大致应该为自然冲沟。形成这两条沟内堆积的人们应该主要生活在两条沟之间的区域。能够说明当时聚落的遗迹不多，可能是房屋建筑的遗迹只有 H127，另外有 H149 和 H150 等少量灰坑。

除了在两条沟内侧的南端地势较高的区域发现少量这一时期的遗迹外，在两条沟之间的大部分探方中并没有发现这类遗存，甚至连晚期地层中也几乎不见这一时期的陶片等遗物。这可能是因为当时的堆积大都被洪水荡平，仅有少量埋藏较深，或地势较高的遗迹得以残存。

另外在 GII 南端的台地底部也发现楠木园文化地层，这些楠木园文化堆积的位置大致与 GII 开口的地面处在一个坡面上。GII 西侧的 GI 的底部也发现有少量楠木园文化地层。这两处的楠木园文化堆积均为地层，没有发现其他遗迹，且地层相对纯净，包含极少量的细碎夹砂红褐色绳纹陶片。这两个部位均地势较高，且 GI 底部的楠木园文化地层埋藏也较深，它们才得以残留。应该说这些区域可能也是当时的主要的活动区域。G30 外侧（东侧）没有发现楠木园文化的遗存。

如果做历时性考察的话，还可以看出，楠木园文化早期的遗存仅发现于GII下部，似乎说明当时的人们的生活区仅局限在GII内侧（东侧）。而我们在前文提到的楠木园文化的分布范围基本上反映的是晚期的情况。

（原载于《中国文物报》2005年9月30日）

从朱家台看“大溪文化”

朱家台是一处保存得较好的以新石器时代遗存为主的遗址。本次发掘虽然面积有限，但取得了一系列重要成果。

首先，朱家台遗址是一处分布于平原地区的典型台形遗址，它的各个地层中往往包含了或多或少的红烧土，表明这些地层的成因与建筑房屋等人们的日常活动有密切的联系；遗址的原始地面大致与今天周围农田的高度持平，也证明整个遗址是人类活动形成的。这种成因在台形遗址中应具有某种普遍意义，对于理解其他类型的遗址的成因也有参考价值。

本次发掘，揭露出若干保存较为完好的遗迹现象，获得了一批以陶器为主的遗物，使我们对这一地区新石器时代的文化序列有了更全面的认识，对不同时期的文化内涵有了更充分的了解。朱家台遗址的新石器时代文化遗存可以分为三期。

第一期遗存最为丰富，是此次发掘的主要收获。第一期遗存的遗物主要是陶器和石器。陶器以夹砂陶为最多，粗泥夹炭陶次之，泥质陶最少。陶色以红色为大宗，黑陶和外红内黑陶也占有相当比重，特别是细泥黑陶占一定比例是其特点。器表多施红衣，但往往限于器表的局部；素面陶较多。纹饰以细绳纹为主，是其特色，另有少量弦纹和极少量的戳印纹。有少量彩绘，均为红色条带，或可看作是红衣的一种特殊形式。器类有釜、鼎、支座、假圈足碗、圈足碗、钵、三足盘、豆、盆、罐、缸、碟、杯、盖、器座和小陶轮；其中釜、支座、器座、假圈足碗、圈足碗、三足盘和小碟是最常见的器类，而假圈足碗、三足盘、小碟仅见于这一期中，是这一期的代表性器类。石器的形制规整。琢制成形，然后磨修，通体磨光的很少。器类以斧为多见，另有锛、楔、凿等器类。

第一期的F5是目前见诸报道的最早的台式建筑，其人工筑成的台基分为三层并形成一个两重的台基，显示出较为成熟的建筑技术。这座房子采用的立柱筑墙再经烧烤的建筑方式在当地晚期文化中比较多见，应为这一地区的文化传统，F5是同类型建筑中最早的。F5有经过烧烤形成的红烧土散水，可能还有窗或牖，这些也是相当先进的建筑技术。

根据第一期的典型器物的类型学分析，结合层位提供的早晚关系，可以将第一期遗存分为从早到晚的3组。这3组又可划分为以第1、2组为代表的早段和以第3组为代表的晚段。早段的典型器类包括侈沿瘦体的折腹和圆腹釜，器身弯曲、座内有空的支座、深腹的假圈足碗和圈足碗、折腹圈足罐、小口圜底罐、深腹小碟、圈纽的盖、瘦高体形器座等。早段第1组和第2组的主要差别表现在互见的典型器型，前者的腹较深或体形整体瘦高，后者腹较浅或体形较矮胖。晚段的典型器类包括盘口型矮胖体形圆腹釜、浅腹的假圈足碗和圈足碗、钵、三足盘、盆、深腹小碟、矮体形器座。晚段一方面不见一些早段的器型，又出现了一些新的器类，表现出一定的质变；另一方面早晚段互见的器类仍占大多数，且内在的规律性的演变关系也很明显，可知早晚段遗存的文化性质还是相同的，也没有明显的年代缺环。

朱家台遗址第二期的陶器以粗泥夹炭陶为主，夹砂陶和泥质陶也占有相当比重。陶色以红陶占绝大多数，有少量黑陶和外红内黑陶，还有极个别白陶。器表的装饰以红衣为主，且以遍体红衣为特色，素面陶也占一定比例。纹饰有弦纹、压印纹、戳印纹和按窝纹等。器类以釜、圈足盘、碗、钵、盆为主。

根据器物型式划分所呈现的逻辑演变及层位提供的早晚关系，第二期可进一步分为2组。第1组的典型器物有卷沿浅腹鼎，折沿盘口釜，器形矮胖、沿唇下勾的圈足盘，深弧腹碗，矮体折沿敛口碗，敞口钵，饰组丝纹的碗和杯，白陶瓮等。第2组的典型器物有折沿深腹鼎，侈平沿釜，器形较瘦高、沿唇外突或内折的圈足盘，深弧腹碗，瘦高体的折沿敛口碗，敛口钵等。两组互见的器类，第1组的一般腹较浅，体较矮，第2组的腹较深或体较瘦高。

第三期的陶器泥质陶占绝大多数，有少量夹炭陶和夹砂陶。陶色以灰陶为主，红陶和黑陶也占相当数量。素面和磨光素面占绝大多数；纹饰以弦纹为主，其次有附加堆纹和戳印纹；只有少量红衣陶。器类有鼎、釜、豆、碗、簋、曲腹杯、盆、刻槽盆、高领罐、敞口深腹罐、瓮等。其中簋形小鼎、簋、曲腹杯、豆、高领罐最多见，构成典型器物组合。

与朱家台遗址第一期、第二期相当的遗存，以往学术界均将其归入“大溪文化”的范畴。朱家台遗址本次发掘大大地充实了与第一期相当的文化遗存的内涵，使我们能够重新确定第一期遗存与第二期遗存的文化性质。确定考古学文化性质首要标准在于器类的组合，器类组合没有本质差别，则为一考古学文化，反之就应该是不同的考古学文化。朱家台第一期的器类包括折腹釜、圆腹釜、支座、假圈足碗、圈足碗、平底钵、圜底钵、三足盘、碟、盖、器座等，其中以釜、支座、假圈足碗、圈足碗、三足盘、碟、器座为常见，构成了其典型器物组合；其中假圈足碗、三足盘、小碟为该类遗存所独有。第二期遗存的器类包括鼎、釜、圈足盘、圈足碗、平底钵、平底盆等，其中以釜、圈足盘、圈足碗为常见，构成了典型器物组合；其中内敛口圈足碗、圈足盘为该类遗存的特色器类。陶系在判定文化性质时也有重要的参考价值。第一期以夹砂陶为主，第二期以粗泥夹炭陶为主；第一、二期虽都以红陶为主，但第一期的红泥黑陶占一定比重，是其特点，第二期有个别白陶很引人注目。表面装饰：第一期的红衣往往限于器物沿部，第二期则遍布全身，第一期的绳纹是其特色。通过上述比较不难看出，朱家台第一期遗存与第二期遗存的文化性质有着质的差别，应为两种不同的考古学文化。

朱家台H88、H113为代表的第三期遗存，出现了大量的新器类，器物组合与第二期遗存迥异，文化性质也应有质的差别。

按照我们从朱家台遗址本次发掘得到的认识，检索已有的材料：杨家湾遗址第⑤层和第④层的遗存分别大体与朱家台第一期第1组、第2组相当①。伍相庙 T1⑥中也可以看到分别与朱家台第一期第1组和第2组同时的遗存，如伍相庙T1⑥：56釜、T1⑥：43碗和T1⑥：65釜、T1⑥：38、39、40碗②。杨家湾遗址第③层、关庙山第一期③、丁家岗第二期墓葬④大体与朱家台第一期第3组同时，在伍相庙、荆南寺⑤、关庙山第一次发掘⑥的材料中也有同一时期的遗存。以朱家台第一期为代表的这类遗存大体分布在从江汉平原西部、澧水流域到三峡一带。这类遗存以关庙山的发现为最早，按考古学文化命名的惯例，可称之为关庙山一期文化。

关庙山第二期，中堡岛第一、二期⑦，丁家岗第三期墓葬，清水

① 宜昌地区博物馆：《宜昌县杨家湾新石器时代遗址》，《江汉考古》1984年第4期。

② 湖北省博物馆、江陵考古工作站：《宜昌伍相庙新石器时代遗址发掘简报》，《江汉考古》1988年第1期。

③ 中国社会科学院考古研究所湖北工作队：《湖北枝江关庙山遗址第二次发掘》，《考古》1983年第1期。

④ 湖南省博物馆：《澧县东田丁家岗新石器时代遗址》，载《湖南考古辑刊》第1集，岳麓书社1982年版。

⑤ 荆州地区博物馆、北京大学考古系：《湖北江陵荆南寺遗址第一、二次发掘简报》，《考古》1989年第8期。

⑥ 中国社会科学院考古研究所湖北工作队：《湖北枝江县关庙山新石器时代遗址发掘简报》，《考古》1981年第4期。

⑦ 湖北省宜昌地区博物馆、四川大学历史系：《宜昌中堡岛新石器时代遗址》，《考古学报》1987年第1期。

滩 H27[①] 等遗存大体与朱家台第二期第 1 组同时。中堡岛第三期、关庙山第三期的部分遗存、大溪遗址 M103 等部分墓葬[②]、清水滩 T9 ② 等单位都应大体与朱家台第二期第 2 组同时，其中关庙山 T4 ③ ：1 豆、中堡岛 T6 ⑥ ：127 碗、大溪 M103 ：3 豆、清水滩 T9 ② ：13 豆的腹部特征一如朱家台 T17 ③ ：12 碗。以朱家台第二期为代表的遗存包括了大溪墓地的部分资料，才应该是所谓的大溪文化。

清水滩 T4 ④、毛家山 H2[③] 、关庙山 F22、H95、H80 等部分第三期遗存大体与朱家台 H88 同时。关庙山第四期、中堡岛第四期的 T4 ⑤等遗存大体与朱家台 H113 同时。朱家台 H88 和 H113 虽然本身没有直接的层位关系，但它们的器类组合及同类器物的形制特征还有一定差别，参照关庙山和中堡岛等遗址的层位关系，还是可以将它们分为有早晚关系的两组，H88 早于 H113。H88 同类的遗存在以往的报告中一般归于与朱家台第二期第 2 组的同类遗存的同一期中。朱家台遗址本次发掘证明 H88 在层位上晚于第二期第 2 组遗存，但层位的早晚并不意味着必定有分期意义。H88 与第二期第 2 组到底是否同期遗存，还有待将来由田野工作的进一步验证。

这类遗存的文化性质，在以往的研究中存在不同的看法，根据朱家台遗址的资料，不难看出其陶器组合基本上与京山屈家岭遗址下层相同[④]，其性质应属屈家岭下层文化。

（节选自《湖北江陵朱家台遗址 1991 年的发掘》，与刘琳、黄文新、胡文春合作完成。原载于《考古学报》1996 年第 4 期）

---

① 湖北省宜昌地区博物馆、四川大学历史系考古专业：《宜昌县清水滩新石器时代遗址的发掘》，《考古与文物》1983 年第 2 期。

② 四川省博物馆：《巫山大溪遗址第三次发掘》，《考古学报》1981 年第 4 期。

③ 纪南城文物考古发掘队：《江陵毛家山发掘记》，《考古》1977 年第 3 期。

④ 中国科学院考古研究所：《京山屈家岭》，科学出版社 1965 年版。屈家岭考古发掘队：《屈家岭遗址第三次发掘》，《考古学报》1992 年第 1 期。

下王岗“仰韶文化一期”遗存试析

下王岗遗址位于汉水支流丹江边，从 1971 年到 1974 年，由河南省博物馆文物工作队、长江流域规划办公室文物考古队河南分队进行了较大规模的发掘，发掘面积达 2300 多平方米，获得一批丰富的文化遗存。发掘报告将这些遗存分属西周文化、二里头文化、龙山文化、屈家岭文化和仰韶文化，且将仰韶文化遗存分为三期①。本文仅就其中的“仰韶文化一期”遗存做一分析。

一

下王岗遗址发掘报告中所刊布的“仰韶文化一期”遗存并不纯净。

首先，T5⑤：348 簋（《淅川下王岗》，以下简称报告，图四六，4。报告称“甑”）是分布于江汉平原及周邻地区的“屈家岭下层文化”中习见的器类②，就下王岗发掘报告的分期而言，其年代早

① 河南省文物研究所、长江流域规划办公室考古队河南分队：《淅川下王岗》，文物出版社 1989 年版。

② 中国科学院考古研究所：《京山屈家岭》，科学出版社 1965 年版。屈家岭考古发掘队：《屈家岭遗址第三次发掘》，《考古学报》1992 年第 1 期。

不过“仰韶文化三期”①。

其次，T6⑤：26喇叭口壶（报告图四七，4）为泥质红陶，打磨光滑，肩部施六道平行窄红带纹，其上下绘红色波折纹，其上下再各绘一窄红带纹。喇叭口形壶是庙底沟二期文化的典型器物之一②，同类器物也还见于汉水中游地区青龙泉遗址“屈家岭文化早期”遗存（F6南室：22，报告图五四，15，亦细泥红陶，外表磨光）③。比照下王岗发掘报告的分期，这件器物的年代应相当于所谓“屈家岭文化一期”（图一）。另外T14扩⑦：11（报告图四六，7、8）两件残口沿也可能是这一时期的遗物。

上述几件标本均不应包括在本文所要讨论的“仰韶文化一期”遗存中。

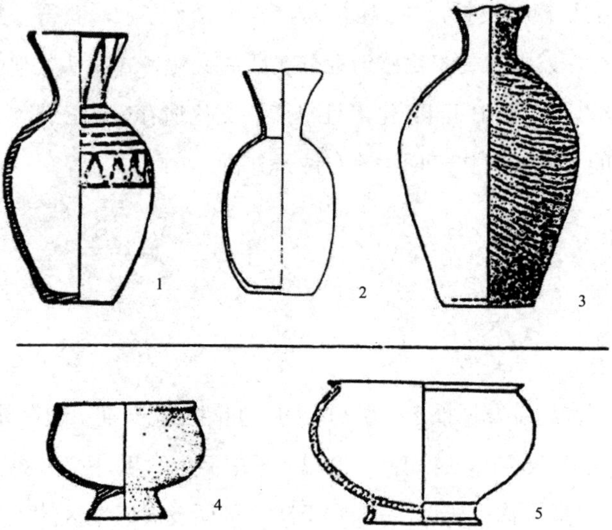

图一　下王岗“仰韶文化一期”中的晚期遗存

1. 下王岗T6⑤：26　2. 青龙泉F6南室：22　3. 庙底沟H563：44
4. 下王岗T5⑤：348　5. 屈家岭T5⑤：34

---

① 下王岗“仰韶文化三期”的大部分遗存要早于“屈家岭下层文化”，但其中的部分遗存，如T20⑤诸标本及T6③：137等的年代大体相当于“屈家岭下层文化”。

② 中国科学院考古研究所：《庙底沟与三里桥》，科学出版社1959年版。

③ 中国社会科学院考古研究所：《青龙泉与大寺》，科学出版社1991年版。

二

下王岗“仰韶文化一期”遗存陶器的主要器类包括深腹平底罐、圆腹锥足鼎、平底钵，有一定数量的细颈瓶，另有个别平底盆、假圈足碗等。从层位关系看，这一期的遗迹之间还存在数组叠压打破关系；从陶器标本看，也有一定的形态变异，这说明它们还有进一步分组的可能。主要器类排比如下：

深腹平底罐

I 式：卷沿，深腹，体形瘦长。标本 M285：1（原报告 V 式罐，图四三，10）。

II 式：沿内卷外折，腹深中等，体形略显长方。标本 M66：1、M93：1、M401：1、M444：2、M259：2（原报告 I 式罐，图四三，1—5）。

III 式：折沿，浅腹，体形为方形。标本 W131：1、T13⑦：273（原报告 II 式罐，图四三，6、7）。

圆腹锥足鼎

I 式：卷沿，深腹。标本 M285：4（原报告 III 式鼎，图四四，5）、M424：1（原报告 II 式鼎，图四四，4；图版一〇，4）。

II 式：卷沿，腹较浅。标本 M57：1、M282：1 式（原报告 I 式鼎，图四四，1、2）。

III 式：卷沿带折，浅腹。标本 M404：1、H386：1（原报告 II、IV 式鼎，图四四，3、6）。

平底钵

I 式：底略圆缓，腹较深，敞口，底腹交界处有一周阴刻圆圈。标本 T20⑦：246、T8⑥：128（原报告 II 式钵，图四五，2、3）。

II 式：平底较小，腹稍浅，沿略内收。M473：1（原报告 I 式钵，图四五，1）。

III 式：平底较大，浅腹，沿略内折。标本 T13 ⑦：288（原报告 III 式钵，图四五，4）。

细颈瓶

I 式：腹瘦高，沿唇尖突。标本 M111：1（原报告 III 式细颈瓶，图四七，2）。

II 式：腹较矮扁，沿唇呈现蒜头形。标本 M259：3（原报告 IV 式细颈瓶[①]，图四七，3）。

III 式：腹矮扁，沿唇呈现典型蒜头形。标本 M698：1（原报告 I 式细颈瓶，图四七，1）。

上述几类器物同类标本所在单位之间无直接的叠压打破关系，它们排序的早晚可以与下王岗“仰韶文化二期”遗存中的同类器比较中推知。发掘报告将下王岗“仰韶文化二期”遗存中作为随葬品的陶器分为早、中、晚三期，其中早期的罐以折沿浅圆腹为特征，鼎以折沿浅腹为特征，平底钵亦以浅腹较大平底为特征，均显示出与上述“仰韶文化一期”遗存所做的排序中 III 式同类器接近的特征，说明上述排序 I 式到 III 式，代表了从早到晚的演进关系。

发表了标本的诸单位的共存关系有：

M285 中 I 式深腹平底罐与 I 式圆腹锥足鼎共存；

M259 中 II 式深腹平底罐与 II 式细颈瓶共存；

T13 ⑦中 III 式深腹平底罐与 III 平底钵共存。

根据上述器物的排序和共存关系，可以推定：

出 I 式深腹平底罐、I 式圆腹锥足鼎、I 式平底钵、I 式细颈瓶的诸单位为第 1 组；

出 II 式深腹平底罐、II 式圆腹锥足鼎、II 式平底钵、II 式细颈瓶

① 报告中墓葬登记表 M259 为 III 式细颈瓶，与图四七及文字的介绍矛盾，本文从后两者。

的诸单位为第 2 组；

出 III 式深腹平底罐、III 式圆腹锥足鼎、III 式平底钵、III 式细颈瓶的诸单位为第 3 组。

第 1 组：M285、M111、M424、T20 ⑦、T8 ⑥；另外 M627、M256 也可能属此组。

第 2 组：M57、M66、M93、M259、M282、M401、M444、M473。

第 3 组：M404、M698、H368、W131、T13 ⑦；另外 T15 ⑦也可能属此组（图二）。

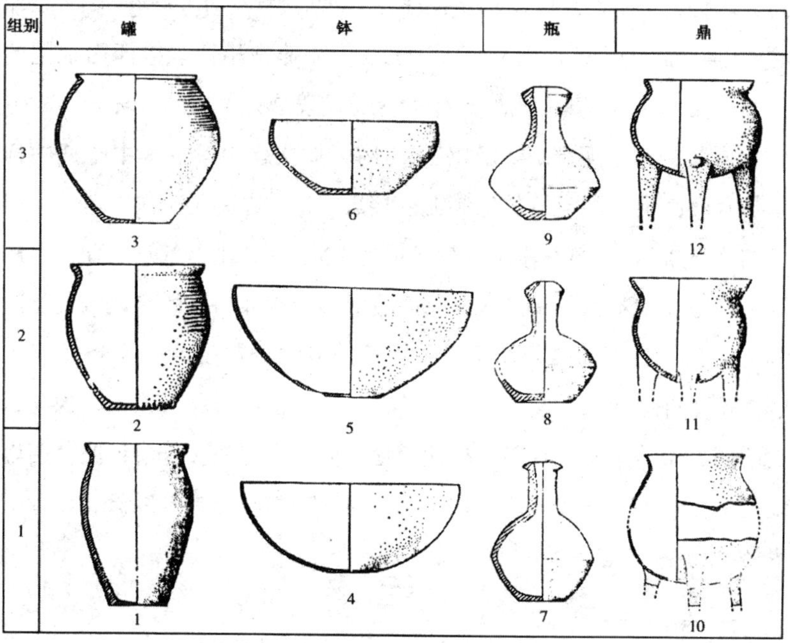

图二　下王岗“仰韶文化一期”遗存分组

1. M285：1　2. M444：2　3. W131：1　4. T8 ⑥：128
5. M473：1　6. T13 ⑦：288　7. M111：1　8. M259：3
9. M698：1　10. M285：4　11. M282：1　12. M404：1

三

从前文的排序可知，下王岗“仰韶文化一期”遗存的主要器类存在两种基本的演变趋势：器腹由瘦高到矮胖；口由敞到收。鼎虽也呈现由深腹到浅腹的变化，但口径却是由小到大，又由大到小，这一反常现象耐人寻味。

下王岗 M57：1、M282：1 这类Ⅱ式鼎，与鲁西南地区文化中同类器有比较密切的联系，北辛H32：25[①]、大汶口T71⑦：1[②] 等鼎的腹部特征与下王岗 M57：1、M282：1 非常相似。鲁西南地区的这类鼎在当地有来龙去脉，是一个完整的发展链条中的一环。

同类的鼎也见于豫北冀南的后冈一期文化中，且其中早期的标本与鲁西南地区同类器的形制尤为接近[③]。越过黄河在豫中地区也能见到这类鼎[④]，且越往南形制变异也越大[⑤]。中原地区的这类鼎在本地区早期遗存中难觅头绪，大概只能看成是受相邻的鲁西南地区文化影响的结果。下王岗“仰韶文化一期”的Ⅱ式鼎的变异当与鲁西南地区文化西进这一大的文化背景有关。只是下王岗的鼎与豫中、豫北冀南的同类器差别稍大，而与鲁西南地区同类器更为接近，说明鲁西南地区文化对下王岗“仰韶文化一期”遗存的影响未必是以豫北和豫中为桥梁（图三）。

---

① 中国社会科学院考古研究所山东队等：《山东滕县北辛遗址发掘报告》，《考古学报》1984 年第 2 期。

② 山东省文物考古研究所：《大汶口续集 —— 大汶口遗址第二、三次发掘报告》，科学出版社 1997 年版。

③ 后冈一期文化的分期，参见张忠培、乔梁：《后冈一期文化研究》，《考古学报》1992 年第 3 期。

④ 参见郑州市文物考古研究所：《1982、1985 年河南郑州市大河村遗址发掘》，载《考古学集刊》（11），中国大百科全书出版社 1997 年版。

⑤ 河南省文物研究所：《长葛石固遗址发掘报告》，《华夏考古》1987 年第 1 期。

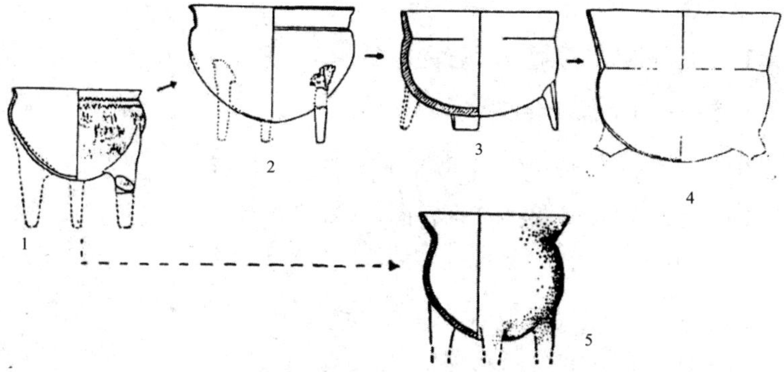

图三 下王岗“仰韶文化一期”鼎的变异

1. 北辛H32：25 2. 后冈72H5：6 3. 大河村T38 圈19：7
4. 石固BH11：1 5. 下王岗M282：1

如上述分析不误，可以推定下王岗“仰韶文化一期”以M57：1、M282：1等Ⅱ式鼎为代表的第2组的年代大体相当于后冈一期文化较早阶段；第3组相当后冈一期文化较晚阶段；第1组则要早于后冈一期文化。

四

下王岗“仰韶文化一期”同类性质的遗存见于朱家台遗址①。朱家台“早期仰韶文化”遗存大体可以分为这样几组：

第一组：

T84⑥：32假圈足碗（报告图一〇，4，称钵）；

T56⑥C：27钵（报告图一〇，3，底残），可能属此组。

① 中国社会科学院考古所长江工作队：《湖北均县朱家台遗址》，《考古学报》1989年第1期。

第二组：

T17⑤：16 细颈瓶（报告图一〇，16，称壶）；

T15⑤：16 鼎（报告图一〇，1）；

T15⑤：12 假圈足碗（报告图一〇，5，称碗）；

T15⑤：13、14 器座（报告图一〇，14、15）。

第三组：

T16⑤：13 罐（报告图一〇，12）；

T56⑥A：23 罐（报告图一〇，8）；

T56⑥A：21 瓮（报告图一〇，9，称罐）；

T14⑤：21 盖（报告图一〇，13）；

T56⑥B：24 罐（报告图一〇，18）。

第三组大体与该遗址“晚期仰韶文化”的主要遗存年代相若，性质相同。第二组中的鼎与下王岗“仰韶文化一期”遗存 III 式鼎接近，年代应大体相当。与鼎共存的假圈足碗与下王岗 T15⑦：342 假圈足碗形制接近，可以证明下王岗 T15⑦：342 属第 3 组。第一组假圈足碗较第二组同类器腹浅，口敞，可以肯定其早于第二组，或与下王岗“仰韶文化一期”第 1 组同时。

江汉平原北缘的边畈遗址公布了少量资料[①]，其中 M14 所出鼎的腹部特征与下王岗“仰韶文化一期”I 式鼎类似；M9 所出鼎的腹部形态介于下王岗“仰韶文化一期”II、III 式鼎之间，不过两件鼎的足均与下王岗同类器有所不同。从目前发表的零星材料来看，边畈 M14 和 M9 代表的遗址的年代大体分别相当于下王岗“仰韶文化一期”第 1 组和第 2、3 组；两者的文化性质应存在一定的共性。

① 张绪球：《汉江东部地区新石器时代文化初论》，《考古与文物》1987 年第 4 期。

五

下王岗"仰韶文化一期"遗存的主要器类深腹罐、圆腹锥足鼎、平底钵和假圈足碗等都见于方城大张以H1等为代表的诸单位①。大张H1等单位所出罐为小卷沿（腹已残）；鼎为小卷沿、圆鼓腹；假圈足碗为敞口、浅腹、小平底，均显示出早于下王岗"仰韶文化一期"同类器的特征。另外大张采：8、H8：2（报告图五，18、19）这类壶与下王岗"仰韶文化一期"的蒜头壶造型迥异，说明两者的文化性质有一定的差别；下王岗"仰韶文化一期"遗存是由大张H1等为代表的遗存发展而来。与大张H1等单位性质相近、年代相当的遗存还有椅圈马一期的T0710⑦等②。

这类遗存与裴李岗文化联系极为密切，其中的主要器类小口双耳壶、平底钵、假圈足碗、深腹罐、圆腹圆锥足鼎都见于裴李岗文化。但裴李岗文化的有些典型器类，如三足钵，不见于这类遗存；取而代之，这类遗存中的红顶（钵）碗，不见于裴李岗文化。

综上，下王岗"仰韶文化一期"遗存，是在大张遗存的基础上形成的，而大张遗存又脱胎于裴李岗文化。

六

与下王岗"仰韶文化一期"第1组遗存年代相若、文化面貌相

---

① 南阳地区文物队、古城县文化馆：《河南方城县大张庄新石器时代遗址》，《考古》1983年第5期。

② 郑州大学考古系、开封市文物工作队、尉氏县文物保管所：《河南尉氏县椅圈马遗址发掘简报》，《华夏考古》1997年第3期。

近的遗存，见于晋南垣曲古城东关[①]、侯马褚村[②]等遗址。

东关的“仰韶文化早期”遗存可以分为三组：

第一组：以 H20 为代表；

第二组：以 H40、H132 为代表；

第三组：以 M9 为代表。

其中第三组 M9 可能晚至半坡文化史家类型，算不得“仰韶文化早期”遗存。第一组的同类遗存还有枣园 H1[③]。东关第二组与下王岗“仰韶文化一期”第 1 组年代相当。第一组的年代大体与大张遗存相若。

以东关第一组、第二组为代表的东关遗存，与陕西境内的半坡文化第一期遗存有很大的共性[④]。半坡文化中以小口双耳平底瓶（壶）为特征的第一期遗存见于宝鸡北首岭[⑤]、福临堡[⑥]、南郑龙岗寺[⑦]、西乡何家湾[⑧]、临潼零口[⑨]等遗址。半坡文化第一期遗存的主要器类是弦纹深腹罐、小口双耳平底瓶、蒜头壶、平底钵、底部有一周弦纹的圆底钵、假圈足碗等。东关遗存也大体包含了上述器类，所不同的是东关遗存中有一定数量的鼎，而半坡文化第一期遗存除关中东部的零口能见到少量鼎外，西部和南部诸遗址不见有鼎，而东关的小口双耳平底瓶所具有的内折唇风格，不同于半坡文化第一期同类器。说明东关遗

① 中国历史博物馆考古部、山西省考古研究所、山西省垣曲县博物馆：《山西省垣曲县古城东关遗址Ⅳ区仰韶早期遗存的新发现》，《文物》1995 年第 7 期。

② 山西省考古研究所：《山西侯马褚村遗址试掘简报》，《文物季刊》1993 年第 2 期。

③ 山西省考古研究所：《山西翼城枣园新石器时代早期遗址调查报告》，《文物季刊》1992 年第 2 期。

④ 半坡文化的分期，参见赵宾福：《半坡文化研究》，《华夏考古》1992 年第 2 期。

⑤ 中国社会科学院考古研究所：《宝鸡北首岭》，文物出版社 1983 年版。

⑥ 宝鸡市考古工作队：《宝鸡福临堡 —— 新石器时代遗址发掘报告》，文物出版社 1993 年版。

⑦ 陕西省考古研究所：《龙岗寺 —— 新石器时代遗址发掘报告》，文物出版社 1990 年版。

⑧ 陕西省考古研究所、陕西省安康水电站库区考古队：《陕南考古报告集》，三秦出版社 1994 年版。

⑨ 陕西省考古研究所：《陕西临潼零口遗址第二期遗存发掘简报》，《考古与文物》1999 年第 6 期。

存与半坡文化第一期遗存有一定差别。

蒜头壶是半坡文化的典型器类之一，下王岗"仰韶文化一期"的蒜头壶，不见于大张遗存，也不见于裴李岗文化，应该来自半坡文化。下王岗"仰韶文化一期"的深腹罐、钵、盆、假圈足碗，虽见于大张遗存，不过这些器类也见于半坡文化第一期，而第1组这些器类的造型与半坡文化第一期中同类器尤为接近。

东关遗存与下王岗"仰韶文化一期"遗存的共同点在于它们可能有相同或相近的文化渊源，又都受到半坡文化的强烈影响。

七

下王岗仰韶文化一期遗存与二期遗存有比较大的共性，这一点尤其体现在明器上。下王岗"仰韶文化二期"出现了一些新的器类和新的因素，文化性质有所改变。但就其墓葬出土的明器而言，深腹罐、平底钵、圆腹鼎和器座是最为常见的器类，一些具体的特征也是秉承一期的同类器而来。将下王岗"仰韶文化二期"遗存看成是下王岗"仰韶文化一期"遗存的后续文化应是合理的。与下王岗"仰韶文化二期"同类性质的遗存还见于淅川下集①、邓州八里岗②、湖北郧县大寺③、枣阳雕龙碑④等遗址。

---

① 原长办考古队河南队：《淅川下集新石器时代遗址发掘报告》，《中原文物》1989年第1期。

② 北京大学考古学系、南阳地区文物研究所：《河南邓州八里岗遗址的调查与试掘》，《华夏考古》1994年第2期。北京大学考古学系、南阳地区文物研究所：《河南邓州市八里岗遗址1992年的发掘与收获》，《考古》1997年第12期。北京大学考古实习队、河南省南阳市文物研究所：《河南邓州八里岗遗址发掘简报》，《文物》1998年第9期。

③ 中国社会科学院考古研究所：《青龙泉与大寺》，科学出版社1991年版。

④ 中国社会科学院考古研究所湖北队：《湖北枣阳市雕龙碑新石器时代遗址试掘简报》，《考古》1992年第7期。

八

通过对下王岗“仰韶文化一期”遗存的分析，使我们从侧面对中原地区裴李岗文化的瓦解与后冈一期文化的形成过程和机制有所了解：

半坡文化东渐导致裴李岗文化瓦解；并在其基础上形成以椅圈马一期 T0710 ⑦为代表的遗存；裴李岗文化的一支进入南阳盆地，形成大张遗存；另一支融入到半坡文化中，形成东关遗存。

随着半坡文化东进势头增强，东关遗存进入以第二组为代表的阶段；而汉水中游则在大张遗存的基础上形成下王岗“仰韶文化一期”遗存。在豫中地区，相当于这一个阶段的遗存有椅圈马一期的 T0710 ⑥等零星发现，文化面貌尚不明朗，但估计与东关和下王岗的同期遗存差不多，包含有较多的半坡文化因素。

在这类文化的基础上，鲁西南地区文化大举西进，导致了后冈一期文化形成。下王岗“仰韶文化一期”遗存也受到一定程度的影响。

（原载于《中国考古学跨世纪的回顾与前瞻》，
科学出版社 2000 年版）

长江中游新石器时代的陶鼎研究

一、前　言

长江中游文化区有其自身的形成和演化过程，其范围大致“西至长江三峡，东至鄂东，北至伏牛山麓，南至洞庭与鄱阳两湖间”[①]。这一地区四面环山，中部肥沃的江汉平原与南部的洞庭湖平原连成一片，构成一个相对独立的地理单元。长江、汉水贯穿其间，既是其内部联系的纽带，也是与周邻地区沟通的孔道。

这一地区新石器时代文化遗存中，陶鼎存在的时间长，分布范围广，器形结构复杂，随时间、地域变化敏感，具有提纲挈领的作用。本文试图通过陶鼎的讨论，从一个侧面探讨长江中游新石器时代诸文化的谱系。

二、分类与型式划分

器物的分类与型式划分应主要着眼于形态特征的差别。鼎从结构上可分为腹和足两部分，在制作过程中，它们一般分别成形，然后将

① 俞伟超：《先楚与三苗文化的考古学推测》，《文物》1980年第10期。

足贴于腹部或插入腹壁内，再进行修整加工而成。早期的鼎，一定形态的腹部往往与一定形态的足结合。随着文化变迁，各种鼎的腹与足的组合出现多样交叉，鼎的腹与足往往反映了不同的文化及其演化过程，两者对文化有同样的指示意义。下面的分类，将尽量兼顾这两方面。

长江中游新石器时代陶鼎主要可分为三大类：第一类，腹部为鼓腹；第二类，腹部圆缓下垂；第三类，腹部近直，腹底之间转折。

第一类 鼓腹鼎

A 型 宽沿直立，球形圆鼓腹，矮小锥足。标本关庙山 T67⑦：80[①]（图一，1），伍相庙 T1⑥：55[②]。

B 型 侈口圆腹。根据足的差别，分为两亚型。

Ba 型 侈口圆腹，圆锥足。

I 式 小卷沿，腹较深。标本大张 H3：2[③]，其腹深与腹径之比为 0.863（图一，2）。

II 式 宽卷沿，腹较浅。标本下王岗 M404：1[④]，其腹深与腹径之比为 0.747（图一，3）。

III 式 折沿，沿较窄，腹较浅。标本朱家台 T15⑤：16[⑤]，其腹深与腹径之比为 0.724（图一，4）。

IV 式 折沿，沿相对较宽，腹更浅。标本桂花树 0399[⑥]，其腹深

---

① 中国社会科学院考古研究所湖北工作队：《湖北枝江关庙山遗址第二次发掘》，《考古》1983 年第 1 期。后文的该遗址分期指此报告分期。

② 湖北省博物馆、江陵考古工作站：《宜昌伍相庙新石器时代遗址发掘简报》，《江汉考古》1988 年第 1 期。

③ 南阳地区文物队、方城县文化馆：《河南方城大张庄新石器时代遗址》，《考古》1983 年第 5 期。

④ 河南省文物研究所、长江流域规划办公室考古队河南分队：《淅川下王岗》，文物出版社 1989 年版。

⑤ 中国社会科学院考古所长江工作队：《湖北均县朱家台遗址》，《考古学报》1989 年第 1 期。

⑥ 湖北省荆州地区博物馆：《湖北松滋县桂花树新石器时代遗址》，《考古》1976 年第 3 期。

与腹径之比为0.675（图一，5）。

Bb型 侈口圆腹，矮小锥足。

I式 折沿，沿较窄，腹较深。标本关庙山T9③：29①，其腹深与腹径之比为0.812（图一，6）。

II式 折沿，沿较宽，腹较浅。标本螺蛳山M6：2②，其腹深与腹径之比为0.689（图一，7）；划城岗M88：15③，其腹深与腹径之比为0.644（图一，8）。

C型 敞口圆腹，扁足。

I式 卷沿，沿窄，腹较浅。标本螺蛳山（I）Ml④，其腹深与腹径之比为0.648（图一，9）。

II式 折沿，沿宽，腹较深。标本屈家岭M12：19⑤，其腹深与腹径之比为0.771（图一，10）。

第二类 垂腹鼎

A型 垂弧腹。根据足的形态差异分为六个亚型。

Aa型 垂弧腹，凹扁足。

I式 折沿，折不明显，沿较窄，腹浅。标本屈家岭M9：5，其腹深与腹径之比为0.646（图二，13）。

II式 折沿，沿较宽，沿面略下凹，腹较深。标本屈家岭M2：2，其腹深与腹径之比为0.711（图二，15）。

III式 折沿，沿宽，沿面下凹呈盘口形，腹深。标本六合H7：3⑥，

---

① 中国社会科学院考古研究所湖北工作队：《湖北枝江县关庙山新石器时代遗址发掘简报》，《考古》1981年第4期。

② 湖北省黄冈地区博物馆：《湖北黄冈螺蛳山遗址墓葬》，《考古学报》1987年第3期。

③ 湖南省博物馆：《安乡划城岗新石器时代遗址》，《考古学报》1983年第4期。

④ 中国科学院考古研究所湖北发掘队：《湖北黄冈螺蛳山遗址的探掘》，《考古》1962年第7期。与《湖北黄冈螺蛳山遗址墓葬》相区别，本报告简称（I）。

⑤ 屈家岭考古发掘队：《屈家岭遗址第三次发掘》，《考古学报》1992年第1期。

⑥ 荆州地区博物馆等：《钟祥六合遗址》，《江汉考古》1987年第2期。

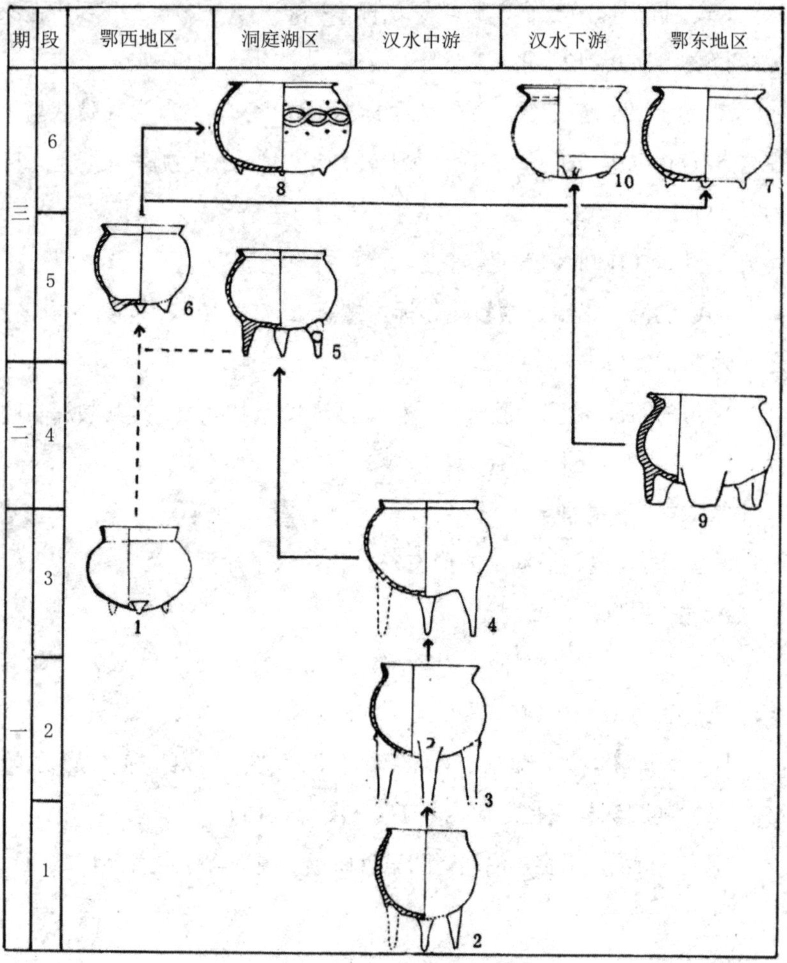

图一　鼓腹鼎（罐式釜形鼎）谱系图

1. A 型（关庙山 T67 ⑦：80）　2. Ba I 式（大张 H3：2）　3. Ba II 式（下王岗 M404：1）
4. Ba III 式（朱家台 T15 ⑤：16）　5. Ba IV 式（桂花树 0399）　6. Bb I 式（关庙山 T9 ③：29）
7. Bb II 式（螺蛳山 M6：2）　8. Bb II 式（划城岗 M88：15）　9. C I 式（螺蛳山 M1）
10. C II 式（屈家岭 M12：19）

其腹深与腹径之比为 0.784（图二，16）；青龙泉 F3：2[①]，其腹深与腹径之比为 1（图二，11）。

Ab 型 垂弧腹，扁平足。

I 式 卷沿，沿窄，腹浅。标本划城岗 M41：4，其腹深与腹径之比为 0.588（图二，5）。

II 式 折沿，沿面平，腹较深。标本划城岗 M74：34，其腹深与腹径之比为 0.730（图二，6）。

III 式 折沿，沿面略凹，腹更深。标本划城岗 M27：6，其腹深与腹径之比为 0.798（图二，7）。

Ac 型 垂弧腹，凿形足。

I 式 卷沿，沿窄，腹较浅。标本螺蛳山 M3：5，其腹深与腹径之比为 0.791（图二，18）。

II 式 折沿，沿较宽，腹深。标本螺蛳山 M7：6，其腹深与腹径之比为 0.869（图二，19）；屈家岭 M2：38，其腹深与腹径之比为 0.869。

Ad 型 垂弧腹，矮小锥足。

I 式 卷沿略折，沿窄，腹较浅。标本毛家山 H2：26[②]，其腹深与腹径之比为 0.707（图二，1）。

II 式 折沿，沿略宽，腹较深。标本中堡岛 T2⑤：119[③]，其腹深与腹径之比为 0.726（图二，2）。

Ae 型 垂弧腹，宽扁足。

I 式 宽折沿，沿面下凹，腹较深。标本太山庙 T2G：53[④]，其腹深与腹径之比为 0.911（图二，9）。

---

① 中国社会科学院考古研究所：《青龙泉与大寺》，科学出版社 1991 年版。

② 纪南城文物考古发掘队：《江陵毛家山发掘记》，《考古》1977 年第 3 期。

③ 湖北省宜昌地区博物馆、四川大学历史系：《宜昌中堡岛新石器时代遗址》，《考古学报》1987 年第 1 期。

④ 湖南省文物考古研究所、常德地区文物管理队、临澧县文物管理所：《湖南临澧县太山庙遗址发掘》，《考古》1989 年第 10 期。

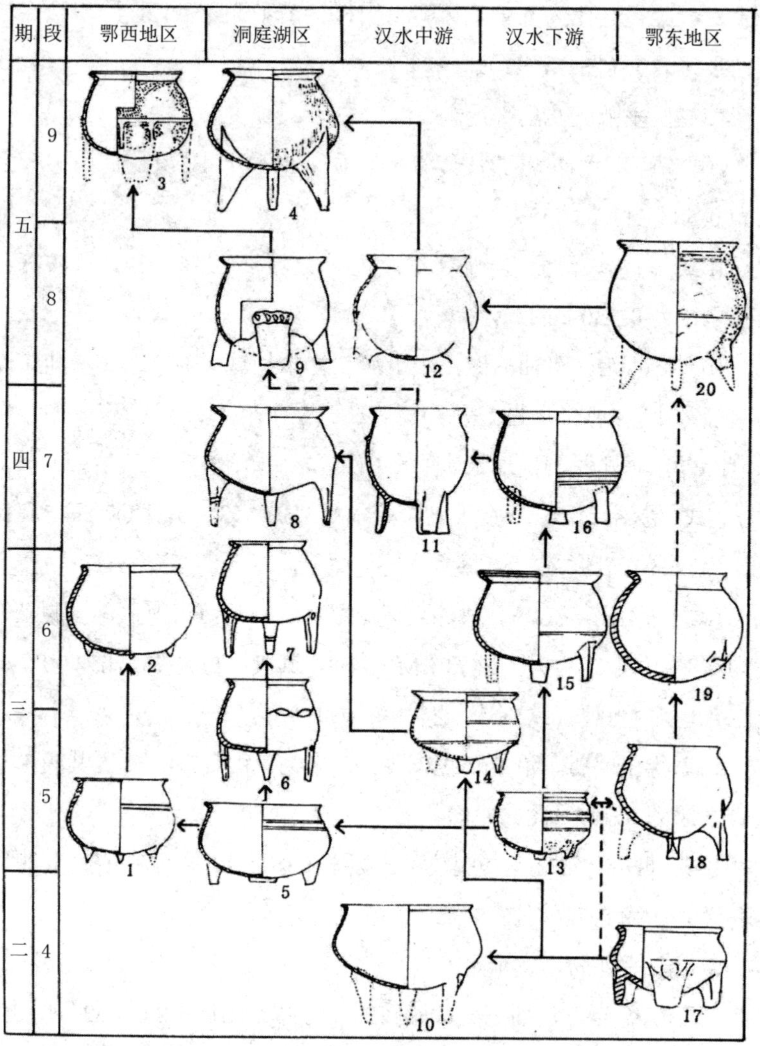

图二　垂腹鼎（簋形鼎）谱系图

1. AdⅠ式（毛家山 H2：26）　2. AdⅡ式（中堡岛 T2⑤：119）　3. AeⅡ式（季家湖 T3⑤A：19）
4. AfⅡ（石板巷子 T13H8：1）　5. AbⅠ式（划城岗 M41：4）　6. AbⅡ式（划城岗 M74：34）
7. AbⅢ式（划城岗 M27：6）　8. BⅢ式（丁家岗 M1：1）　9. AeⅠ式（太山庙 T2G：53）
10. BⅠ式（大寺 T10④：3）　11. AaⅢ式（青龙泉 F3：2）　12. AfⅠ式（青龙泉 T2⑤A：44）
13. AaⅠ式（屈家岭 M9：5）　14. BⅡ式（屈家岭 M2：26）　15. AaⅡ式（屈家岭 M2：2）
16. AaⅢ式（六合 H7：3）　17. BⅠ式（螺蛳山 M1）　18. AcⅠ式（螺蛳山 M3：5）
19. AcⅡ式（螺蛳山 M7：6）　20. AfⅠ式（栗山岗 T5⑤c：93）

II式 宽折沿，沿面略平，腹较浅。标本季家湖T3⑤A：19[①]，其腹深与腹径比为0.817（图二，3）；石板巷子T14H4：3[②]，其腹深与腹径之比为0.810。

Af型 垂弧腹，侧装足。

I式 宽折沿，沿面下凹，腹较深。标本栗山岗T5⑤c：93[③]，其腹深与腹径之比为0.858（图二，20）；青龙泉T2⑤A：44，其腹深与腹径之比为0.844（图二，12）。

II式 宽折沿，沿面略平，腹较浅。标本石板巷子T13H8：1，其腹深与腹径之比为0.795（图二，4）。

B型 垂折腹。标本数量有限，不再分亚型。

I式 卷沿，沿窄，腹浅。标本螺蛳山（I）M1，扁足，其腹深与腹径之比为0.562（图二，17），大寺T10④：3[④]，圆锥足，其腹深与腹径之比为0.585（图二，10）。

II式 折沿，沿较宽，腹较深。标本屈家岭M2：26，凿形足，其腹深与腹径之比为0.621（图二，14）；划城岗M63：12，圆锥足，其腹深与腹径之比为0.667。

III式 折沿，沿相对更宽，沿面下凹，腹更深。标本丁家岗M1：1[⑤]，扁足，其腹深与腹径之比为0.675（图二，8）。

第三类 直腹鼎

A型 腹与底之间转折圆缓。根据足的形态与最大腹径的位置分为两个亚型。

---

① 湖北省博物馆：《湖北当阳季家湖新石器时代遗址》，《文物资料丛刊》（10），文物出版社1987年版。

② 宜都考古发掘队：《湖北宜都石板巷子新石器时代遗址》，《考古》1985年第11期。

③ 武汉大学历史系考古教研室、黄冈地区博物馆、麻城市革命博物馆：《湖北麻城栗山岗新石器时代遗址》，《考古学报》1990年第4期。

④ 中国社会科学院考古研究所：《青龙泉与大寺》，科学出版社1991年版。

⑤ 湖南省博物馆：《澧县东田丁家岗新石器时代遗址》，载《湖南考古辑刊》第1集，岳麓书社1982年版。

Aa 型 扁足，腹最大径在中部。

I 式 宽折沿，沿面下凹，腹较深。标本屈家岭（I）T173：3（5）[①]，扁足中间略凹（图三，1）；划城岗 M66：2，扁平足（图三，3）。

II 式 窄沿，沿面平，浅腹。标本划城岗 M35：1，扁平足（图三，6）。

Ab 型 花边形扁足，腹最大径在上部。

I 式 宽折沿，沿下面凹，腹较深。标本青龙泉 T53⑤：82（图三，2）；关庙山 M71：1[②]（图三，4）。

II 式 沿略窄，沿面稍平，腹较浅。标本太山庙 T2G：37（图三，5）。

B 型 腹与底之间转折尖突，最大腹径在转折处，宽扁足带竖棱。

I 式 宽折沿，沿面下凹，腹较深。标本栗山岗 T13⑤c：68（图三，7）；肖家屋脊 H32：5[③]（图三，8）；青龙泉 T2⑤c：60（图三，9）；车轱山 T2④：41[④]，底部残（图三，10）。

II 式 宽折沿，沿面平，腹较浅。标本栗山岗 T10A④：37（图三，11）；邓家塆 M54：35[⑤]（图三，12）。

---

① 中国科学院考古研究所：《京山屈家岭》，科学出版社 1965 年版。与《屈家岭遗址第三次发掘》相区别，本报告简称（I）。

② 中国社会科学院考古研究所湖北工作队：《湖北枝江县关庙山新石器时代遗址发掘简报》，《考古》1981 年第 4 期。

③ 石河考古队：《湖北省石河遗址群 1987 年发掘简报》，《文物》1990 年第 8 期。

④ 湖南省岳阳地区文物工作队：《华容车轱山新石器时代遗址第一次发掘简报》，载《湖南考古辑刊》第 3 集，岳麓书社 1986 年版。

⑤ 石河考古队：《湖北省石河遗址群 1987 年发掘简报》，《文物》1990 年第 8 期。

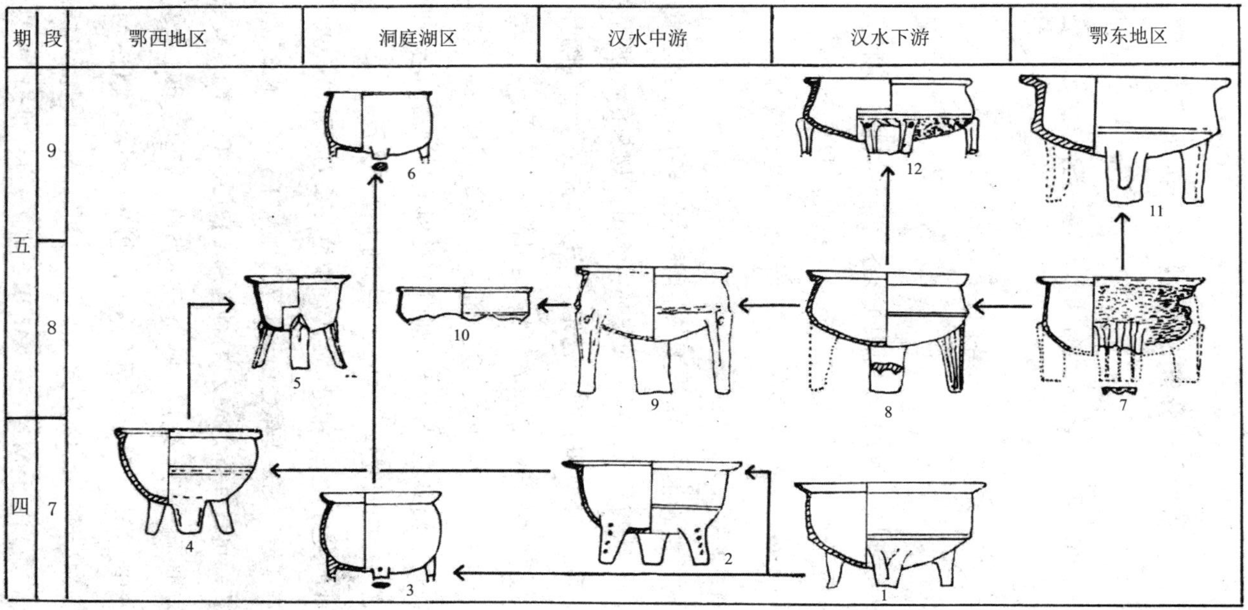

图三　直腹鼎（盆式釜形鼎）谱系图

1.AaⅠ式（屈家岭 T173：3（5））　2.AbⅠ式（青龙泉 T53⑤：82）　3.AaⅠ式（划城岗 M66：2）　4.AbⅠ式（关庙山 M71：1）　5.AbⅡ式（太山庙 T2G：37）　6.AaⅡ式（划城岗 M35：1）　7.BⅠ式（栗山岗 T13⑤c：68）　8.BⅠ式（肖家屋脊 H32：5）　9.BⅠ式（青龙泉 T2⑤c：60）　10.BⅠ式（车轱山 T2④：41）　11.BⅡ式（栗山岗 T10A④：37）　12.BⅡ式（邓家塆 M54：35）

三、分期与分区

分期与分区提供的时空框架是进行谱系研究的基础。

（一）分期

前述鼎的型式划分，主要依据鼎的形态差异（类与型）和同一型器物诸标本间形态特征的逻辑演变（式）。据此，我们无法判定类与类、型与型、式与式之间的早晚关系，所以我们在讨论分期之前，应先对同一型诸多式排序。

第二类鼎的材料最为丰富，根据它们所在的器物组合，可以分为两组：甲组，一般与外折沿簋、曲腹杯等一组器物共存，包括 Aa 型、Ab 型、Ac 型、Ad 型和 B 型；乙组，一般与鬶、厚胎红陶杯等一组器物同时存在，包括 Ae 型和 Af 型。两组器群不互见。

甲组各型（亚型）表现出大致相同的逻辑演变过程，一般都是从卷沿到折沿，由窄沿到宽沿，沿面则由上卷到平再到沿面略下凹，腹由浅到深。这种相同的逻辑过程应是器物同步演变的反映。

划城岗遗址的发掘报告提供的 M41 的层位关系为"开口在 2B 层下，墓坑打入第 3 层"，在墓葬登记表上表示为"T8 ③"，M27 则表示为"T 3 ② B"，可以理解为 M27 打破 T3 ② B 层，T3 与 T8 紧邻，报告虽没有直接谈到它们的地层对应情况，但将 T3 ② B 和 T8 ② B 的器物均归入"中一期"，暗示了两个探方的② B 层对应。既然 M27 打破② B 层，M41 开口在② B 层之下，则可知 M41 早于 M27，M41 ：4（Ab I 式鼎）早于 M27 ：6（Ab III 式鼎），并可推知 Ab 型鼎 I 式至 III 式的早晚关系。由此我们还可以进一步推论甲组其他型（亚型）从 I 式到 II 式（III 式）也代表了从早到晚的发展过程。

乙组两型也具有相同的逻辑过程：从 I 式到 II 式，宽折沿由沿面甚下凹到沿面近平，腹由深到浅。

石板巷子有一组地层关系：H8 → T13 ④，其中 H8 ：1 为 Af II 式的标本，T13 ④ ：3 鼎，垂弧腹、侧装足，可归入 Af 型，其宽折沿唇部略凹，腹深与腹径之比为 0.809，这些特征均介于 Af I 式与 II 式标本之间，更接近 II 式标本，T13 ④早于 H8，也就证明了 Af I 式早于 II 式。同样也可推知 Ae 型鼎也是 I 式早于 II 式。

至于甲、乙两组，尽管其演变规律不同，有的甚至刚好相反，共存器物也迥然有别，但从这两组鼎的形态特征来看，甲组的晚期特征，如宽折沿，沿面下凹，腹较深，都与乙组鼎的早期特征相同或接近，表明甲组早于乙组，乙组与甲组相衔接。

不同型鼎具有相同的演化特征应是它们在发展过程中处在相同时间阶段的反映，进而言之，作为器物型式划分所反映出的量变和质变，也同样代表了时间上的量变和质变。基于这种认识，第二类诸型鼎可以归纳为 6 段（表一）。

表一　第二类鼎的分期表

<table>
<tr><th>期</th><th>段</th><th colspan="5">型式</th><th>演化特征</th></tr>
<tr><td rowspan="2">四</td><td>6</td><td rowspan="2">Ae II
Ae I</td><td rowspan="2"></td><td rowspan="2">Af II
Af I</td><td rowspan="2"></td><td rowspan="2"></td><td>宽折沿，沿面较平，腹较浅。</td></tr>
<tr><td>5</td><td>宽折沿，沿面甚凹，腹深。</td></tr>
<tr><td>三</td><td>4</td><td>Aa III</td><td></td><td></td><td></td><td>B III</td><td>折沿宽，沿面甚凹，腹深。</td></tr>
<tr><td rowspan="2">二</td><td>3</td><td rowspan="2">Aa II
Aa I</td><td rowspan="2">Ab III
Ab II
Ab I</td><td rowspan="2">Ac II
Ac I</td><td rowspan="2">Ad II
Ad I</td><td rowspan="2">B II</td><td>折沿较宽，沿面略凹，腹较深。</td></tr>
<tr><td>2</td><td>卷沿有折意，沿较窄，沿面平，腹浅。</td></tr>
<tr><td>一</td><td>1</td><td></td><td></td><td></td><td></td><td>B I</td><td>卷沿较宽，腹浅。</td></tr>
</table>

从表中可以看出，第2段新出现了A型鼎；第3段和第4段之间，Ab、Ac、Ad型鼎消失；第4段和第5段之间，不仅Aa型、B型鼎消失，还新出现Ae、Af型鼎。据此，可将6段分为四期。从特征性器物看，第一期常见花叶纹彩陶罐，第三期多见折腹类器、尊形杯等，而这些文化特征又不见于较早或较晚时期，证明了上述分期的合理性。

第一类诸型鼎各式标本间缺乏直接的地层关系。Ba IV式标本为桂花树墓葬区采集，这里采集的其他陶器也比较单纯，可以将其年代限定在与第二类的第二期相当。下王岗H368：1，圆腹，圆锥足，折沿较窄，腹深与腹径之比为0.724，这些特征均接近Ba III式标本。下王岗遗址发掘报告将其归入“仰韶文化一期”遗存，早于含花叶纹彩陶的第二期，也就更早于Ba IV式标本，则Ba型的排序和年代一并可以推知。

与Bb型鼎共存的器物组合中包含了外折沿簋、曲腹杯等器类，年代当不出第二类鼎第二期的范围，其中与Bb I式标本共存的簋（关庙山T9⑧：32）形制与第二类Ad I式标本共存的簋（毛家山H2：24）几无二致，两者应大体同时。Bb II式的年代也大致可推定与二类3段同时。

A型鼎在关庙山遗址发掘报告中归入第一期，而同一报告第二期出有重唇口小口瓶残片（关庙山T63⑤A：27），它与花叶纹彩陶罐一样，都是庙底沟文化的典型器物[①]，可以看作同一时期的产物，说明A型鼎早于第二类第一期，大体与第一类Ba III式同时。

C型I式标本与第二类B I式标本共存，两者同时。与C型II式标本共存的曲腹杯（屈家岭M12：29）特征接近于与第二类Ac II式标本共存的曲腹杯（螺蛳山M7：1），两者大体同时。

---

① 中国科学院考古研究所：《庙底沟与三里桥》，科学出版社1959年版。

第三类 Aa I 式、Ab I 式标本均与双折腹形器、尊形杯等器物共存，年代当与第二类第三期相当。Ab II 式、Aa II 式从标本口沿形态及共存器物组合看，分别与第二类 Ae 型、Af 型的 I 式和 II 式相当。B 型鼎 I、II 式，从口沿形态到器物组合可推知与第二类 Ae 型、Af 型 I 式和 II 式相当。

上述三类鼎之间的对应关系如表二。

表二　三类鼎的分期表

<table>
<tr><th>阶段</th><th>期</th><th>段</th><th colspan="4">第一类</th><th colspan="5">第二类</th><th colspan="3">第三类</th></tr>
<tr><td rowspan="3">叁</td><td rowspan="2">五</td><td>9</td><td></td><td></td><td></td><td></td><td>Ae II</td><td></td><td>Af II</td><td></td><td></td><td>Aa II</td><td></td><td>B II</td></tr>
<tr><td>8</td><td></td><td></td><td></td><td></td><td>Ae I</td><td></td><td>Af I</td><td></td><td></td><td></td><td>Ab II</td><td>B I</td></tr>
<tr><td>四</td><td>7</td><td></td><td></td><td></td><td></td><td>Aa III</td><td></td><td></td><td></td><td>B III</td><td>Aa I</td><td>Ab I</td><td></td></tr>
<tr><td rowspan="3">贰</td><td rowspan="2">三</td><td>6</td><td></td><td rowspan="2">Ba IV</td><td>Bb II</td><td>C II</td><td>Aa II</td><td rowspan="2">Ab III
Ab II
Ab I</td><td>Ac II</td><td>Ad II</td><td>B II</td><td></td><td></td><td></td></tr>
<tr><td>5</td><td></td><td>Bb I</td><td></td><td>Aa I</td><td>Ac I</td><td>Ad I</td><td></td><td></td><td></td><td></td></tr>
<tr><td>二</td><td>4</td><td></td><td></td><td></td><td>C I</td><td></td><td></td><td></td><td></td><td>B I</td><td></td><td></td><td></td></tr>
<tr><td rowspan="3">壹</td><td rowspan="3">一</td><td>3</td><td>A</td><td>Ba III</td><td></td><td></td><td></td><td></td><td></td><td></td><td></td><td></td><td></td><td></td></tr>
<tr><td>2</td><td></td><td>Ba II</td><td></td><td></td><td></td><td></td><td></td><td></td><td></td><td></td><td></td><td></td></tr>
<tr><td>1</td><td></td><td>Ba I</td><td></td><td></td><td></td><td></td><td></td><td></td><td></td><td></td><td></td><td></td></tr>
</table>

从表二可知，原来根据第二类鼎作的分期，在增加了新材料之后，得到了进一步的印证，如第 5 段新出现一类 Bb 型鼎，第 8 段新出现三类 B 型鼎。另外，三类鼎在发展过程中，表现出鲜明的阶段性：从第 4 段开始出现第二类鼎；从第 7 段开始，第一类鼎消失，第三类鼎出现。

综上所述，根据三类鼎在发展过程中反映出来的不同程度的质变和阶段性变化，可以将其分为 9 段，五期，归纳为三阶段。

（二）分区

第一阶段，第一类A型鼎只分布于江陵以西的鄂西地区；B型鼎局限在汉水中游。C型鼎的出现晚了一个时期，但一开始即散布在从鄂东到汉水下游这样一个范围内。它们各以其迥然有别的形态特征分别界定了上述三个地区。

第二阶段，第二类Aa型鼎只分布在汉水下游地区；Ab型鼎局限于洞庭湖区；Ac型鼎主要分布在鄂东地区；表明这三个地区的文化存在着差异，只是这种差别不如第一类鼎所做的分区那样泾渭分明，正如分类时亚型与型的不同一样。至于Ad型鼎，只见于鄂西地区，就其与上述三亚型的差别而言，它强调了鄂西的文化特殊性；就其联系而言，它又模糊了第一阶段形成的区域界定。

第三阶段，就第三类鼎来看，地域差别不明显，整个长江中游形成了统一的文化区。

四、谱系研究

（一）罐式釜形鼎

出土有一类A型鼎的遗存有关庙山遗址第一期、伍相庙T1⑥等，这类遗存的主要器类除鼎外，还有圆腹釜、圈足碗、器座和圜底碟。其中鼎的腹部形态与共存的釜的形态极为相似，这种鼎也可称之为釜形鼎或罐式釜形鼎，这种称法也可扩大到整个第一类鼎。

以关庙山一期为代表的这类遗存主要来源是湘西北——鄂西地

区以彭头山[①]、城背溪[②]等为代表的早期遗存，其中釜，包括鼎的腹部，都明显脱胎于后一类遗存中的釜。只是A型鼎的矮小锥足不见于这一地区的早期遗存，而在周围地区，也仅在关中及其邻近地区的老官台文化中大量出现，矮小锥足的这种空间移动，表明老官台文化曾向鄂西地区产生过较大影响，这种影响应是以城背溪等为代表的遗存向以关庙山一期为代表的遗存转变的一个文化背景。

出土第一类Ba型鼎的大张、下王岗一期、朱家台早期等遗存主要分布在汉水中游地区，这类遗存的主要器类组合有鼎、深腹罐、钵和细颈壶等，学术界一般将这类遗存归入“仰韶文化”的范畴。近年有的学者将后冈一期文化从仰韶文化中分离出来，具有重大的学术意义[③]。汉水中游的这类遗存与仰韶文化比较，缺乏彩陶、尖底瓶等标志性内涵，说明文化性质不同；而圆锥足鼎的存在揭示其文化性质与后冈一期文化更接近，这类遗存的器物组合明显脱胎于中原地区早期的裴李岗文化，尤其与豫南以石固[④]、贾湖[⑤]等为代表的早期遗存的关系密切。但与中原地区的同期遗存有质的差别。

继上述遗存之后，汉水中游新出现的文化遗存，包括下王岗“仰韶文化二期”遗存、大寺“仰韶文化”遗存等，都难觅Ba型鼎和细颈壶的踪影。新出现的鼎中，折腹釜形鼎（大寺T5④：74）最有特色，其腹部为折腹釜形，类似于庙底沟文化中的釜，同时还存在有重唇口尖底瓶、花叶纹彩绘等庙底沟文化的典型因素，表明这类遗存受到了陕晋豫地区庙底沟文化的影响。值得注意的是，这类遗存也

---

① 湖南省文物考古研究所：《湖南澧县彭头山新石器时代早期遗址发掘简报》，《文物》1990年第8期。

② 杨权喜：《试论城背溪文化》，《东南文化》1991年第5期。长办库区红花套考古工作站、枝城市博物馆：《城背溪遗址复查记》，《江汉考古》1988年第4期。

③ 张忠培：《编后记》，载《中国北方考古文集》，文物出版社1990年版。

④ 河南省文物研究所：《长葛石固遗址发掘报告》，《华夏考古》1987年第1期。

⑤ 河南省文物研究所：《舞阳贾湖遗址的试掘》，《华夏考古》1988年第4期。

同时存在变体鱼纹、杯形口尖底瓶等与关中地区半坡文化相同的文化因素，从侧面反映了半坡文化与庙底沟文化的关系。不过这类遗存的主要器类组合仍然是深腹罐和钵，它们的造型与风格与上一期同类器物一脉相承，表明其文化性质更多地承袭了这一地区上一期遗存。

与此同时，Ba 型鼎及细颈壶随着庙底沟文化的影响，向南达到江汉平原西部至洞庭湖西北岸一带，与当地的文化融合，形成了以关庙山遗址二、三期为代表的遗存，学术界一般将其归入大溪文化。在这一过程中，Ba 型鼎与当地的 A 型鼎结合，形成了侈口圆腹、矮小锥足的 Bb 型鼎，Bb 型鼎正好以缩影形式再现了大溪文化的渊源。

C 型鼎最早出现在鄂东地区以螺蛳山为代表的遗存中，其扁足特征在较早遗存中见于石固、边畈[①]等遗址，均为个别现象，同一时期鄂东地区的文化面貌尚不明了。C 型鼎出现后，扁形鼎足在大别山东西两侧大量流行，当自有渊源。

以 C 型 I 式鼎为代表的遗存主要器类组合是外折沿簋、饰弦纹的粗柄浅盘豆、扁足鼎等具有自身特色的器类，以及豆荚形、方格纹、条纹等自具特色的彩绘图案。同类性质的遗存在汉水下游地区发现较多，有屈家岭遗址一、二期遗存[②]、六合一期遗存和油子岭[③]等。

综上所述，罐式釜形鼎的三型各有来源，揭示了长江中游三个考古学文化系统不同的渊源。B 型鼎的形式演变，反映了这一地区的文化变迁。

（二）簋形鼎

第二类鼎是长江中游最具代表性的一种鼎，其中 Aa 型、Ab 型

① 张绪球：《汉江东部地区新石器时代文化初论》，《考古与文物》1987 年第 4 期。
② 屈家岭考古发掘队：《屈家岭遗址第三次发掘》，《考古学报》1992 年第 1 期。
③ 张绪球：《汉江东部地区新石器时代文化初论》，《考古与文物》1987 年第 4 期。

和 Ac 型分别分布在汉水下游、洞庭湖地区和鄂东地区，与它们共存的主要器类是外折沿簋、曲腹杯等一组器物，表明它们的文化性质相同，多数研究者将它们归入屈家岭文化，作为其早期遗存。我们认为这类遗存与屈家岭文化晚期遗存有着质的差别（详后），可将其单独命名为“屈家岭下层文化”。

这类鼎与外折沿簋共存，其腹部形态与簋的腹部相似，可将其称之为簋形鼎。簋形鼎及外折沿簋都可以追溯到分布于鄂东—汉水下游以螺蛳山等为代表的早期遗存中，这种传承关系揭示了屈家岭下层文化与以螺蛳山等为代表的遗存有着直接的谱系关系。

Aa、Ab、Ac 型簋形鼎作为同一型鼎的不同亚型，在形态上有一定的差异，这种差异也反映在它们分别代表的文化遗存上。

鄂东地区的 Ac 型鼎以凿形足为特色，这种新出现的鼎足在鄂东地区占绝对优势，造型规整，在汉水下游也有少量存在，造型也随意得多，一般称之为“鸭嘴形鼎足”，往西就很少发现，这种分布极好地暗示了它的来源是东边的长江下游地区，而鄂东地区这一时期还存在着来自长江下游的高领壶，可资佐证。来自长江下游地区的影响形成了这类遗存的特色。

主要分布在洞庭湖地区的 Ab 型鼎，其腹部甚垂，与这一地区以汤家岗早期墓葬①、丁家岗第（三）层等为代表的遗存中的釜的形态有着一种默契，其他器类也保存了较多早期形式，形成了自己的特色。

相对而言，汉水下游的凹扁足簋形鼎更为典型，文化遗存也更有代表性。

由此观之，簋形鼎 Aa、Ab、Ac 三亚型特征有异，分布不同，代表的文化遗存面貌有别，可以将这三个地区的文化遗存看成是屈家岭下层文化的三个地域类型。

① 湖南省博物馆：《湖南安乡县汤家岗新石器时代遗址》，《考古》1982 年第 4 期。

Ad 型鼎共存的器物中只有个别的外折沿簋和曲腹杯，而主要是釜、罐类器、内折沿簋、圈足盘等，分布范围限于鄂西地区，这类遗存学术界一般归入大溪文化。目前学术界对大溪文化与屈家岭文化之间的关系有不同意见，主要有两种：一种意见认为大溪文化直接发展为屈家岭文化[①]，另一种则认为大溪文化与屈家岭文化是两种不同性质的文化，它们之间相互影响[②]。要解决这一问题，应将“屈家岭文化”早期遗存与晚期遗存区别看待，前文已说明大溪文化与屈家岭下层文化各有渊源，现就 Ad 型鼎进一步讨论一下这个问题。从分期可知，Ad 鼎的两式与 Aa 型 I、II 式，Ab 型 I、II、III 式，Ac 型 I、II 式的年代大体相当，也就意味着大溪文化的晚期遗存与屈家岭下层文化同时并存，进一步排除了两者之间的直接继承的可能性，至于与屈家岭下层文化有关的 Ad 型鼎出现在鄂西地区，表明了屈家岭下层文化对大溪文化晚期有相当大的影响。

综上所述，簋形鼎的来源揭示了屈家岭下层文化从以螺蛳山为代表的遗存发展而来的谱系关系；其 Aa、Ab、Ac 三亚型的差异反映了屈家岭下层文化分布在汉水下游、洞庭湖区和鄂东地区三个地域类型的分化；Ad 型鼎表明屈家岭下层文化对同一时期的大溪文化晚期遗存形成了一定的影响。

（三）盆式釜形鼎

第三类鼎的兴起，是长江中游文化发展的一个转折点。A 型鼎在较短时间内遍布几乎整个长江中游，各地以 A 型（包括 Aa、Ab）I 式鼎共存的器物组合有相当大的共性，普遍包括双腹类器（豆、

---

① 李文杰：《大溪文化的类型与分期》，《考古学报》1986 年第 2 期。何介钧：《长江中游原始文化初论》，载《湖南考古辑刊》第 1 集，岳麓书社 1982 年版。

② 王劲：《江汉地区新石器时代文化综述》，《江汉考古》1980 年第 1 期。

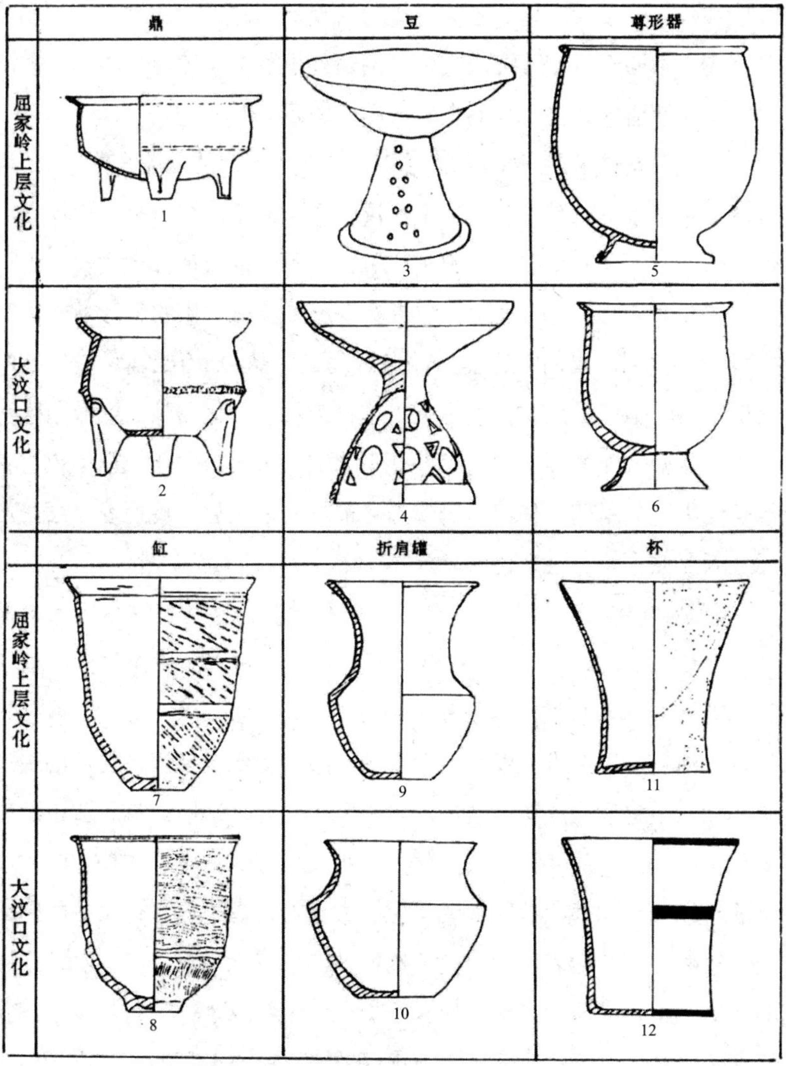

图四 屈家岭上层文化与大汶口文化器物比较

1. 屈家岭 T173：3（5） 2. 大汶口 M122：1 3. 屈家岭 T120：3（6） 4. 大汶口 M34：1 5. 青龙泉 H11：34 6. 大汶口 M9：8 7. 屈家岭 T138：2A（1） 8. 大汶口 M8：7 9. 三元宫 M3：2 10. 大汶口 M10：1（三） 11. 屈家岭 T129：2（2） 12. 大汶口 M35：9

碗、鼎）、尊形杯、敞口杯、厚胎缸、折肩罐等一组器物，学术界一般将其归入屈家岭文化的范畴，作为其晚期遗存。事实上，上述器类组合完全不同于屈家岭下层文化，倒是几乎包括了黄河下游地区大汶口文化晚期遗存器物组合的全部内涵（图四）。

大汶口文化中期开始向西发展[①]，矛头指向陕晋豫地区[②]，正是在这种文化背景下长江中游出现了大汶口文化因素。这些来自大汶口文化的因素并不是简单照搬，都进行了程度不同的改造，风格发生了很大的变化，正如Aa型鼎，其腹部受惠于大汶口文化的釜形鼎（与第一类鼎相区别，我们将这类鼎称为盆式釜形鼎），而凹扁足或扁足则植根于江汉地区早期文化。因此，这种大汶口文化与长江中游地区考古学文化融合而成的文化遗存，既不能归入大汶口文化，也不应与其他长江中游的早期文化混为一谈，它最早发现于屈家岭遗址上层，可称之为“屈家岭上层文化”。

从A型鼎的分化上可以看出，来自大汶口文化的这些因素，其一支（以Aa型鼎为代表）从江汉平原往南，进入洞庭湖地区，鼎的腹部受到当地簋类器（簋与簋形鼎）的影响；另一支（以Ab型鼎为代表）沿汉水上溯进入汉水中游，鼎的腹部受到当地流行的钵的造型的影响，足也发展成花边装饰，尔后又折向鄂西地区。就长江中游的文化传统而言，屈家岭上层文化先后吸收了屈家岭下层文化、汉水中游的早期文化和鄂西地区大溪文化的成分，这些不同文化系统的因素使屈家岭上层文化表现出一定的地域差异：汉水下游仍存在着簋形鼎与簋这一组合，传承了这一地区的文化传统；汉水中游则保留了深腹罐和平底钵的组合，承系了这一地区的文化脉络；鄂西地区内折沿簋等器类维系着这一地区的文化传统。总的来看，这种差别已退到次要

---

① 武津彦：《略论河南境内发现的大汶口文化》，《考古》1981年第3期。杜金鹏：《试论大汶口文化颍水类型》，《考古》1992年第2期。

② 卜工：《庙底沟二期文化的几个问题》，《文物》1990年第2期。

地位，只能看成是同一考古学文化的不同地域类型。

B型鼎分布在从鄂东、汉水下游至汉水中游这样一个地带。B型鼎的腹部与长江下游同一时期的良渚文化釜形鼎的腹部极为相似，扁足带棱的风格也一致，说明它的出现与长江下游的文化影响有关。与B型鼎同时出现在长江中游的还有瘦高领、口捏成嘴的鬶，虽是大汶口文化的产物[①]，但长江中游这种瘦高领鬶与长江下游地区良渚文化中的瘦高领鬶有直接的谱系关系，应该是随B型鼎一起进入长江中游的。这些来自下游的因素与长江中游的文化融合，形成了新的文化遗存，学术界渐趋一致地将其称之为石家河文化。

综上所述，A型鼎出现表明屈家岭上层文化的形成是大汶口文化介入的结果；A型鼎的分化则显示了屈家岭上层文化对本地区三种不同的考古学文化系统的继承。B型鼎则证明石家河文化的产生与长江下游的文化影响有关。

（原载于《华夏考古》1994年第2期）

① 高广仁、邵望平：《史前陶鬶初论》，《考古学报》1981年第4期。

三元宫遗址的分期及其文化性质

湖南澧县三元宫遗址是一处延续时间较长的新石器时代遗址①，对它进行科学的分期有利于建立起洞庭湖地区考古学文化的发展序列，确定其不同时期文化遗存的性质，可以揭示出洞庭湖地区较长一段时间内的考古学文化发展规律，进而折射出整个长江中游地区新石器时代考古学文化的部分演变过程。近年已有好几位同志对这一遗址进行过研究②，本文试图就这个遗址的分期做一新的尝试，并就文化性质谈一些个人意见。

三元宫遗址的二十三座墓葬是该遗址的主要内涵，我们首先讨论一下这些墓葬的分期。

原报告将M11、M15、M16、M17从其余墓葬中分出来，并判定它们早于其余墓葬，是有一定道理的。排比这四座墓公布的三件鼎，可以发现M16：3→M15：6→M11：3的形态还存在着发展演变的逻辑关系，它们的腹径与腹高的比例逐步增大，口沿从小卷沿到较大的折沿到折沿略下凹，从其他遗址同一时期遗存提供的地层关系可证：M16：3较早，M15：6次之，M11：3最晚③。

---

① 湖南省博物馆：《澧县梦溪三元宫遗址》，《考古学报》1979年第4期。

② 郭胜斌：《三元宫史前遗存文化属性及其相关问题》，《江汉考古》1988年第3期。吴汝祚：《对三元宫遗址文化性质和分期问题的探讨》，《江汉考古》1990年第3期。朱乃诚：《三元宫墓葬的分期及其文化性质》，《考古》1990年第5期。

③ 详细讨论见拙作《长江中游新石器时代的陶鼎研究》，《华夏考古》1994年第2期。

据墓葬登记表，M17 出有Ⅰ式鼎，与 M15 ∶6 的型式号相同，或与之同时。综上所述，这四座墓还可细分为三组，比较三件鼎的形态，M16 ∶3 与 M15 ∶6 较为接近，它们与 M11 ∶3 的差别较大，可以代表两段（图一）。

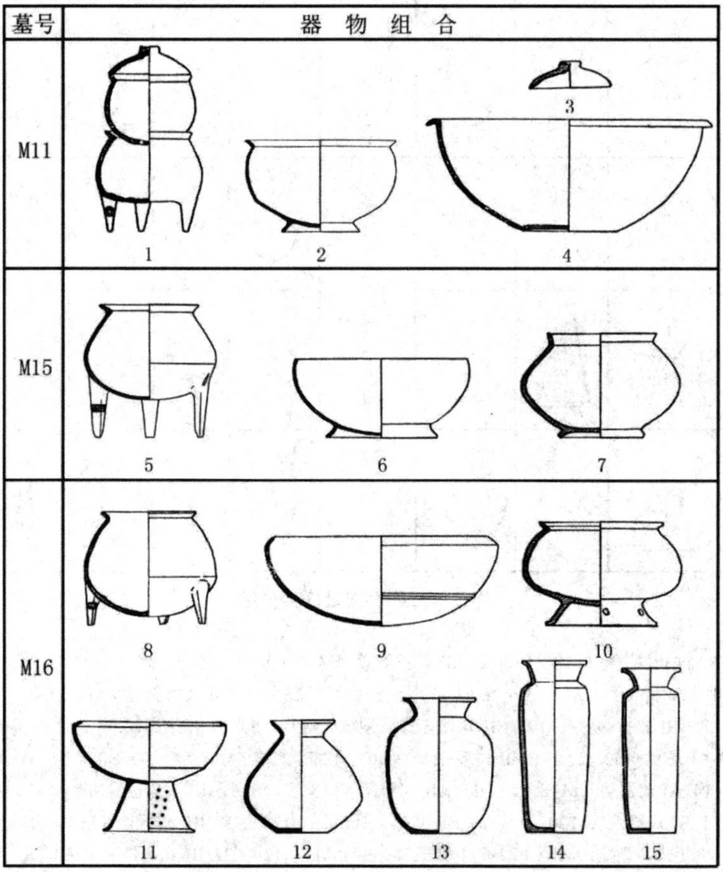

图一　M11、M15、M16 出土陶器

1. 鼎（M11∶3） 2. 碗（M11∶5） 3. 器盖（M11∶3） 4. 盆（M11∶4）
5. 鼎（M15∶6） 6. 碗（M15∶4） 7. 盂（M15∶2） 8. 鼎（M16∶13）
9. 盆（M16∶20） 10. 盂（M16∶17） 11. 豆（M16∶10） 12. 壶（M16∶2）
13. 罐（M16∶19） 14. 瓶（M16∶3） 15. 瓶（M16∶3）

其余十九座墓中，出土数量最多、覆盖单位最众、形制变化最繁的器物是折腹豆[①]，把握其演变规律，是解决这些墓葬分期的关键。我们将折腹豆的型式划分调整如下：

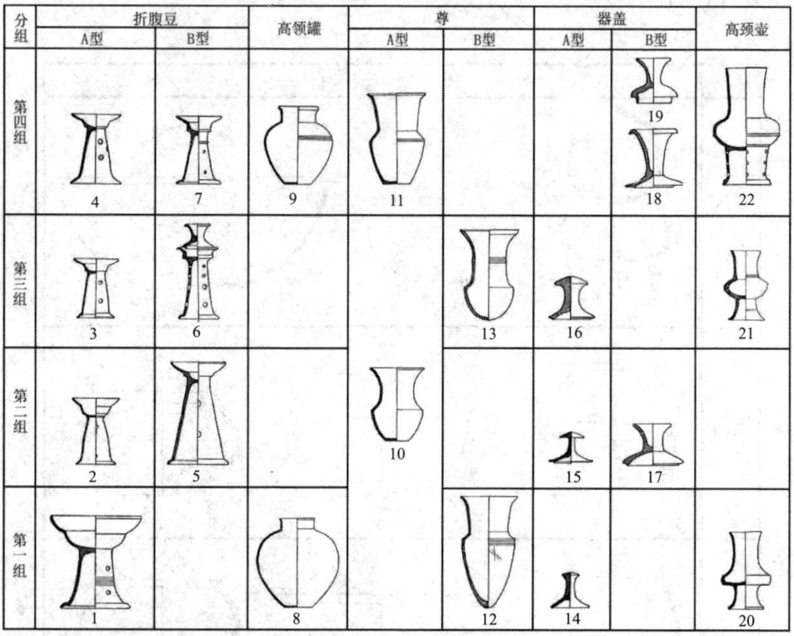

图二　三元宫遗址陶器分组

1. AI 式折腹豆（M18：15）　2. AII 式折腹豆（M8：9）　3. AIII 式折腹豆（M7：12）
4. AIV 折腹豆（M2：3）　5. BI 式折腹豆（M8：16）　6. BII 式折腹豆（M7：13）
7. BIII 式折腹豆（M23：12）　8. I 式高领罐（M19：3）　9. II 式高领罐（M2：1）
10. AI 式尊（M3：2）　11. AII 式尊（M23：10）　12. BI 式尊（M19：4）　13. BII 式尊（M1：1）
14. AI 式器盖（M18：2）　15. AII 式器盖（M8：5）　16. AIII 式器盖（M1：4）
17. BI 式器盖（M20：4）　18. BII 式器盖（M23：13）　19. BIII 式器盖（M4：1）
20. I 式高颈壶（M18：2）　21. II 式高颈壶（M1：12）　22. III 式高颈壶（M4：8）

A 型　盘下腹部呈弧形，腹底弧凹。

I 式　标本 M18：5，盘高与器高之比为 0.354。

① 本文的折腹豆指豆盘壁外折的一类豆，包括原报告 I 式—XII 式豆。

II 式 标本 M8：9，盘高与器高之比为 0.277。

标本 M8：3，盘高与器高之比为 0.274。

III 式 标本 M7：11，盘高与器高之比为 0.227。

标本 M7：12，盘高与器高之比为 0.218。

IV 式 标本 M2：3，盘高与器高之比为 0.208。

A 型折腹豆从 I 式到 IV 式的演变规律是盘高与整个器高的比例变小。

B 型 豆盘下腹部直折，盘底较平坦。

I 式 标本 M8：16，盘高与器高之比为 0.136。

II 式 标本 M7：13，盘高与器高之比为 0.157。

标本 M20：3，盘高与器高之比为 0.163。

III 式 标本 M23：12，盘高与器高之比为 0.232。

标本 M23：7，盘高与器高之比为 0.243。

标本 M4：10，盘高与器高之比为 0.253。

B 型折腹豆从 I 式到 III 式的演变规律是盘高与器高之比越来越大。

原报告提供了一组地层关系：M4 叠压在 M8 之上，即 M8 早于 M4。由此可知 B I 式折腹豆早于 B III 式，则 B I → B II → B III 的早晚顺序可证。又因 B I 式早于 B II 式，知 M8 早于 M7，A II 式早于 A III 式，则 A I → A II → A III → A IV 的早晚顺序可证，综合 A、B 两型折腹豆所提供的早晚关系，可得下列一组早晚关系：

M18 → M8、M20 → M7 → M23、M4、M2。

也就是说这些单位可分为依次有早晚关系的四组（图二）：

I 组 M18；

II 组 M8、M20；

III 组 M7；

IV 组 M4、M2、M23。

下面我们再根据墓葬登记表提供的型式号确定其他墓葬的组

别：M9、M19、M24与M18同出IV式豆，可归入M18组；M22与M8同出I式豆，可归入M8组；M1与M7同出VII式豆，可归入M7组；M14、M21与M4同出XII式豆，可归入M4组。M3既有与M18组相同的IV式豆，又有与M7组相同的VII式豆，存在多种可能性。M5、M6、M12虽出有豆的残片，是否为折腹豆不得而知。此外M5、M6、M10、M12出有III式鼎，原报告的III式鼎（包括甑），有两件标本，形态有异，一为圆垂腹（M11：3），一为折垂腹（M9：7），根据上面的讨论它们分别归入M11组和M18组，M5等四墓的III式鼎与两件标本的哪一件相近，还是其他形态，均无法确定，这些单位的组属难以判定。

其他器类能否印证折腹豆所做的分期，是上述分期能否成立的试金石。高领罐M19：3→M2：1，口沿从略外侈到有明显的母口。尊分两型，一为平底，从M3：2→M23：10；一为尖圜底，从M19：4→M1：1，均为口沿从外侈到略有母口。器盖也分两型，一为蘑菇状纽，从M18：2→M8：5→M1：4，一为喇叭形纽，从M20：4→M23：13→M4：1，均为从盖沿平外侈到略有子口到有明显的子口。这几类器物的同步演变非常默契；几近历史跳动的脉搏。高颈壶有不同的发展线索，其中从M18：2→M1：12→M4：8，颈从内收到直颈，腹从扁到圆，座从外敞到内收，逻辑关系也很清楚。这些排序都与我们前面的分组不矛盾，从而也就支持了我们根据折腹豆所做的分组。从折腹豆的形态比较，并参考其他器物的排序，我们可以发现M8组与M7组较接近，而与M18组和M4组差别较大。

三元宫遗址还有一批能说明地层关系的材料，原报告“根据T5的文化堆积层和各层出土器物的排比分析”将它们分为早、中、晚三期。但T5③和T5①都没有刊布材料，给进一步的研究带来了困难，幸好报告提供了另一组器物组合较完整的地层关系：T9①→T9①

下→H8，可以将它们作为代表有早晚关系的三组，从内折沿碗的形态及其有无，可发现T9①下与H8接近，而与T9①相距较远。

检索原报告发表的晚期材料，H9中所出碗（H9：8）可作如下排序：M16：17→M17：1→H9：8，则H9的年代晚于M17组，可能与M11组接近。T2①：1豆早于本文AI式折腹豆，T3①：9罐的沿几乎不外侈，也应早于M19：3高领罐，但又明显要晚于H9：5这件高领罐，则T2①、T3①要晚于H9及M11组，早于M19及M18组，从而也证明了M11等墓要早于含折腹豆的其余墓。

综上讨论所述，三元宫遗址实际可分为十组，又以同类器物接近的程度将它们归为六段，再按器类组合的重大差别将它们概括为叁期（表一）。

表一　三元宫遗址分期

期	段	组	典型单位
壹	一	I II	H8 T9①下
贰	二	III IV	M16 M15、M17
	三	V	M11、H9
叁	四	VI VII	T3①、T2① M18、M9、M19、M24
	五	VIII IX	M8、M20、M22 M7、M1
	六	X	M4、M2、M14、M21

三元宫遗址的叁期遗存虽有一定的内在联系，但在器物组合上迥然有别。

第壹期遗存的主要器物组合包括釜、内折沿碗、圈足盘（T9①下：3，原报告称之为豆）和圈组器盖等。这类遗存与鄂西地区的大溪文化存有的共性已为以往的研究者所普遍注意，上述第壹期典型单位与鄂西地区大溪文化同期遗存在主要器物组合上几无差别，其年代相当于关庙山遗址第二期为代表的遗存[①]。至于三元宫遗址少数非上述典型单位表现出来的不同于鄂西地区大溪文化的特点，到底是因地域不同造成的，还是因时间不同产生的，这一问题三元宫遗址本身的材料不足以解答，此亦不赘述。

第贰期遗存主要器物组合有垂腹鼎、外折沿碗、高领罐、瓶等。这一器物组合的核心与汉水下游地区以屈家岭遗址早期主体部分为代表的遗存相同[②]，其年代也与之相当。但这一期的瓶、内折沿豆（M16：10）仍表现出鄂西地区大溪文化的影响，内折沿的圜底盆（M16：20）可以追溯到本遗址较早的遗存中去（H4：3），这些因素又比较集中地存在于这一时期较早阶段的M16组中，就不是偶然的了。

第叁期遗存的主要器类组合是鼎、折腹豆、高颈壶、尊、高领罐、细颈壶、器盖、喇叭形圈足杯等。这种器物组合与汉水下游地区以屈家岭遗址晚期为代表的文化遗存最为接近；但差别也显而易见，细颈壶在洞庭湖地区多见，是这一地区最有代表性的器形之一，尊和喇叭形圈足杯也不见于长江中游地区其他同期遗存，当有更深刻的文化背景。

特别值得注意的是第叁期遗存的年代，三元宫M8：3折腹豆与划城岗中二期的M33：2的形态特征完全相同[③]，应是同一时期的遗存，均属长江中游地区屈家岭晚期文化的年代范围。划城岗晚期遗存以尖纽喇叭形口沿的器盖为特色，三元宫M1：8与之大体相同；蘑菇形纽器盖是三元宫第叁期的典型器物之一，划城岗晚期的

---

① 中国社会科学院考古研究所湖北工作队：《湖北枝江关庙山遗址第二次发掘》，《考古》1983年第1期。

② 中国科学院考古研究所：《京山屈家岭》，科学出版社1965年版。

③ 湖南省博物馆：《安乡划城岗新石器时代遗址》，《考古学报》1983年第4期。

M11：4器盖也略具蘑菇形纽的形态，而不同于其他同期遗存的器盖，其带有子口，子口的特点与三元宫M1：4接近，可知三元宫M7组与划城岗以M11为代表的晚期遗存相当。在距三元宫遗址稍远的尧家林遗址[①]，其晚期遗存中即存在两种形态的高颈壶，一为锐折腹（T4④A：14，原报告称之为杯），一为圆腹（T4③B：55），其形态与三元宫M21：4相近似，可知三元宫M4组大体与尧家林以T4③B为代表的遗存相当。划城岗晚期、尧家林晚期均已进入龙山时代，从上面的对比中我们发现三元宫遗址五段IX组（M7组）和六段X组（M4组）也已进入了龙山时代的年代范围，分别与长江中游地区龙山时代较早阶段和较晚阶段的遗存相当。进入龙山时代之后，长江中游地区文化遗存的文化性质产生了质的飞跃，而三元宫遗址并没有在文化面貌上出现大的改变，保持着发展的延续性，并以其强大的生命力向周邻文化产生辐射，这种现象意味深长，文化发展的不平衡性当不是个别现象，而在我们的研究中没有引起足够的重视。

三元宫遗址的文化性质几经变更，但始终具有自身特色。这种文化性质的变化与鄂西地区大溪文化和汉水下游地区的屈家岭文化势力消长息息相关，而它的自身特色表明了洞庭湖地区相对独立的地位。三元宫遗址第叁期遗存所表现的特殊性和延续性，对于理解长江中游地区屈家岭晚期文化遗存的形成、发展和消亡过程有着特别的意义。

（原载于《江汉考古》1992年第2期）

---

① 武汉大学历史系考古专业、咸宁地区博物馆、通城县文化馆：《湖北通城尧家林遗址的试掘》，《江汉考古》1983年第3期。

关于“石家河文化”的几个问题

江汉地区相当于中原龙山时代的遗存历来被看成是一个文化统一体，过去提出的种种命名大都以这种认识为基调。最近越来越多的研究者倾向于将这个文化统一体称作“石家河文化”，一些研究文章还就“石家河文化”进行了分期和划分地域类型等方面的探讨[①]。

研究一种考古学文化的前提，是要从时间上和空间上对该文化有比较准确的界定和把握，尤其应注意到遗存序列式分期与同一文化内部分期的不同。遗存序列式分期只排出同一地域内遗存的阶段性编年，可以不考虑遗存的性质问题；而同一文化内部的分期是要揭示相同性质的遗存所经历的发展过程及其阶段性，因此，必须确证分期对象的性质相同。如果这一点还不确定，研究考古学文化便缺乏牢固的基础。

按这样的要求来考察“石家河文化”，我们觉得有些问题值得提出来讨论，同时也谈谈我们对这些问题的认识以就正于有识者。

---

① 主要研究文章有：方酉生：《论湖北龙山文化》，《江汉考古》1985 年第 1 期；李龙章：《浅论石家河文化》，《江汉考古》1985 年第 3 期；王红星、胡雅丽：《江汉地区“龙山时代”遗存的命名问题——“石河文化”的特征、年代和分布》，《江汉考古》1985 年第 3 期；何介钧：《长江中游原始文化初论》，《湖南考古辑刊》第 1 集，岳麓书社 1982 年版；张绪球：《石家河文化的分期、分布和类型》，《考古学报》1991 年第 4 期。

一、石家河遗存的分析

“石家河文化”命名的起因是1955年对天门石河镇几处遗址的发掘，通过这些发掘初次揭示出江汉地区与中原龙山时期年代相当的古遗存面貌。但由于当时的发掘收获只有简要的报道，不便于深入认识[①]。

1987年开始，在石家河遗址群展开了大规模的发掘工作，当年发掘的邓家湾、谭家岭、肖家屋脊三处遗址的资料已发表简报[②]。简报将发掘出的遗存共分成8期，其中的第6—8期被视为“石家河文化”早、中、晚三个发展阶段。本文所称的石家河遗存只包括这三个阶段。张绪球先生又将简报的三期进一步扩展为对整个“石家河文化”的分期[③]。

单作为陶器分群的标准，这种分期方案有其成功之处，而且也具有一定范围的普遍性意义。但若从遗存的性质和年代上仔细分析，三群陶器间的关系即不那么简单。1987年简报提供的资料，石家河遗存三期之间可明显看出一些引人注目的差异现象。

1. 袭自屈家岭文化的高领罐的形态演变，早、中期一脉相承，器体由高、瘦、大到矮、粗、小，但均为鼓腹，不显肩。而晚期的高领罐则为广肩或鼓肩，器体较大。

2. 宽扁足的盆形鼎多见于早、中期，而侧装足的釜形鼎主要见于晚期。

3. 早、中期常见的大口圈足杯、小口圈足杯（壶形器）晚期未见，

---

① 石龙过江水库指挥部文物工作队：《湖北京山、天门考古发掘简报》，《考古通讯》1956年第3期。

② 石河考古队：《湖北省石河遗址群1987年发掘简报》，《文物》1990年第8期。

③ 张绪球：《石家河文化的分期、分布和类型》，《考古学报》1991年第4期。

而晚期又新出现带箍的细把豆及饰叶脉纹的外贴唇敛口瓮等器形。

4. 腰鼓形罐、漏斗形擂钵仅见于中期。

以上差异至少反映出，石家河遗存晚期与早、中期之间很难看成是同一种文化的连续发展。除少数圈足器外，其他晚期陶器大都看不出与早、中期陶器有确切的承袭关系。

陶器的面貌和特征及其组合形式，通常是遗存性质的主要判据。对于一个遗址或一处遗址群的分期来说，各阶段陶器群之间的关系一般有两种情况：一种是陶器的组合形式基本不变，器形循一定的逻辑规律发生变化。这种情况意味着遗存在结构稳定状态下的演进，它所表述的各陶器群之间的关系应该是同一性质文化的自然发展。另一种情况是陶器的组合形式（集中表现为特征器物的构成）发生大的改变，器形的变化也与应循的逻辑规律不合。石家河遗存早、中期与晚期之间的关系显示这种情况。后一种情况又意味着两种可能：一种可能是各阶段陶器群之间存在较大的年代缺环，致使同一性质遗存的渐进过程不能全部显现；另一种可能是遗存的性质已经异化，它所表述的各陶器群之间的关系应该是不同性质遗存的更替。就石家河遗存本身而言，其早、中期与晚期之间的差异不论属哪一种可能，都不应把它们简单地归纳为同一性质的文化整体。

另外，对于石家河遗存中期的某些特异之处，也需给予充分的重视。

二、石板巷子遗存的性质

1983 年宜都石板巷子遗址的发掘收获[①]，有助于对石家河遗存早、

① 宜都考古发掘队：《湖北宜都石板巷子新石器时代遗址》，《考古》1985 年第 11 期。

中期与晚期之间的差异现象的理解。石板巷子遗存曾被当然地认作是“石家河文化”的遗存。将石板巷子遗存与石家河遗存各阶段比较，便可发现石板巷子遗存的早、中期仍有很大差异。

石板巷子遗存中的侧装足釜形鼎、广肩高领罐、带箍细把豆等特征器物的构成与石家河遗存晚期特征器物的构成是一致的。尽管两者之间也有若干差别，如石板巷子的折沿深腹罐、矮领瓮、盆形擂钵等石家河未见，而石家河的叶脉纹则不见于石板巷子，两者的广肩高领罐形态也不尽相同，但这些差别有的可能是由于石家河晚期材料尚未全面公布，有的则可能是因为两者年代上有早晚。从广肩高领罐的形态及叶脉纹等因素看，石家河遗存晚期似应略晚于石板巷子。据此分析，可认为石板巷子遗存与石家河遗存晚期的性质基本相同或相近。

石板巷子遗存的陶器面貌可大致归纳为：陶器普遍采用轮制，胎质主要是夹砂和泥质两种，但有少量夹炭陶；陶色多黑灰；器表除一定数量的素面外，以施篮纹、方格纹为多，还有少量附加堆纹、锥刺纹、刻划纹及绳纹等；器形有侧装足和麻面宽扁足的鼎、釜、广肩高领罐、折沿深腹罐、矮领瓮、盆、盆形擂钵、带箍和不带箍的细把豆、圈足盘、碗、钵、杯、器盖和器座以及鬶（盉）、甑等。这样的陶器面貌尽管已可能略早于石家河遗存晚期，但仍然不能与石家河遗存的早、中期自然衔接。

从另一个方面看，有些研究者看出石板巷子遗存与所谓“河南龙山文化”有诸多相似点。其实，细审河南的诸龙山时代遗存，其中只有煤山一期遗存与石板巷子遗存最为相似[①]。两处遗存的陶器无论是陶质、陶色、纹饰、制法还是器类、器形都基本一致（图一）。陶质上仅有的差别是石板巷子含少量夹炭陶，器类上的差别是煤山有釜

① 中国社会科学院考古研究所河南二队：《河南临汝煤山遗址发掘报告》，《考古学报》1982年第4期。

形斝，而石板巷子有釜和器座。斝在煤山也很少见，并非代表特征的器物；石板巷子的夹炭陶、釜及与其配合使用的器座，当是取自江汉地区文化的传统因素。因此，这些小的差别并不足以否定两种遗存陶器面貌和特征基本一致的事实。仅仅用江汉地区文化受到中原文化的影响来解释这种一致性也是不够的。以基本一致的陶器面貌和特征为依据，同样可以认为，两处遗存不仅年代上大体相当，而且性质也基本相同或相近。

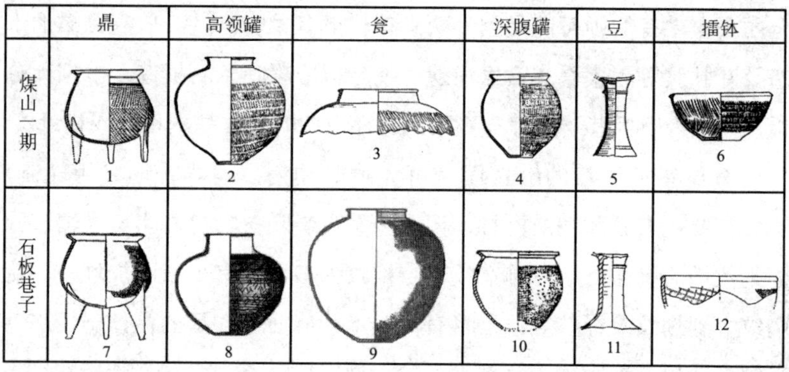

图一　煤山一期和石板巷子遗存陶器

1. 煤山 T19④：3　2. 煤山 T19④：4　3. 煤山 T25③C：18　4. 煤山 T2⑤B：3　5. 煤山 H86：4　6. 煤山 T18④：4　7. 石板巷子 T13④：3　8. 石板巷子 T12④：5　9. 石板巷子 T11H10：2　10. 石板巷子 T14③B：9　11. 石板巷子 T13③B：12　12. 石板巷子 T13③B：13

所谓“河南龙山文化”可划分为若干个类型，这已是学术界的共识，但具体划分方案尚有歧议。对煤山一期的文化称谓，研究者也有不同看法。由于命题所限，本文对河南诸龙山时代遗存的分类问题不遑详论，在此仅表明我们与本文内容有关联的观点：我们认为煤山一期遗存以称“煤山文化”为宜（拟另文探讨）。如此，则石板巷子遗存也当视作煤山文化的江汉地区的一种变体。

有一点值得特别注意，煤山文化与其江汉地区的变体在空间分布上显然是不相接续的，对这种现象所隐含的重要史实只能做出两种可能的解释：要么是中原的煤山文化楔入到江汉腹地；要么相反，是江汉地区的文化把触角伸到了中原。考古材料可以证明，前一种解释才是合乎实际的，后文中对此还将申论。

与石板巷子性质相同的遗存除石家河外还见于宜都茶店子、江陵蔡台①、随州西花园②等遗址，西花园晚期H13所出的饰叶脉纹高领罐和侧装足浅盆形鼎所标示的年代已届中原二里头文化早期，似较石家河遗存晚期更晚一些。由石板巷子→石家河晚期→西花园H13可排成这类遗存的大致序列，而且从中还依稀显露出一种由西向东的推进踪迹。

这类遗存的绝对年代，石板巷子测为公元前2165年③，此数据落在煤山一期测得的公元前2290—前2005年范围之内④，西花园H13的年代可参考二里头一期，大约在公元前1940—前1900年⑤。总之，它所经历的年限约从公元前2300年到公元前1900年或稍晚。

至此，我们可以明确地说：石家河遗存的晚期与其早、中期并不属于同一种性质的文化遗存，晚期与早、中期之间的关系是不同性质文化在石家河的更替。作为煤山文化在江汉地区的一种变体，石板巷子，石家河晚期和西花园晚期等同类遗存也不应看成是“石家河文化”统一体的一个部分或一个阶段，而应把它们单独划分出来。在前

① 茶店子、蔡台等遗址的材料在裴安平《鄂西“季石遗存”的序列及其与诸邻同期遗存的关系》一文中有所披露，载《考古类型学的理论与实践》，文物出版社1989年版。

② 武汉大学随州考古发掘队：《随州西花园遗址发掘简报》，《江汉考古》1991年第2期。

③ 茶店子、蔡台等遗址的材料在裴安平《鄂西“季石遗存”的序列及其与诸邻同期遗存的关系》一文中有所披露，载《考古类型学的理论与实践》，文物出版社1989年版。

④ 中国社会科学院考古研究所：《中国考古学中碳十四年代数据集（1965—1981）》，文物出版社1983年版。

⑤ 中国社会科学院考古研究所：《中国考古学中碳十四年代数据集（1965—1981）》，文物出版社1983年版。

文讨论中，我们未将这类遗存径直称为煤山文化，除了注意到石板巷子与煤山一期之间的某些差别外，另一个重要原因是注意到两者发展走向有所不同。石板巷子的后续阶段是石家河晚期乃至西花园 H13；而煤山一期的后续是煤山二、三期（煤山发掘报告称三期为“二里头一期文化”）。两地各阶段资料的对比表明，煤山文化与其江汉地区变体之间的差异随着时间的推移而增大。因此，从石板巷子到西花园 H13 这一类遗存只能作为煤山文化的一种异地类型给予独立命名。从发现时间、发掘规模和质量以及迄今为止发表的资料情况综合考虑，将这类遗存称作“石板巷子类型”是比较适宜的，石板巷子遗存内涵的单一性也是其命名的理由。

三、季家湖遗存的问题和启示

我们在分析石家河遗存时注意到，腰鼓形罐和漏斗形擂钵是其中期的特异点。这与对季家湖遗存的认识有关。

当阳季家湖遗存是 1973 年发掘的，发掘者在报告中提出过“季家湖文化”的命名[①]。对季家湖遗存的分期曾有一些研究[②]，这些研究基本上是通过与别处相关遗存的比较，将 T1—T3 和 T4—T7 两片不相连的发掘点分别看作该遗址的两个发展阶段，前者揭示的遗存为早

① 湖北省博物馆：《湖北当阳季家湖新石器时代遗址》，载《文物资料丛刊》(10)，文物出版社 1987 年版。

② 裴安平：《关于季家湖龙山时期遗存的年代分期》，《江汉考古》1989 年第 4 期；方酉生：《论湖北龙山文化》，《江汉考古》1985 年第 1 期；李龙章：《浅论石家河文化》，《江汉考古》1985 年第 3 期；王红星、胡雅丽：《江汉地区“龙山时代”遗存的命名问题——“石河文化”的特征、年代和分布》，《江汉考古》1985 年第 3 期；何介钧：《长江中游原始文化初论》，载《湖南考古辑刊》第 1 集，岳麓书社 1982 年版；张绪球：《石家河文化的分期、分布和类型》，《考古学报》1991 年第 4 期。

期，后者揭示的遗存为晚期。两者之间没有直接的层位关系。

季家湖 T4—T7 所出陶器以高领广肩罐、带箍豆为特色，其性质或属石板巷子类型，但其中共存的壶形器值得注意。T1—T3 共发表了 4 个单位的陶器，其间虽有叠压关系，但不足以分期，只能当作一个遗存整体来看待，为方便讨论，下文所称季家湖遗存只指这个遗存整体。

季家湖遗存的特征器群包括麻面宽扁足和锥状足的釜形鼎、鬶、腰鼓形罐、盆形甑、尊（或称盆）、漏斗形擂钵、镂孔的圈足盘和豆、高柄敞口杯、壶形器、尖底缸和器盖、器座等，用镂孔和卷曲刻纹配合装饰的圈足器是其醒目的特征标志。这些特点代表的文化性质显然与石板巷子大相径庭，但两者之间仍有一些不容忽视的相似点。如季家湖 T1④B：8 矮领瓮与石板巷子同类器相似，这种瓮是煤山文化的特征器之一；季家湖遗存的特征器麻面宽扁足釜形鼎也见于石板巷子；锥状足釜形鼎与石板巷子侧装釜形鼎的上部形态相似；盆形甑的形态也与石板巷子盆（或大口罐）相似等。从这些相似点和季家湖 T4—T7 所含的壶形器看，还不能确定季家湖遗存早于石板巷子类型。据称，石板巷子类型的灰坑在石家河处于"上层"，出季家湖遗存陶器的灰坑处于"中层"，这是石板巷子类型晚于季家湖遗存的仅有层位依据。所谓"上层"当是指石家河 1987 年简报介绍的肖家屋脊 T7②层等，但打破 T7②层的 H12（简报图二二）却出有一件被列为中期陶器的漏斗形擂钵（简报图三四，11）。因此，这样的层位依据还需得到进一步证实。即或在石家河确有这样的层位依据，也不能就此认为石家河类型晚于整个季家湖遗存，因为石家河晚期在石板巷子类型中并不很早，而且自中原楔入的石板巷子类型不太可能全面替代江汉地区原有的文化。

季家湖遗存与石家河早期相比，特征器物的构成差异很大，也应反映两者性质上的不同，前者不能与后者自然衔接。另一方面，石家河早期与含季家湖遗存特征器的石家河中期之间却显露出互相承袭的现象。如前文提到的一脉相承的高领罐、大口圈足杯以及宽扁足盆形鼎等。但这些器物均不见于季家湖。研究者或以“石家河文化”的不同地域类型来说明这种差异现象，但是否还有另外的可能性呢？

查石家河1987年的简报，发表的中期陶器里，漏斗形擂钵、盆形甑等器未与宽扁足盆形鼎、大口圈足杯、高领罐等直接共存。因此，石家河中期可能包括了两个遗存部分：一部分是石家河早期的延续，以高领罐、宽扁足盆形鼎、大口圈足杯等器为代表；另一部分与季家湖遗存相同，以腰鼓形罐、天肖H12：7漏斗形擂钵、天肖AT③C：5盆形甑等器为代表。前一部分性质与石家河早期相同；而后一部分性质则同季家湖遗存，由于这种遗存另有渊源（详后），也应把它从“石家河文化”中划分出来。因季家湖遗存的启示，我们认为这种可能性极大。

若如此，则石家河遗存或可分成三类：第一类是其早期和中期的一部分，此类才是“石家河文化”的代表，后文将直称之；第二类是其中期与季家湖遗存相同的另一部分，此类的命名待后文再议；第三类是其晚期即石板巷子类型。第二类和第三类在层位上均晚于第一类。第三类可能晚于第二类，也有可能与第二类大体同时，这一点尚需进一步研究证实。三类遗存间的关系虽不能绝对地说没有继承性，但基本上是属于不同性质遗存间的更替或并存（处于龙山时代的社会发展阶段上，两类遗存在一处遗址同时并存的情况不是不可能出现的）。

四、鄂西北与江汉平原的对应

丹、淅流域与江汉平原三类遗存有对应关系的遗存见于郧县青龙泉和大寺[①]、均县乱石滩[②]、房县七里河[③]、淅川下王岗[④]等处。今淅川虽隶属河南，但仍应在新石器时代鄂西北文化区范围之内。在这些发现中，青龙泉的发掘提出了“青龙泉三期文化”命名；乱石滩的遗存被命名为“乱石滩文化”；七里河分出三期，均以“石家河文化”视之；下王岗亦有两个阶段，前一阶段称“屈家岭文化二期”，后一阶段与大寺遗存名称相同，都叫“龙山文化”。以上种种，一方面反映了各家对鄂西北诸遗存的性质认识分歧较大的研究现状；另一方面也反映了鄂西北诸遗存的面貌本身有一定的复杂性。因此，有必要做一番分析和梳理。

下王岗“屈家岭文化二期”H5、H9、H15、H19四座紧邻的灰坑里集中出一批与季家湖遗存相同或相似的陶器，这些遗存与季家湖遗存性质上无疑完全相同。这四座灰坑再一次证实了前文对季家湖遗存特征器群的归纳是准确的，而且也具有普遍性意义。勿须详论，这些遗存与屈家岭文化相去甚远，断不能归属于屈家岭文化。

七里河虽分出三期，但已披露的陶器中绝大多数都是季家湖遗存典型特征器，说明该处遗存与季家湖遗存及下王岗H5等4座灰坑的内涵性质相同。唯七里河早期中便含有煤山文化的特征器盆形擂钵，这也说明季家湖遗存与煤山文化（包括石板巷子类型）在年代上是有可能平行或部分平行的。如前论，七里河的遗存也是应该从石家河文化划分出来的。

青龙泉的情况略复杂一些。据《青龙泉与大寺》一书，属“青龙泉三期文化”的遗存有多层堆积，可能做进一步分析。把反映陶

---

① 中国社会科学院考古研究所：《青龙泉与大寺》，科学出版社1991年版。

② 中国社会科学院考古研究所长江工作队：《湖北均县乱石滩遗址发掘报告》，《考古》1961年第10期。

③ 湖北省博物馆、武大考古专业、房县文化馆：《房县七里河遗址发掘的主要收获》，《江汉考古》1984年第3期。

④ 河南省文物研究所、长江流域规划办公室考古队河南分队：《淅川下王岗》，文物出版社1989年版。

器面貌较全面的 T2 ⑤ C 层和 H2 两组共存器物相比较，可看出较明显的差异。T2 ⑤ C 的特征器构成是瘦体的篮纹高领罐、宽扁足盆形鼎、斝、带圈足的盆形甑、深腹圜底钵等；H2 的特征器构成是仰折沿的腰鼓形罐、深腹的鼎、浅腹圜底钵等。两个单位所出的豆也形态有别。与 T2 ⑤ C 类似的组合在 T7 ⑤ A 层、T71 ② B 层重复出现，但这些单位均未见 H2 中的特征器，说明 T2 ⑤ C 与 H2 间的差异是有分期意义的。以 H2 为代表的特征器构成与季家湖遗存相近，而含季家湖遗存特征器漏斗形擂钵的 T7 ④层叠压在与 T2 ⑤ C 组合类似的 T7 ⑤ A 层之上。据此我们将青龙泉三期遗存粗分成两个阶段，以 T2 ⑤ C 层为代表的阶段早于以 H2 为代表的阶段，后者据 M13 提供的线索还可以细分（图二）。

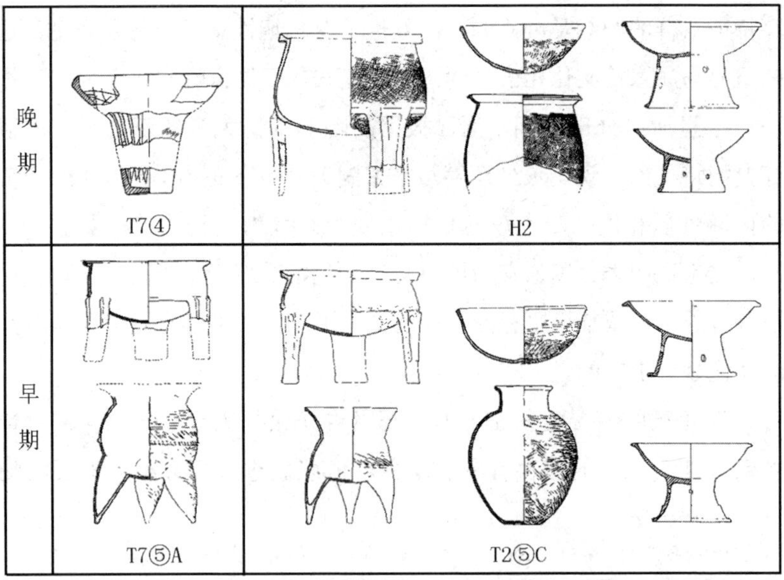

图二　“青龙泉三期”的陶器分期

以 T2 ⑤ C 层为代表的较早阶段中，瘦体的篮纹高领罐、宽扁足盆形鼎同于石家河文化，釜形斝同于庙底沟二期文化，表明这个阶段同石家河文化、庙底沟二期文化年代相当。以 H2 为代表的较晚阶段中，深腹鼎、腰鼓形罐、漏斗形擂钵等特征器与季家湖遗存一致，其年代和性质亦应相当。但就青龙泉 H2 本身而言，在目前所见的同类遗存中是最早的。

青龙泉的较早阶段和石家河文化一样，是在当地的屈家岭晚期文化的基础上发展起来的，两地间陶器面貌的异同程度大体沿袭屈家岭晚期文化时的状况，唯釜形斝的存在标志着中原庙底沟二期文化对鄂西北地区的强烈影响。故这一阶段的遗存仍应看作是石家河文化的一个类型，由于“青龙泉三期”难于再用作文化名称，这个类型的命名还有待于新的发掘工作，目前可暂以“石家河文化鄂西北类型”称之。

图二中两个阶段间的关系介乎自然演进和性质变异之间。从鼎的形态看变异甚大，但豆、圜底钵等器的形态递嬗仍显示出传承性，而且其间似无缺环。这一方面表明后一阶段是在前一阶段基础上发展起来的；另一方面也表明前一阶段遗存特征结构的稳定状态受到某种破坏，而后一阶段新的特征结构开始形成，这种新的特征结构当代表着新的遗存性质。因此，两个阶段间关系所表述的应该是有承袭关系的两种不同文化而不是同一种文化的不同发展阶段。若将后一阶段与季家湖遗存、下王岗 H5 等灰坑联系起来看，这种认识便会更加清晰。

经以上分析，我们将季家湖遗存、石家河中期的一部分、下王岗 H5 等灰坑、七里河遗存以及青龙泉三期的后一阶段归为同类，这类遗存既不同于石家河文化，也不同于煤山文化或石板巷子类型，应予单独命名。因季家湖资料发表较早且遗存有代表性，我们建议保留其报告所提出的“季家湖文化”这一名称。

腰鼓形罐（亦称橄榄形罐、袋形罐等）是季家湖文化的一个突出特征，它的来源在某种程度上代表着季家湖文化的来源。腰鼓形罐在季家湖文化中常用作陶棺葬具或随葬品，较早的形制据青龙泉 H2：27 罐看有较宽的仰折沿。有宽仰折沿的罐也见于青龙泉屈家岭文化遗存中，也常用作陶棺葬具，当是季家湖文化腰鼓形罐的前身。这种器物和器用传统在鄂西北还可追溯到更早的年代，而且一直保留到比季家湖文化更晚的年代，可谓源远流长（图三）。青龙泉屈家岭文化罐与季家湖文化罐之间还应存在过渡的形制环节。由此我们推论：

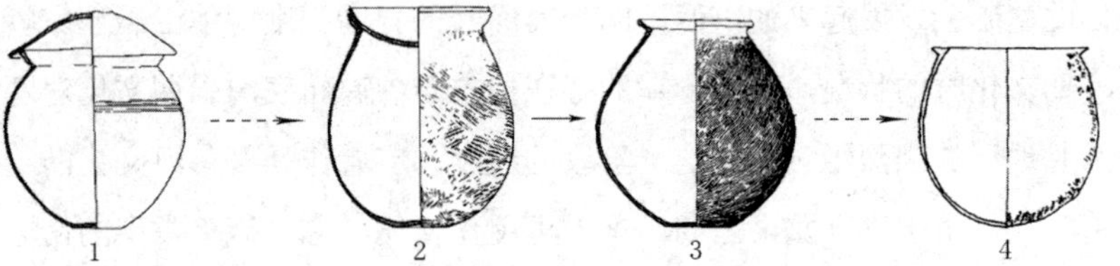

图三 季家湖文化陶罐的源流

1. 青龙泉 M38：1 2. 青龙泉 M1：1 3. 青龙泉 M14：7 4. 下王岗 W390：1

季家湖文化的主要来源是石家河文化鄂西北类型。这一推论如果能够成立，石家河文化中心区域江汉平原的遗存与季家湖文化间看不出明显的承袭关系也是合乎情理的。

乱石滩遗存、大寺和下王岗“龙山文化”中都包含有煤山文化的特征器物，如侧装足的鼎、广肩高领罐、带箍豆等，其性质明显不同于石家河文化和季家湖文化。这类遗存与石板巷子一样，也应视为煤山文化鄂西北的一个地域类型，或可称作“乱石滩类型”。从年代略早的乱石滩遗存看，这一类型中也吸收了不少当地的传统因素。而年代略晚的大寺和下王岗遗存中，不仅有当地文化传统因素的遗留如“袋形罐”等，还加入了许多客省庄文化的因素。这表明，乱石滩类型与石板巷子类型在发展经历上也是不相同的。

下王岗的乱石滩类型遗存（即下王岗“龙山文化”）实际上还可分期。大体上讲，早期阶段的鼎以敛口、深腹为特征，典型单位有H2、H339、H10等，此阶段年代相当于煤山二期，被列为“屈家岭文化二期”的H359：1鼎（报告图二一九，5）亦应属此阶段；晚期阶段的鼎以直口、浅腹（呈盆形）为特征，典型单位有T4—T6②层、T19③层和H21等，此阶段年代约相当于西花园H13亦即二里头文化早期。《淅川下王岗》称其“龙山文化”普遍压在“屈家岭文化二期”之上（报告表二），这是目前仅知的乱石滩类型晚于季家湖文化的层位依据。但由于下王岗“龙山文化”并不单纯，而在报告中我们又找不到以“龙山文化”早期阶段叠压“屈家岭文化二期”的具体确证资料，因此，这一证据还缺乏充分的可信性。即或这种证据确实存在于下王岗，同样也不能就此认为整个乱石滩类型都晚于季家湖文化。

青龙泉也出有极少量的煤山文化特征器，如T10③：164高领罐、T49②A：67鼎足等（见报告图一〇五，12；图一一五，6）。但这些器物无法从青龙泉的季家湖文化中单独划分出来，所以只能视为季家湖文化中包含有煤山文化或乱石滩类型的因素。这意味着鄂西北的季家湖文化与乱石滩类型在年代上也可能有部分平行。

五、余论

通过以上讨论，我们认为过去所谓的“石家河文化”实际上是一个包含着三类遗存的混合体。在这三类遗存中，有两类是江汉地区土生土长的文化：其一以石家河早期为代表，年代相当于中原的庙底沟二期文化；其二以季家湖遗存为代表，年代相当于中原的“龙山文化”晚期。就像中原的庙底沟二期文化与“龙山文化”晚期不能用同一命名概括一样，这两类遗存也不能用同一命名来概括。我们将前一类遗存称作石家河文化，而将后一类遗存称作季家湖文化。三类遗存中的另一类是自中原楔入江汉地区的一股，以石板巷子和乱石滩遗存为代表，其年代与季家湖文化大致相当，但早晚略有交错，其性质当为煤山文化在江汉地区的变体。

石家河文化是在繁荣发达的屈家岭晚期文化基础之上发展起来的，汉水下游的天门、京山一带是该文化的中心，而鄂西北的丹、淅流域及湘北的澧水流域是其两翼。以上三片是石家河文化中看得清楚的三个类型，即以青龙泉T2⑤C层为代表的鄂西北类型、以太山庙灰沟[①]为代表的太山庙类型和以石家河早期为代表的石家河类型。此外随枣走廊可能还有一个西花园类型。

季家湖文化也可以说是在石家河文化基础上发展起来的，但其主要源头是石家河文化的鄂西北类型。季家湖文化我们目前能看得清楚的类型只有两个，即：包括鄂西北及汉水下游的季家湖类型和以划城岗晚期为代表的划城岗类型[②]。

煤山文化的石板巷子类型、乱石滩类型均非承袭季家湖文化，它们在年代上也并非都晚于季家湖文化。因此，对煤山文化的这种分布状况只能理解为中原势力对江汉地区的楔入而不是相反。煤山文化对江汉地区的楔入历史相当长，大体上始自煤山一期，至二里头文化早期时方告结束。楔入的途径大体上先抵达鄂西北，继而沿鄂西山地前沿南下到长江边，然后向东推移。就目前发现看，煤山文化未能深入到澧水流域。

本文揭示的煤山文化与季家湖文化的关系与史称禹伐三苗之事迹在时间和地域上均颇相适，可相互印证，这对于三苗遗存和禹夏文化的探索当有所裨益。

鄂东地区遗存的序列目前由于工作开展得少还不很清楚，就通

---

① 湖南省文物考古研究所、常德地区文物工作队、临澧县文物管理所：《湖南临澧县太山庙遗址发掘》，《考古》1989年第10期。

② 湖南省博物馆：《安乡划城岗新石器时代遗址》，《考古学报》1983年第4期。

城尧家林[1]、麻城栗山岗[2]和大悟土城[3]揭示的材料来看，与鄂西的三种文化既有联系又有区别。栗山岗早期、土城的遗存特征器结构主要是与石家河文化相似的瘦腹高领罐和扁足盆形鼎，还有不见于石家河文化的深腹篮纹夹砂罐和凿形足圆腹鼎。后两种器物的来源目前尚不清楚，或可能与淮河上游地区的龙山时代遗存有关。栗山岗晚期是其早期的延续，但出现了漏斗形和盆形擂钵，红陶镂孔大器座明显有季家湖文化圈足盘的装饰作风。根据这些迹象推测，土城和栗山岗早期的年代约与石家河文化相当。栗山岗晚期的年代约与季家湖文化相当，但这些遗存的性质目前暂时还不能简单归属于石家河文化或季家湖文化。

尧家林遗存中含有所谓“袋形罐”，其年代与季家湖文化相当应无问题，其性质或可看作季家湖文化的一个类型。这类遗存与栗山岗晚期最明显的差异是不见深腹篮纹夹砂罐，造成这种差别的原因有可能是地域性的。值得注意的是尧家林遗存中仍保留有石家河文化的特征器——扁足盆形鼎，这表明鄂东遗存的发展经历与鄂西是不相同的。

湘中地区以湘乡岱子坪第二期为代表的遗存与石家河文化有明显的相同或相似处，但与太山庙灰沟相比也有一些差别，最显著之处是岱子坪第二期中含有较多侈沿直腹的釜。这类遗存究竟是石家河文化的一个类型还是另一种文化，仅就目前材料还难下结论。

（与陈冰白先生合作，原载于《江汉考古》1993年第4期）

---

① 武汉大学历史系考古专业、咸宁地区博物馆、通城县文化馆：《湖北通城尧家林遗址的试掘》，《江汉考古》1983年第3期。

② 武汉大学历史系考古教研室、黄冈地区博物馆、麻城市革命博物馆：《湖北麻城栗山岗新石器时代遗址》，《考古学报》1990年第4期。

③ 孝感地区博物馆、大悟县博物馆：《大悟县土城古遗址探掘简报》，《江汉考古》1986年第2期。

盘龙城遗址商代遗存的几个问题

盘龙城遗址位于湖北省武汉市黄陂区滠口镇叶店村，长江支流府河北岸二级台地上。从1963年开始，湖北省文物考古研究所等单位对该城址及周边地区进行过多次发掘，获得了比较丰富的文化遗存，揭示出盘龙城遗址由盘龙城及其周边的王家嘴、李家嘴、杨家湾、杨家嘴、楼子湾和童家嘴等组成①。学术界对盘龙城遗址商代遗存的分期与年代尚有不同意见，我们在此也谈一些认识。

一

盘龙城遗址商代遗存中陶鬲数量大，种类多，分化复杂，我们主要讨论其中两类陶鬲的排序。

A类 高分裆绳纹锥足鬲。根据口沿与纹饰的差别，可以归纳为四组。

第Ⅰ组 卷沿外翻，圆唇，饰细绳纹。PWZT71⑦：5，夹砂灰陶。腹部饰细绳纹（图一，1）。

第Ⅱ组 卷沿斜侈，沿唇起棱，饰中粗绳纹。PLZH4：1，夹砂黑

---

① 湖北省文物考古研究所：《盘龙城——一九六三年一一九九四年考古发掘报告》，文物出版社2001年版。

灰陶。沿面内侧有一凹弦纹，腹部饰绳纹。口径 15.2 厘米，残高 18 厘米（图一，2）。PYZT6⑤：1，夹砂红陶。颈部有一周凹弦纹，腹部饰中粗绳纹。器表有烟熏痕。口径 15.2 厘米，高 17.6 厘米（图一，3）。

第Ⅲ组　卷沿外侈，唇内外有棱形成面，饰粗绳纹。PYWT17③：2，夹砂黑灰陶。颈部饰三周凹弦纹，腹部饰粗交错绳纹。口径 16.4 厘米，高 21.4 厘米（图一，4）。PLZH8：7，夹砂红陶。表面有烟熏痕迹。沿面内侧有一粗弦纹，腹部饰粗绳纹。口径 14 厘米（图一，5）。PYZH2：1，夹砂灰陶。腹部饰绳纹。口径 17 厘米，高 20 厘米（图一，6）。PYWM4：16，夹砂黑灰陶，红胎。沿面有一道较宽浅凹槽，腹部饰竖行粗绳纹。口径 12 厘米，高 16 厘米（图一，7）。

第Ⅳ组　卷沿外侈，沿面平折，饰粗绳纹。PLZH10：1，夹砂灰黑陶，红胎。沿面有两道凹弦纹，腹部饰粗绳纹。口径 13.6 厘米（图一，8）。

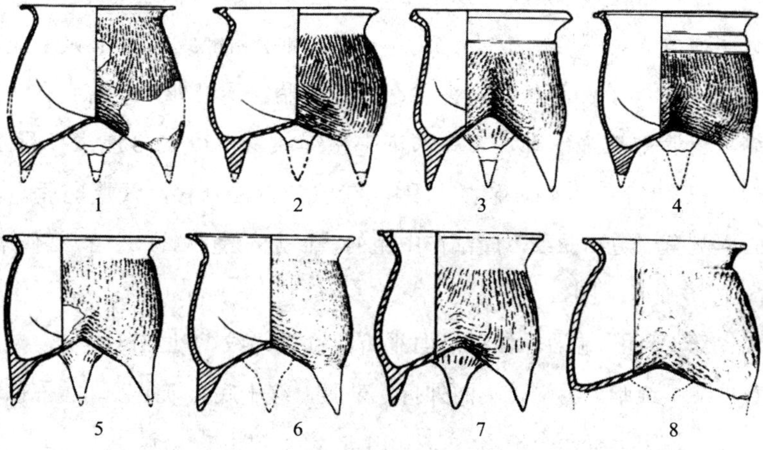

图一　A 类陶鬲

1. PWZT71⑦：5　2. PLZH4：1　3. PYZT6⑤：1　4. PYWT17③：2
5. PLZH8：7　6. PYZH2：1　7. PYWM4：16　8. PLZH10：1

B类　低分裆绳纹锥足鬲。根据口沿与纹饰的变化，也可以归纳为四组。

第Ⅰ组　卷沿外翻，圆唇，饰细绳纹。PWZT17⑧：30，夹砂黑灰陶，红胎。卷沿外侈，鼓腹，腹部饰细绳纹。口径17.2厘米（图二，1）。

第Ⅱ组　卷沿斜侈，内缘起棱，饰细绳纹。PYZM6：5，夹砂灰陶。折沿外侈，内缘起棱，鼓腹较浅，底部平缓，锥足。腹部饰细绳纹。口径13.6厘米，高17.2厘米（图二，2）。PYZM8：3，夹砂灰陶。折沿外侈，内缘起棱，鼓腹较浅，底部平缓，锥足。腹部饰细绳纹。口径15.2厘米，高14.4厘米（图二，3）。

第Ⅲ组　卷沿外侈，唇内外有棱，饰中粗绳纹。PWZT65⑥：1，夹砂灰黑陶，红胎。卷沿外侈，沿面有一道圆凸棱，颈部内收，肩颈有明显分界，下腹部微鼓，锥足。腹部饰斜行中粗绳纹。口径12.8厘米，高20.4厘米（图二，4）。PWZT86⑥：8，夹砂红灰陶，红胎。沙粒较粗。卷沿外侈，沿面有两道浅凹槽，中间起凸棱。肩颈有明显分界。下腹部微鼓，锥足。腹部饰中粗绳纹。口径14.8厘米（图二，5）。PYZH1：2，夹砂红陶，红胎。卷沿外侈，沿面有凹弦纹，下腹部微鼓，锥足。腹部饰中粗绳纹。口径13.8厘米（图二，6）。PLWG2⑤：14，砂质黑陶，红胎。折沿外侈，浅腹略垂。沿面内侧有一道凹弦纹，腹部饰中粗的浅而乱的绳纹。口径17.2厘米，高19.6厘米（图二，7）。

第Ⅳ组　卷沿斜外侈，沿面平折，饰粗绳纹。PLZH10：4，夹砂灰黑陶，红胎。卷沿，沿面外折，鼓腹，缓平底，锥足残。腹部饰粗绳纹。足跟上有两个按窝。口径14.8厘米（图二，8）。

陶斝是盘龙城遗址非常有特色的一类器物，根据形制变化，可以分为四组。

第Ⅰ组　敞口，长颈，鼓腹，颈部有绳索状鋬。PYZT9⑤：2，泥质

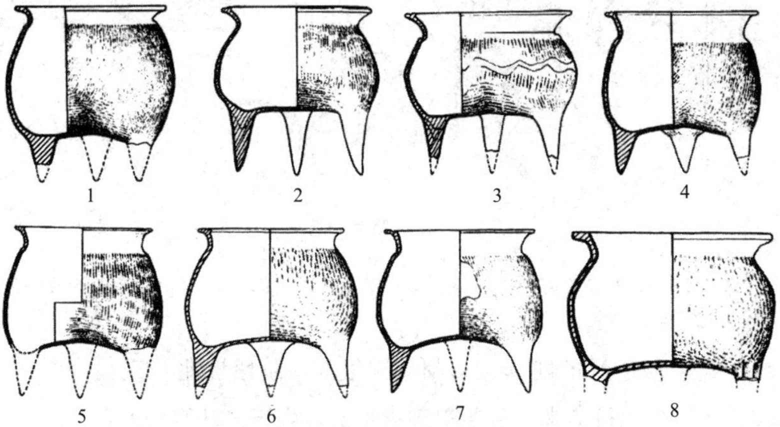

图二　B类陶鬲

1. PWZT17⑧：30　2. PYZM6：5　3. PYZM8：3　4. PWZT65⑥：1
5. PWZT86⑥：8　6. PYZH1：2　7. PLWG2⑤：14　8. PLZH10：4

黑陶，红胎。颈部有两周凸弦纹。腹部残。口径15.3厘米（图三，1）。

第II组　沿唇内折，短颈，腹部较浅，绳索状鋬，腹部饰绳纹。PYZT6⑤：3，夹砂红陶。口沿饰凹弦纹，腹部饰绳纹。口径12厘米（图三，2）。

第III组　沿内折较长，束腰，浅腹部，扁平鋬。腹部饰绳纹。PYZH1：5，夹砂灰陶。口沿上有两道凹弦纹，下腹部饰中粗绳纹。口径11厘米（图三，3）。

第IV组　沿内折较长，束腰，浅腹，扁平鋬。腹部无绳纹。PYZM10：2，夹砂灰陶。唇下有两道凹弦纹。口径10.5厘米（图三，4）。PYWT5③：10（报告图一九七，8；图版八四，2），泥质黑陶，红胎。肩部饰椭圆形乳丁。口径12厘米（图三，5）。

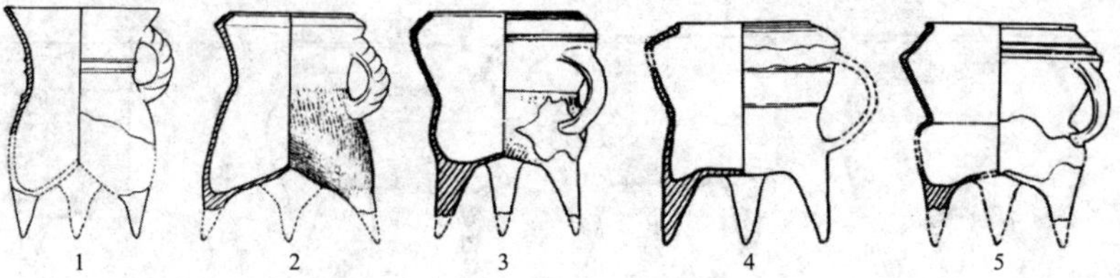

图三 陶斝分组

1. PYZT9⑤：2 2. PYZT6⑤：3 3. PYZH1：5 4. PYZM10：2 5. PYWT5③：10

盘龙城遗址的陶斝，形制差别很大，阶段性比较明显，内在的演变逻辑也比较清晰：从敞口到内折沿，内折沿从窄到宽；从下腹部较大到上腹部较大。

A类与B类鬲各组特征类似，都是从卷沿圆唇到沿面起棱，到唇内外有棱，到唇面平折；纹饰也都经历从细绳纹到中粗绳纹到粗绳纹的演变。一系列单位提供了这些鬲和斝的共存关系。

1. PYZT6第5层中AⅡ组鬲、第Ⅱ组斝和尊（PYZT6⑤：21）（报告图二三九，3）共存。

2. PLZH4出土器物丰富，AⅡ组鬲与方格纹鬲、尊、盆、罐、斝等共存。方格纹鬲PLZH4：2（报告图一〇二，5），夹砂黑灰陶。折沿外侈，沿唇略内勾，溜肩，垂腹，平裆，锥足。腹部饰细方格纹。口径16厘米，高21.2厘米。其形制接近BⅡ组鬲，唯纹饰不同。

3. PYZH1中BⅢ组鬲与第Ⅲ组斝共存，此外还有缸、尊、盆和硬陶罐等。

4. PLZH8中AⅢ组鬲与饰附加堆纹的鬲共存，此外有圜底甗、瓮、大口尊、缸等器类。

5. PLZH10中AⅣ组鬲与BⅣ组鬲共存，此外还有折肩罐等。

根据上述单位提供的组合关系，我们可以将这些鬲和斝分为四组（图四）。

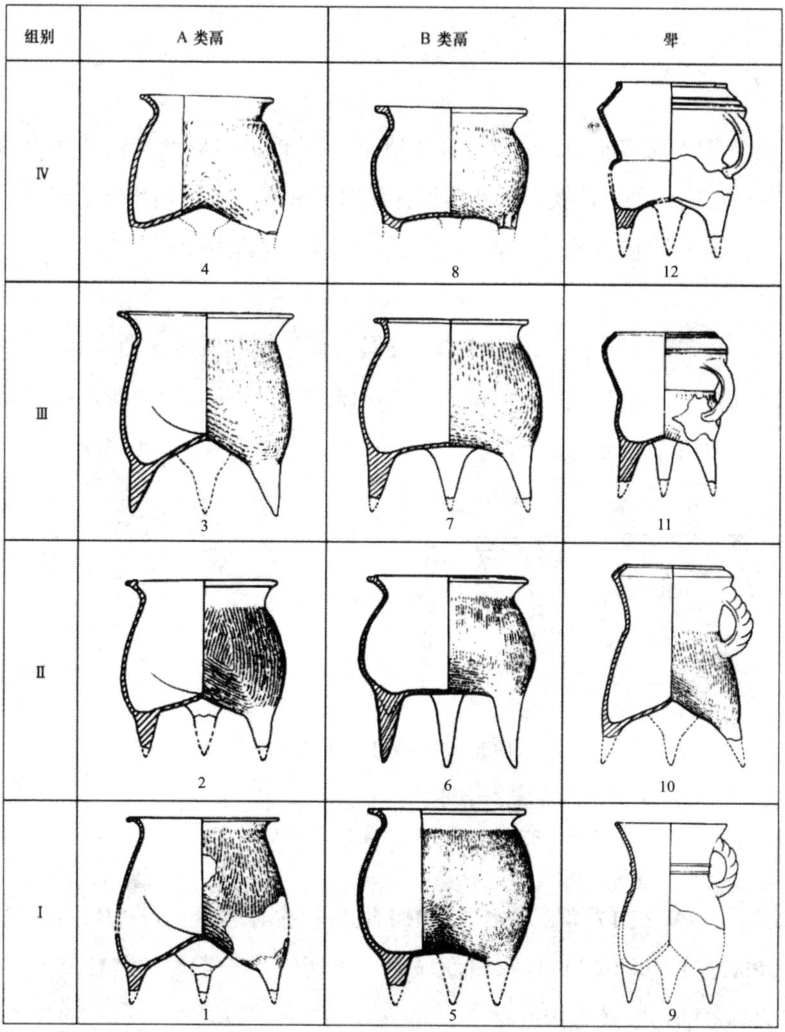

图四　盘龙城遗址器物分期图

1. PWZT71⑦：5　2. PLZH4：1　3. PYZH2：1　4. PLZH10：1
5. PWZT17⑧：30　6. PYZM6：5　7. PYZH1：2　8. PLZH10：4
9. PYZT9⑤：2　10. PYZT6⑤：3　11. PYZH1：5　12. PYWT5③：10

二

盘龙城遗址所分的四个阶段在目前发现的诸殷商文化遗存中具有一定的代表性，我们以其作为标尺来检索周边地区其他典型遗存。

第一阶段遗存以 PWZT71 ⑦、PWZT17 ⑧和 PYZT9 ⑤等单位为代表。

1. PWZT71 第 7 层出土有 A I 鬲、斝、缸和罐等（图五）。其中 PWZT71 ⑦：5 陶鬲的形制接近郑州商城 C1H9：36 鬲等，报告将其定为“二里岗下层一期”[①]。

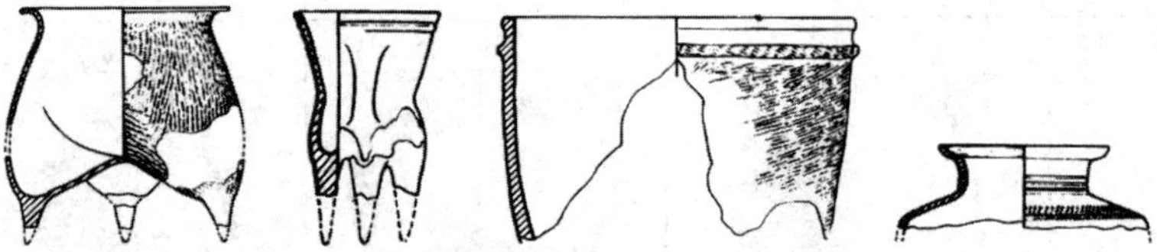

1　2　3　4

图五　PWZT71 ⑦出土陶器

1. 鬲（PWZT71 ⑦：5）　2. 爵（PWZT71 ⑦：2）
3. 缸（PWZT71 ⑦：10）　4. 罐（PWZT71 ⑦：11）

2. PWZT17 第 8 层出土有 B I 组鬲和盆等（图六）。其中的陶盆（PWZT17 ⑧：32）与郑州商城“二里岗下层一期”的 C1H9：354 这类盆的形制最为接近。

① 河南省文物考古研究所：《郑州商城——一九五三年—一九八五年考古发掘报告》，文物出版社 2001 年版。

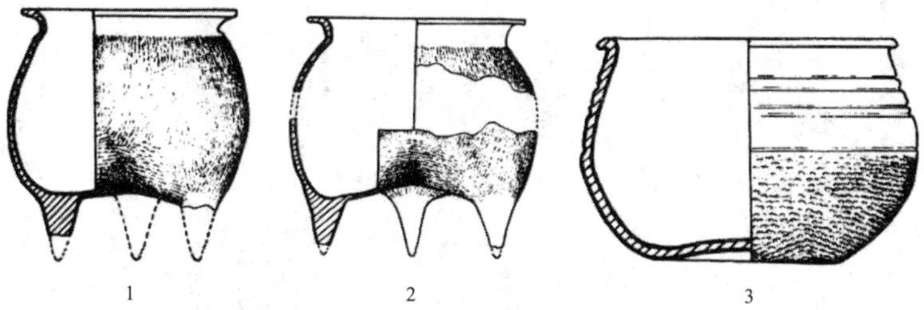

图六 PWZT17⑧出土陶器

1. 鬲（PWZT17⑧：30） 2. 鬲（PWZT17⑧：31） 3. 盆（PWZT17⑧：32）

3. PYZT9 第 5 层出土有斝、盆和豆等器物（图七）。其中的斝（PYZT9⑤：2）的形制与郑州商城 C1H9：362 接近。

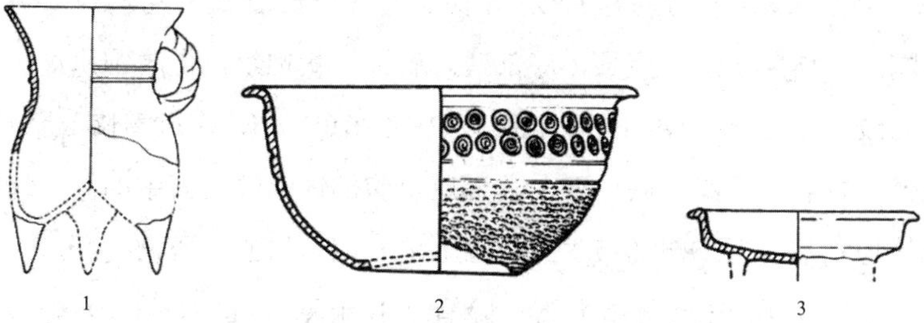

图七 PYZT9⑤出土陶器

1. 斝（PYZT9⑤：2） 2. 盆（PYZT9⑤：9） 3. 豆（PYZT9⑤：3）

第 I 组的三个典型单位都与郑州商城“二里岗下层一期”C1H9 有类似的器物（图八），其年代也应该大致相当于“二里岗下层”。在前面的分组讨论中，我们未论及第一组诸单位的共时性。郑州商城“二里岗下层一期”C1H9 提供的组合关系间接证明第 I 组诸单位应该是大致同时的。

第二阶段遗存以 PLZH4、PYZM6、PYZT6 第 5 层等单位为代表。

1. PYZT6 第 5 层出土有 A II 组陶鬲、第 II 组陶斝和陶尊、杯

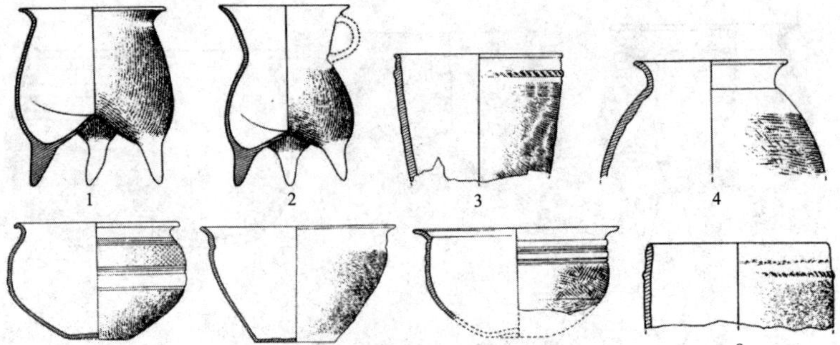

图八 郑州商城C1H9出土陶器

1. 鬲（C1H9：36） 2. 斝（C1H9：362） 3. 缸（C1H9：2-1） 4. 罐（C1H9：47）
5. 盆（C1H9：354） 6. 盆（C1H9：25） 7. 盆（C1H9：15） 8. 缸（C1H9：2-2）

等（图九）。其中的陶尊PYZT6⑤：21（报告图二三九，3），泥质灰陶。口略大于肩，束颈，底部残。肩饰纽状堆纹，上腹饰六周平行凹弦纹，下腹部饰中粗绳纹。陶杯PYZT6⑤：5，夹砂黄陶。侈口，束颈，折肩，收腹，底内凹。器壁厚，腹部饰绳纹。其中的鬲、斝和尊的形制都接近郑州商城“二里岗上层一期”的典型器物。

2. PLZH4出土器物丰富，除有AⅡ组鬲（PLZH4：1）外，另有方格纹鬲、尊、盆、罐、斝等（图一〇）。大口尊的形态与郑州商

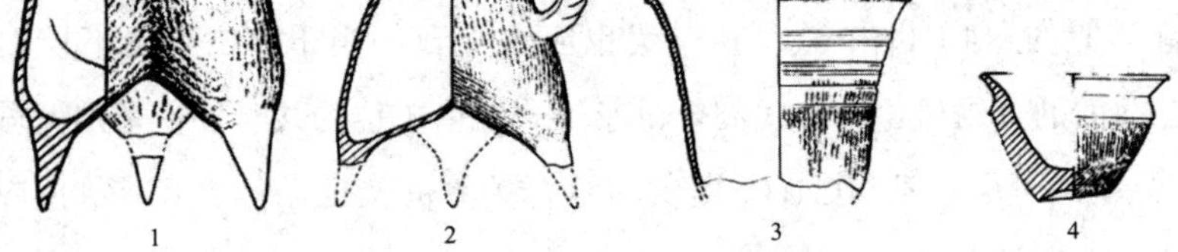

图九 盘龙城PYZT6⑤出土陶器

1. 鬲（PYZT6⑤：1） 2. 斝（PYZT6⑤：3） 3. 尊（PYZT6⑤：21）
4. 杯（PYZT6⑤：5）

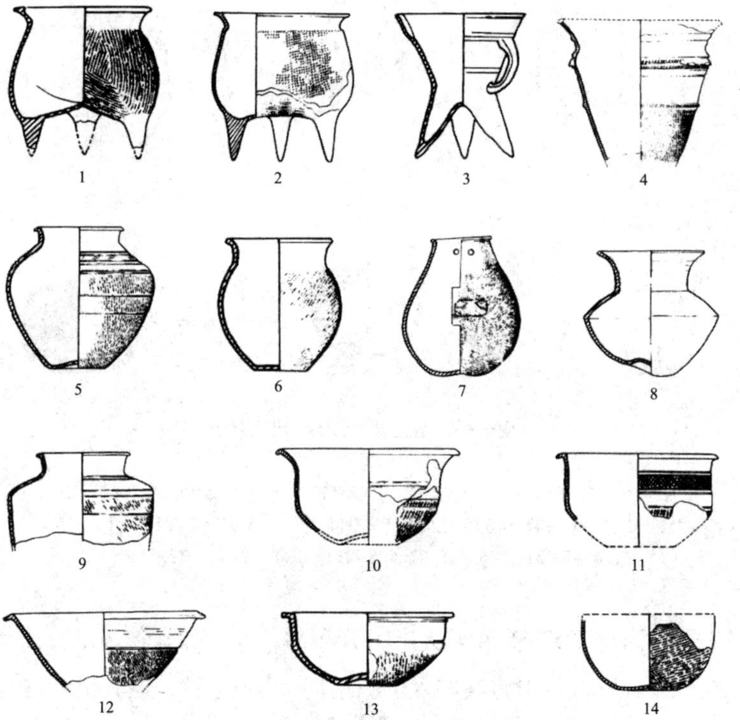

图一〇　盘龙城 PLZH4 出土陶器

1. 鬲（PLZH4：1）　2. 鬲（PLZH4：2）　3. 斝（PLZH4：11）　4. 大口尊（PLZH4：9）
5. 罐（PLZH4：17）　6. 罐（PLZH4：13）　7. 壶（PLZH4：18）　8. 尊（PLZH4：26）
9. 瓮（PLZH4：21）　10. 盆（PLZH4：5）　11. 盆（PLZH4：6）　12. 盆（PLZH4：8）
13. 盆（PLZH4：25）　14. 钵（PLZH4：23）

城“二里岗上层一期”的 C5T90②：65 接近。PLZH4 是二里岗文化晚期早段的典型单位。

第三阶段的典型单位数量较多，是盘龙城遗址内涵比较丰富的一个阶段。

1. PYZH1 出土有 B Ⅲ组陶鬲、第Ⅲ组陶斝，此外还有陶缸、尊、盆和硬陶罐等（图一一）。其中的陶斝非常有特色，检索郑州商城的发掘资料，与其接近的是 C5T61①：85（报告图四九八，9）。

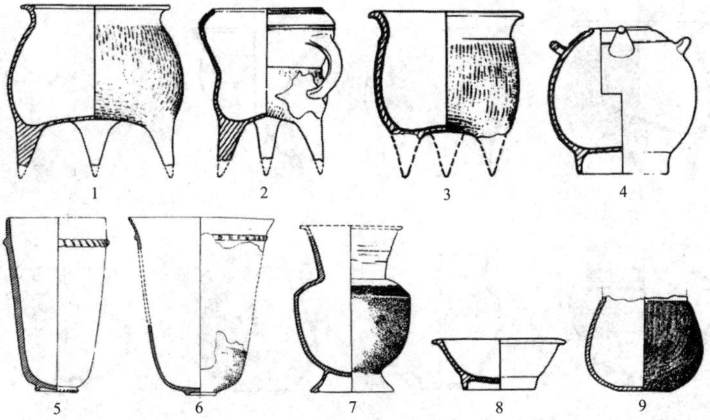

图一一　盘龙城 PYZH1 出土陶器

1. 鬲（PYZH1：2） 2. 斝（PYZH1：5） 3. 鬲（PYZH1：4）
4. 壶（PYZH1：6） 5. 缸（PYZH1：15） 6. 缸（PYZH1：14）
7. 尊（PYZH1：8） 8. 盆（PYZH1：13） 9. 罐（PYZH1：7）

郑州商城 C5T61 第①层出土有陶鬲、斝、簋、盆、缸、盖等[①]（图一二）。发掘报告将其归入“二里岗上层一期”，但其组合与其他二里岗上层的单位有一定差别。

2. PLZH8 出土有 AIII 组陶鬲、饰附加堆纹的陶鬲，此外有圜底甗、大口尊等器类（图一三）。其中饰附加堆纹的陶鬲在郑州商城也有所发现，报告将其均归入“二里岗上层一期”，其中 C9.1H142 的组合比较完整，出土有陶鬲、簋、尊、盆、罐等（图一四）。另外 C5.3H311 也有一组器物，包括饰附加堆纹的陶鬲和陶盆（图一五）。

---

① 发掘报告在第 367、368 页介绍南关外商代铸铜遗址时，发表了部分 C5T61 第 1 层的器物。其中 C5T61①：65 斝可能与 C5T61①：85 是同一件器物；C5T61①：75 簋的线图略有不同；多了 C5T61①：16 豆；C5T61①：64 鼎与报告第 720 页的 C5T16①：64 可能是同一件器物。

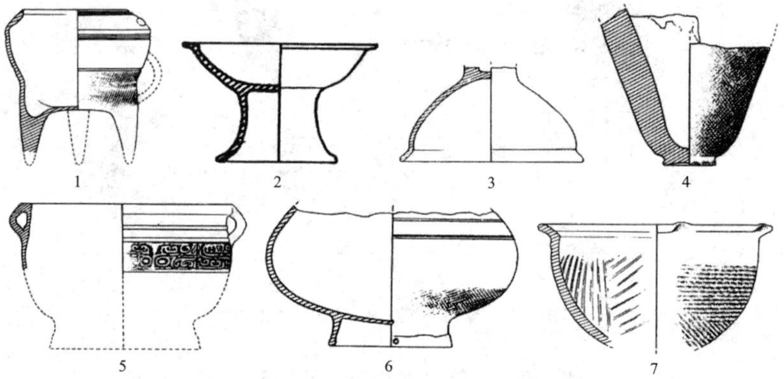

图一二 郑州商城 C5T61 ①出土陶器

1. 斝（C5T61 ①：85） 2. 豆（C5T61 ①：16） 3. 盖（C5T61 ①：66）
4. 缸（C5T61 ①：101） 5. 簋（C5T61 ①：75） 6. 壶（C5T61 ①：74）
7. 刻槽盆（C5T61 ①：65）

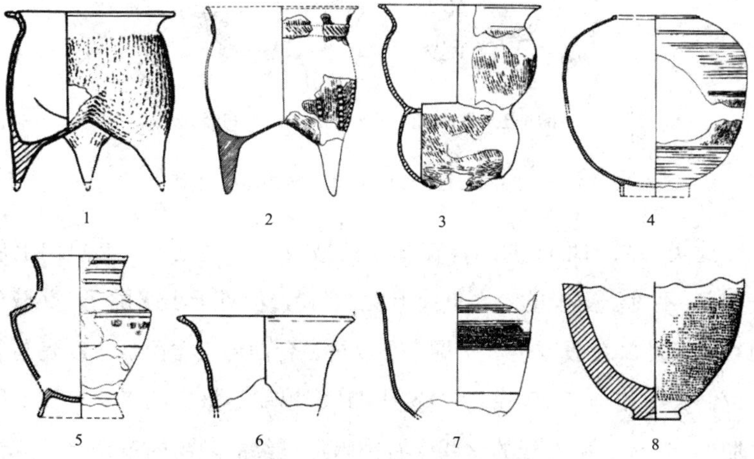

图一三 盘龙城 PLZH8 出土陶器

1. 鬲（PLZH8：7） 2. 鬲（PLZH8：4） 3. 甗（PLZH8：10） 4. 瓮（PLZH8：6）
5. 罍（PLZH8：14） 6. 缸（PLZH8：5） 7. 尊（PLZH8：1） 8. 缸（PLZH8：9）

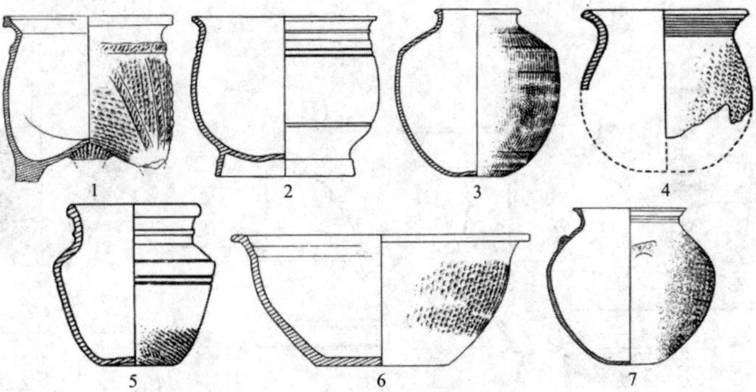

图一四　郑州商城 C9.1H142 出土陶器

1. 鬲（C9.1H142：55） 2. 簋（C9.1H142：59） 3. 罐（C9.1H142：51）
4. 罐（C9.1H142：101） 5. 尊（C9.1H142：48） 6. 盆（C9.1H142：58）
7. 罐（C9.1H142：49）

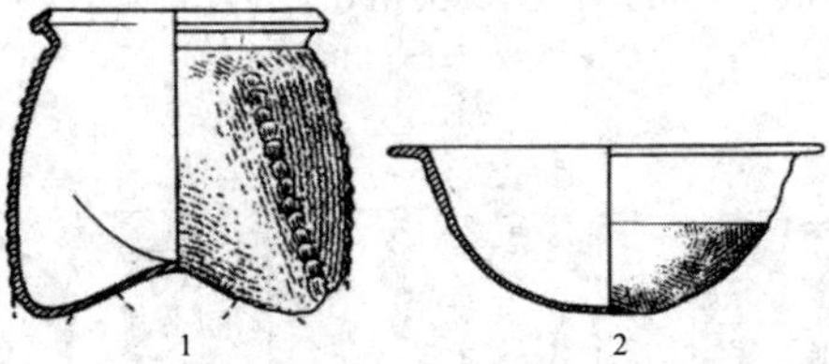

图一五　郑州商城 C5.3H311 出土陶器

1. 鬲（C5.3H311：11） 2. 盆（C5.3H311：16）

此类饰附加堆纹的陶鬲在郑州商城报告中仅见于“二里岗上层一期”，不见于更晚的“二里岗上层二期”，但见于小双桥[①]、藁城台西[②]等遗址，在殷墟也有所见。小双桥、台西出土含附加堆纹陶鬲的单位，大致相当于郑州的“白家庄期”，也就是报告的“二里岗上层二期”。那么郑州发现的这些含有饰附加堆纹的陶鬲的单位是否应该

---

① 河南省文物考古研究所：《郑州小双桥——1990~2000年考古发掘报告》，科学出版社2012年版。

② 河北省文物研究所：《藁城台西商代遗址》，文物出版社1985年版。

晚于“二里岗上层一期”而与某些“二里岗上层二期”遗存同时？另外C5T61①：85这类折沿、上腹大的陶斝，应该是从“二里岗上层一期”常见的内折沿斝演变而来，但形制有很大不同，似乎也应该晚于“二里岗上层一期”。

第四阶段遗存以PYZM4、PLZH10、PYZM10等单位为代表。

1. PYZM4出土有第Ⅳ组陶斝（PYZM4：4），另外还有陶爵（PYZM4：1）、陶假腹豆（PYZM4：7）、陶贯耳壶（PYZM4：3）、陶罐（PYZM4：2）等（图一六）。其PYZM4：3陶贯耳壶的造型接近郭家庄M203：9[①]和苗圃北地PNM124：231[②]等。PYZM4：2罐与苗圃北地PNT226④：279造型接近。PYZM4：5罐的造型接近苗圃北地PNT3B④：29罐[③]。PYZM4：6罐与郭家庄M66：3造型接近[④]。

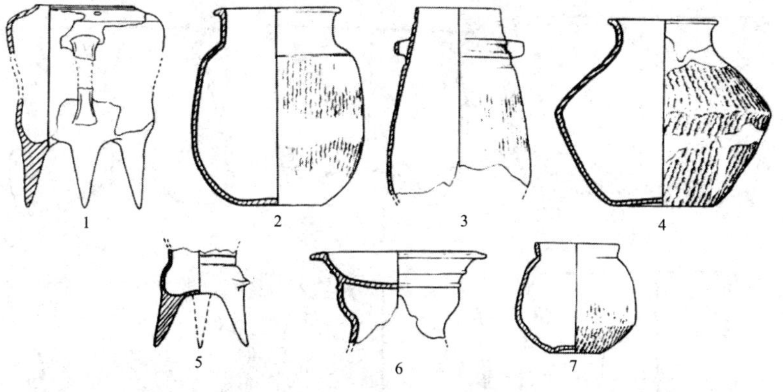

图一六 盘龙城PYZM4出土陶器

1. 斝（PYZM4：4） 2. 罐（PYZM4：2） 3. 贯耳壶（PYZM4：3） 4. 罐（PYZM4：6） 5. 爵（PYZM4：1） 6. 假腹豆（PYZM4：7） 7. 罐（PYZM4：5）

---

① 中国社会科学院考古研究所：《安阳殷墟郭家庄商代墓葬（1982年~1992年考古发掘报告）》，文物出版社1998年版。

② 中国社会科学院考古研究所：《殷墟发掘报告（1958—1961）》，文物出版社1987年版。

③ 中国社会科学院考古研究所：《殷墟发掘报告（1958—1961）》，文物出版社1987年版。

④ 中国社会科学院考古研究所：《安阳殷墟郭家庄商代墓葬（1982年~1992年考古发掘报告）》，文物出版社1998年版。

2. PLZH10 出土有 A Ⅳ 组陶鬲、B Ⅳ 组陶鬲、陶折肩罐等（图一七）。PLZH10：2 陶鬲，夹砂红胎黑陶。矮弧裆。沿面有一浅凹弦纹，肩部饰凹弦纹和联珠纹，腹部饰绳纹。口径 14.4 厘米。PLZH10：3 陶鬲，夹砂灰黑陶。弧裆。沿面有一凸弦纹，腹部饰绳纹。口径 16 厘米。PLZH10：5 鬲，夹砂红胎灰黑陶。高弧裆。素面。口径 14.4 厘米。PLZH10：6 陶罐，夹砂红胎黑陶。直口，唇略外撇，折肩，鼓腹，平底略内凹。沿面有一凹弦纹，腹部饰细绳纹。口径 14.4 厘米。

PLZH10 这一器类组合见于殷墟。其中 PLZH10：1 这类高分裆垂腹鬲是殷墟文化晚期常见的陶鬲造型，如苗圃北地 PNH25：41 等[①]。PLZH10：3 陶鬲接近苗圃北地 PNT3B ④：27 陶鬲（报告图

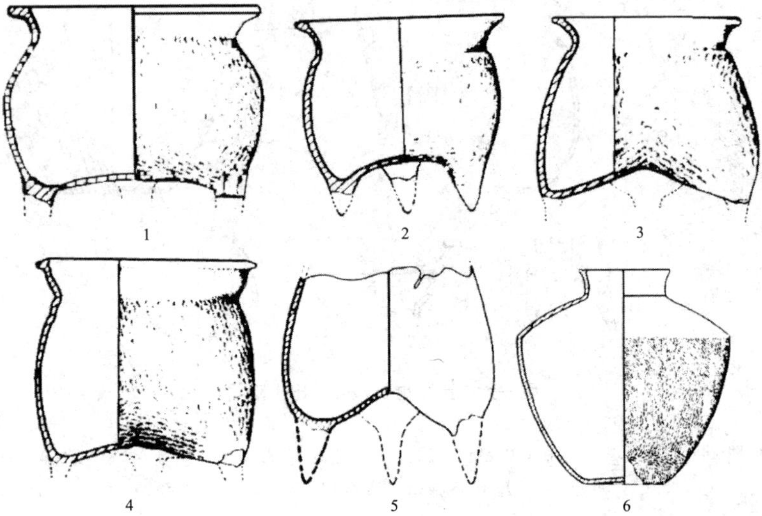

图一七　盘龙城 PLZH10 出土陶器

1. 鬲（PLZH10：4）　2. 鬲（PLZH10：2）　3. 鬲（PLZH10：1）
4. 鬲（PLZH10：3）　5. 鬲（PLZH10：5）　6. 折肩罐（PLZH10：6）

① 中国社会科学院考古研究所：《殷墟发掘报告（1958—1961）》，文物出版社 1987 年版。

一〇一，5）。PLZH10：4 陶鬲接近 GT105 ⑦ B：26（报告图一〇一，6）。而素面鬲也见于殷墟文化晚期。PLZH10：6 折肩罐与 KBT21 ③：5（报告图一一四，8）接近。

盘龙城遗址第一阶段遗存大致相当于二里岗文化早期，第二阶段遗存大致相当于二里岗文化晚期。盘龙城遗址第四阶段遗存的年代相当于殷墟文化。关于盘龙城遗址第三阶段遗存，在郑州和藁城台西等遗址可以甄别出比较完整的同时期单位，与二里岗文化有比较明显的差别，标志性特征就是出现了饰附加堆纹陶鬲。这类遗存可能应该从二里岗文化中分离出来，至于是纳入殷墟文化，作为其早期阶段遗存，还是另外再命名为一种新的考古学文化，有待进一步积累资料和更深入的研究。

第 IV 组斝在盘龙城数量较多，形制有一定分化，或延续了较长时间，其中 PYWT5 ③：10 陶斝，形制接近蕲春毛家咀遗址西周时期的罐形斝[①]。另外盘龙城遗址中有一些带把鬲，如 PYWM10：2 等，多见于鄂东地区鲁台山 H1[②]、大路铺[③] 等西周时期的文化遗存。这些现象说明盘龙城遗址应该延续到殷墟文化最晚阶段，不排除某些遗存延续到西周时期的可能性。

关于盘龙城城址的年代，发掘报告提供了城墙、壕沟遗迹和宫殿基址所出的标本，含粗绳纹陶鬲的碎片叠压在宫殿基址和城墙之上，似乎说明城墙和宫殿的建筑应该不晚于第三阶段。

---

① 中国科学院考古研究所湖北发掘队：《湖北蕲春毛家咀西周木构建筑》，《考古》1962 年第 1 期。

② 黄陂县文化馆、孝感地区博物馆、湖北省博物馆：《湖北黄陂鲁台山两周遗址与墓葬》，《江汉考古》1982 年第 2 期。

③ 湖北省文物考古研究所、湖北省黄石市博物馆、湖北省阳新县博物馆：《阳新大路铺》，文物出版社 2013 年版。

三

盘龙城遗址的商代遗存与河南中北部的商文化有十分密切的联系。从我们讨论的两类常见的鬲来看，A 类高分裆鬲与以郑州商城等为代表的二里岗文化的陶鬲基本相同，可以判定是中原地区二里岗文化南下进入鄂东地区的结果。但盘龙城的 A 类高分裆鬲又与中原地区商文化陶鬲的演进路径有所不同。大体相当于本文所分的第三阶段，中原地区的二里岗文化蜕变为殷墟文化，陶鬲的造型也有明显的变化。而盘龙城的 A 类高分裆陶鬲虽然也仍然在向前演进，但并不与中原地区殷商之变同步，而是延续自身的逻辑往前演变，使得这里的第三阶段的 A 类高分裆鬲看起来更接近二里岗文化晚期阶段的陶鬲，不同于殷墟文化的鬲。这大概也是以往学术界往往把这类陶鬲及其代表的遗存看成是二里岗文化阶段遗存的原因。

类似的情况也发生在斝上面。斝是二里岗文化的典型器物之一，盘龙城第一阶段与第二阶段的斝与中原地区的斝的形制完全相同，应该是二里岗文化进入鄂东地区的结果，甚至与中原地区的二里岗文化始终保持着密切的文化联系，走出同步的演进过程。盘龙城遗址第三阶段，陶斝很多，同一时期的郑州商城只少量见到。中原地区的这一时期陶斝是当地二里岗文化陶斝的自然延续，还是受盘龙城等南方地区同期文化影响的结果，值得斟酌。第四阶段，斝大量存在于盘龙城，但几乎不见于中原地区的殷墟文化。在鄂东地区，这类斝甚至延续到西周时期。

B 类矮裆鬲是盘龙城比较有特色的鬲。有些矮裆鬲的裆部近平，足窝也不明显，形制非常接近鼎。这类陶鬲应该是当地早期文化的陶鼎与来自中原地区的鬲融合的产物。

从鬲和斝所展示的文化谱系大致可以看出，盘龙城遗址是在当地早期鼎文化基础上，大量融入中原地区二里岗文化之后形成的。在二里岗文化阶段，以盘龙城为代表的文化与中原地区的文化有密切的联系。中原地区由二里岗文化向殷墟文化蜕变之后，盘龙城为代表的文化并没有表现出同步的变化，而是延续自身的演变趋势，说明这一时期盘龙城为代表的文化与殷墟文化的联系比较薄弱，甚至是渐行渐远，走上了不同的发展道路。

（原载于《商代盘龙城学术研讨会论文集》，
科学出版社2014年版）

江汉地区西周时期陶鬲谱系研究

一

江汉地区最早的西周时期陶鬲见于丹江南岸的淅川下王岗[①]。下王岗“西周文化”遗存中的陶鬲，“皆为夹砂灰陶或棕灰陶。敛口，卷沿，瘪裆，袋足。器表饰粗绳纹。”报告发表了三件器物的线图。T4①：45，卷沿外侈，方唇，深鼓腹，弧裆，锥足。腹部和足饰绳纹。口径17厘米，腹径20厘米，高25厘米（图一，1）。M24：5，小卷沿外侈，方唇，深腹略垂，矮弧裆，锥足外撇。口径13.4厘米，腹径14厘米，高16.6厘米（报告图三〇八，3；图版一二三，2）。M24：11，小折沿外侈，方唇，深腹略垂，矮弧裆，锥足。口径15.4厘米，腹径16.3厘米，高19.8厘米（报告图三〇八，1）。这三件鬲均为弧裆，袋锥足，口沿和整体形制有一定差异，其中T4①：45的形制接近长安张家坡T174：4A鬲[②]，M24：5的形制接近张家坡M70：1[③]，年代均应为西周早期。

---

① 河南省文物研究所、长江流域规划办公室考古队河南分队：《淅川下王岗》，文物出版社1989年版。

② 中国科学院考古研究所：《沣西发掘报告》，文物出版社1962年版。

③ 中国社会科学院考古研究所沣西发掘队：《1967年长安张家坡西周墓葬的发掘》，《考古学报》1980年第4期。

与下王岗 T4 ①：45 接近的鬲见于枣阳毛狗洞 H1[①]。毛狗洞 H1 是一个不规则形状的大灰坑，“形式和沣西西周初期同类房基结构相似，或为一废弃的房基”。其中出土大量陶器，主要有鬲、罐、缸、甗、盆等，其中鬲占到总数一半，复原或接近复原的陶鬲共有 19 件。ZMH1：1，夹砂红褐陶。卷沿侈口，尖唇，束颈，深腹略鼓，弧裆，瘪裆深陷，锥足，足根截平。腹部饰交错绳纹，间以弦纹。口径 25 厘米，高 27 厘米（图一，2）。发掘报告判断 H1 年代相当于西周早期。毛狗洞 H1 出土的鬲虽然均为锥足，但足尖一般都截平，这与下王岗的尖锥足有所差别，应该是尖锥足向柱足演化的过渡环节，年代应该略晚于下王岗 T4 ①：45 鬲。

襄阳真武山有西周中、晚期的鬲[②]。真武山 H36，位于 T4 北壁外扩方范围内，开口于第 3 层下，坑内填土为褐色砂性土。出土陶片丰富，几乎全部为夹砂红陶，除少量罐和器盖外，绝大部分都是鬲。H36：4，夹砂红陶。折沿不明显，圆唇，侈口束颈，沿下贴一周泥条。深腹，瘪裆高至肩部，裆内瘪程度大，裆部横截面呈花瓣状。三足内撇，足窝较深。腹部饰细绳纹，肩部饰间断绳纹。口径 26.8 厘米，腹径 26.2 厘米，高 26.8 厘米（图一，3）。

真武山 H81 位于 T0807 北隔梁以外，开口于第 4 层下。坑内填土为黑色炭灰土，土质松散。出土陶片以红色占绝大多数，有鬲、甗、盆、豆等。另有蚌壳、兽骨，其中还发现有带字甲骨。H81：15，夹砂红褐陶。卷沿外侈，圆唇，沿下贴泥条。有短颈部，鼓肩收腹，腹较浅。瘪裆较高，三足直立，足根呈疙瘩状，扁圆形足窝较浅。腹部饰细绳纹。口径 31.8 厘米，高 27.2 厘米（图一，4）。

丹江口朱家台 T92 ④ B：6 鬲大致接近真武山 H81：15 鬲。朱

---

① 襄樊市博物馆：《湖北枣阳毛狗洞遗址调查》，《江汉考古》1988 年第 3 期。

② 湖北省文物考古研究所：《湖北襄樊真武山周代遗址》，载《考古学集刊》（9），科学出版社 1995 年版。

家台 T92④B：6，夹砂褐陶。卷沿斜上侈，束颈，鼓腹，最大腹径偏上。宽弧裆，柱足残。器身扁宽。腹部和足饰细绳纹，腹部有四周凹弦纹。口径 29 厘米，高 24 厘米[①]（报告图一九，1）。

下王岗 T4①：45 等鬲和毛狗洞 H1 出土的鬲卷沿斜上侈，真武山 H36：4 和 H81：15 口沿较平上侈。下王岗 T4①：45 为深腹，毛狗洞 H1 出土的鬲腹部相对较浅，真武山 H36：4 和 H81：15 腹部更浅。下王岗 T4①：45 等为袋状锥足，毛狗洞 H1 出土的鬲多为袋状截锥足鬲，真武山 H36：4 和 H81：15 则为柱足。这些都说明真武山 H36：4 和 H81：15 晚于下王岗 T4①：45 等鬲和毛狗洞 H1 出土的鬲。

真武山这两件鬲本身也还有一定的变化：H36：4 口沿较上侈，H81：15 口沿较平侈。H36：4 腹部较深；H81：15 腹部较浅。H36：4 鼓腹，最大腹径略靠上；H81：15 鼓肩，最大腹径上移。H36：4 为窄弧裆，H81：15 为宽弧裆。这些迹象说明它们有一定的年代跨度。

比真武山 H81：15 略晚一些的鬲见于宜城郭家岗遗址[②]。郭家岗 H109：1，夹砂灰黑陶。卷沿外侈，圆唇，束颈，扁鼓腹，矮瘪裆，足窝内空较大。三柱足较细矮。腹部饰中绳纹。口径 24 厘米，腹径 26.6 厘米，高 21.6 厘米（图一，5）。H109：2，夹砂红褐陶。卷沿外侈，圆唇，束颈，扁鼓腹，矮瘪裆，足窝内空较大。三柱足较细矮。腹部饰细绳纹。口径 24 厘米，腹径 25.6 厘米，高 21.6 厘米（报告图一六，9）。郭家岗 H109 出土的这两件鬲与真武山 H81：15 相比，腹部更浅，弧裆更宽，颈部不饰绳纹，说明郭家岗 H109 出土的这两件鬲与真武山 H81：15 更晚一些。

---

① 中国社会科学院考古所长江工作队：《湖北均县朱家台遗址》，《考古学报》1989 年第 1 期。

② 武汉大学历史系考古教研室、湖北省宜城市博物馆：《湖北宜城郭家岗遗址发掘》，《考古学报》1997 年第 4 期。

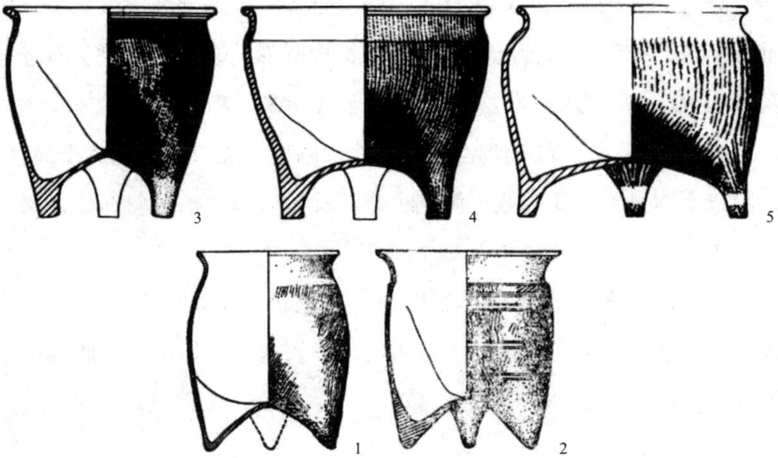

图一　鄂西北及邻近地区西周时期陶鬲排序

1. 下王岗 T4 ①：45　2. 毛狗洞 ZMH1：1
3. 真武山 H36：4　4. 真武山 H81：15　5. 郭家岗 H109：1

发掘报告分别判断真武山 H36 的年代为“西周中期”，真武山 H81 的年代为“西周晚期”，郭家岗 H109 为“西周晚期或两周之际”，可以参考。

江汉平原西缘的荆州荆南寺发现一批西周时期陶鬲[①]。报告纳入“西周时期”的遗存内涵比较复杂，报告中的 A 型鬲大致属于西周时期，而 B、C、D 型鬲则应该晚于西周时期。4 件 A 型鬲的形制本身也有比较明显的差别。

荆南寺 T3 ③：31，夹砂红陶。卷沿外侈，圆唇，大口，口径大于肩径，深腹，上腹略鼓，下腹内收，弧裆内瘪，柱足。腹部饰较细的绳纹，肩及上腹饰四道凹弦纹，足部有明显的竖向刮削痕迹。口径 33 厘米，高 37 厘米（图二，1）。

G2：1，夹砂褐陶。卷沿外侈，圆唇，大口，口径大于肩径，

① 荆州博物馆：《荆州荆南寺》，文物出版社 2009 年版。

鼓腹略浅，弧裆明显内瘪，柱足。器表饰绳纹，颈部绳纹被抹平；肩部压四道凹弦纹，肩部与足对应部位饰椭圆形泥饼三个；足尖有竖向刮削痕迹。口径 23 厘米，高 21.3 厘米（图二，2）。

H1：11，夹砂红褐陶。卷沿外侈，圆唇，大口，口径大于肩径，鼓腹，上腹鼓，下腹内收，弧裆内瘪，柱足残。腹部饰斜绳纹。口径 14.8 厘米（图二，3）。

H121：1，夹砂红陶。卷沿外侈略呈盘口形，方唇，大口，口径大于肩径，鼓肩，深腹，下腹内收，弧裆内瘪，柱足残。腹部饰中绳纹。口径 15.2 厘米（图二，4）。

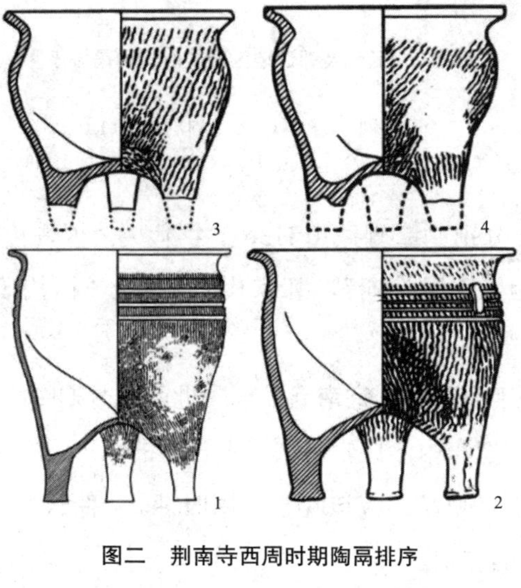

图二 荆南寺西周时期陶鬲排序

1. T3③：31 2. G2：1 3. H1：11 4. H121：1

荆南寺的这四件鬲与襄宜平原西周中晚期的鬲具有明显的相似性。T3③：31 的形制与真武山 H36：4 鬲大致接近，G2：1 接近真武山 H81：15。H1：11 和 H121：1 口径大于腹径，弧裆比较窄，与郭家岗 H109：1、H109：2 有所不同，但卷沿外侈，鼓肩的风格仍可类比。

三峡地区发现的西周时期鬲主要见于秭归庙坪、巫山双堰塘等遗址。

秭归庙坪 H7 出土有 7 件鬲[①]。H7 ① : 1，夹砂褐陶，卷沿，圆唇，束颈，弧腹，弧瘪裆，柱状足，平根。瘪裆上部饰圆形乳丁及凹弦纹，腹部饰拍印方格纹。口径 23.4 厘米，腹径 22.9 厘米，高 24.6 厘米（图三，1）。H7 ② : 2，夹砂褐陶，卷沿，方唇，矮颈，弧腹，弧瘪裆，柱状足，平根。瘪裆上部饰 3 个圆形乳丁和一周凹弦纹，腹部饰拍印方格纹。口径 21.2 厘米，腹径 23.2 厘米，高 24 厘米（图三，2）。H7 ① : 3，夹砂黑褐陶，卷沿，圆唇，束颈，弧腹，弧瘪裆，柱状足，平根。瘪裆上部饰圆形乳丁，腹部饰方格纹。口径 21 厘米，腹径 20.5 厘米，高 22.6 厘米（图三，3）。

H7 的这几件鬲以饰方格纹为特色，整体造型，特别是腹部的深度大致介于真武山 H36 : 4 与真武山 H81 : 15、荆南寺 T3 ③ : 31 与 G2 : 1 之间，年代大致为西周晚期偏早阶段。

巫山双堰塘也出土了多件鬲[②]。H2 : 2，夹砂灰褐陶。卷沿，圆唇，扁鼓腹，弧裆，柱足。腹足部饰交错绳纹，颈部饰零星交错绳纹。口径 26.4 厘米，腹径 28.8 厘米，高 26.7 厘米（图三，4）。H5 : 1，夹砂红褐陶。卷沿下倾，圆唇，扁鼓腹，弧裆，柱足。肩部附有对称排列的圆饼状泡钉并间饰凹弦纹。颈部、肩部、腹部和足部大部分饰网格纹。口径 24 厘米，腹径 23.6 厘米，高 23 厘米（图三，5）。

这两件鬲与庙坪 H7 出土的鬲相比，腹部较浅，应该是年代较晚的特征，年代大致为西周晚期。

湖南中部宁乡炭河里也发现西周时期的鬲[③]。其中 05G5 ⑦ : 3

---

① 湖北省文物事业管理局、湖北省三峡工程移民局：《秭归庙坪》，科学出版社 2003 年版。

② 中国社会科学院考古研究所长江三峡工作队、巫山县文物管理所：《巫山双堰塘遗址发掘报告》，载重庆市文物局、重庆市移民局编：《重庆库区考古报告集 • 1997 卷》，科学出版社 2006 年版。

③ 湖南省文物考古研究所、长沙市考古研究所、宁乡县文物管理所：《湖南宁乡炭河里西周城址与墓葬发掘简报》，《文物》2006 年第 6 期。

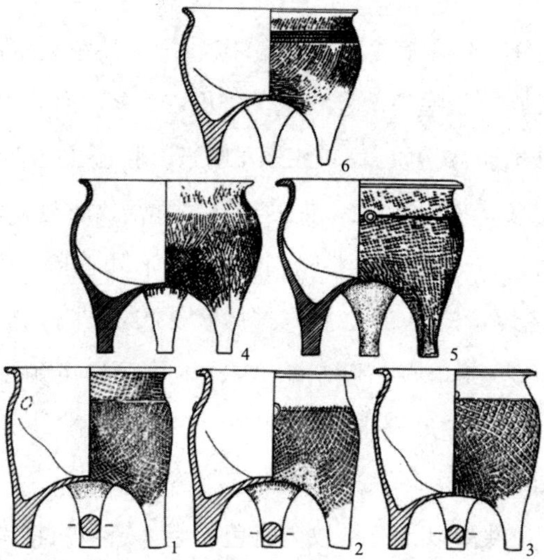

图三 鄂西及邻近地区西周时期陶鬲

1. 庙坪 H7①：1 2. 庙坪 H7②：2 3. 庙坪 H7①：3
4. 双堰塘 H2：2 5. 双堰塘 H5：1 6. 炭河里 05G5⑦：3

与鄂西一带的鬲比较接近。05G5⑦：3，夹砂红陶。卷沿外侈，圆唇，束颈，浅鼓腹，弧裆，高柱足。腹部饰较浅的斜绳纹，肩部饰凹弦纹。口径 26 厘米，腹径 16.6 厘米，高 23.2 厘米（图三，6）。05G5⑦：3 与双堰塘 H2：2 鬲的形制比较接近，年代应为西周末期。

鄂西及邻近地区西周时期的鬲与沣西一带典型的周式鬲有密切的谱系关系，其中最早的下王岗 T4①：45 与周式鬲几无二致。但周式鬲到达这一地区之后逐步开始了异化过程，器形的演变与关中西部典型的周式鬲分道扬镳，而最明显的变化是从西周中期开始形成柱足。

鄂西及邻近地区西周时期的弧裆鬲有一个渐次向南推进的过程：西周早期，这类鬲似乎只达到了汉丹地区与随枣走廊等地；西周中期到达荆山南麓东部的荆州一带；西周晚期偏早阶段到达三峡东段的秭归一带；西周晚期偏晚阶段到达三峡中段的重庆东部的巫山一带；大体在西周末年，出现在湖南中部的宁乡一带。

上述不同区域的鬲各具特色，可能与族群差异或者人群分化有关。

二

随州叶家山墓地是近年江汉地区重要的考古发现，发掘者认为叶家山是“西周早期的一处曾侯家族墓地”[①]，具体地说，“M65 的年代当在西周早期的康昭之际”[②]，M1 的年代“大体当在西周成王或康王时期，M2 的年代大体应在康昭之世，而 M27 的年代似应在昭王晚期或昭穆之际”[③]。这些认识得到了有关专家的肯定[④]，我们认为值得再斟酌。

叶家山 M45 出土的鬲（M45：3），夹细砂灰陶。卷沿外侈，尖圆唇，束颈，腹部略鼓，弧裆，袋状尖锥足，足尖截平。肩部饰六个乳丁，颈部以下饰绳纹。口径 13.5 厘米，腹径 12.6 厘米，高 12.4 厘米（图四，1）。

M65：21，夹细砂红陶。卷沿外侈，圆唇，束颈，鼓腹，弧裆内瘪，矮柱足。腹部饰细密绳纹。口径 16.6 厘米，腹径 16.5 厘米，高 15.8 厘米（图四，2）。

M2：10，夹砂红陶。整体扁胖，卷沿圆唇，肩部略鼓，弧裆，柱足。颈部以下饰细绳纹，底部有烟炱痕迹。口径 16.5 厘米，腹径 14.5 厘米，高 13.5 厘米（图四，3）。另有陶簋和陶壶与其共存。簋

① 湖北省文物考古研究所、随州市博物馆：《湖北随州市叶家山西周墓地》，《考古》2012 年第 7 期。

② 湖北省文物考古研究所、随州市博物馆：《湖北随州叶家山 M65 发掘简报》，《江汉考古》2011 年第 3 期。

③ 湖北省文物考古研究所、随州市博物馆：《湖北随州叶家山西周墓地发掘简报》，《文物》2011 年第 11 期。

④ 李学勤等：《湖北随州叶家山西周墓地笔谈》，《文物》2011 年第 11 期。

M2：17，泥质灰陶。宽沿外侈，腹部较深，圈足外侈。唇部间断分布有右斜刻划纹及凹弦纹，腹上部饰竖向绳纹。壶M2：14，泥质磨光黑皮陶。口部残，弧肩，肩部有一周外突呈盘口形沿，鼓腹，圜底近平，矮圈足外撇。颈部饰三组凹弦纹带，其间布满细密“人”字形刻划纹。

M46：45，夹细砂灰黑陶。口径大于器高，大口，卷沿，尖唇，颈微束，肩部略鼓，弧裆，高柱足。腹部饰较粗绳纹，肩部有六道凹弦纹。底部有烟炱痕迹。复原口径23.8厘米，腹径21.6厘米，高20.4厘米（图四，4）。其形制与M2：10接近。

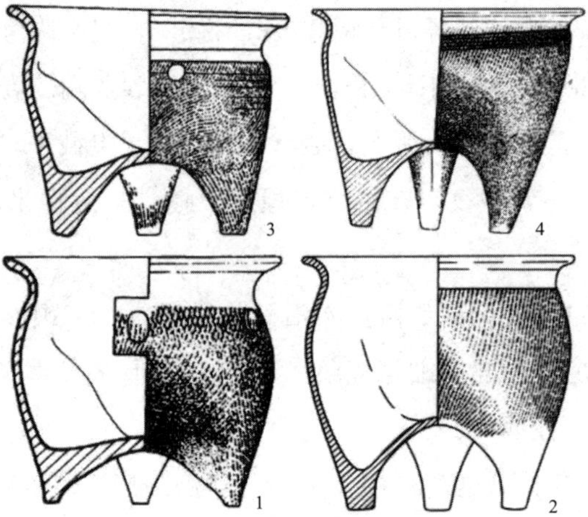

图四　叶家山的陶鬲排序

1. M45：3　2. M65：21　3. M2：10　4. M46：45

叶家山的这四件鬲有明显的变化，主要表现在这样几个方面：整体由近方形变为扁宽；口越来越敞；最大腹径逐步上移，由鼓腹变为鼓肩；弧裆越来越高；由截锥足变为高柱足。这些形态特征的变化表明它们演化了较长时间。

叶家山M45：3这件鬲的造型比较接近黄陂鲁台山H1出土的

鬲[①]。鲁台山 H1 是个比较大的灰坑，口径 2.14 米，底径 0.8 米。灰坑口遭破坏，但保留深度仍达 4.68 米。坑内的堆积分为七层，发掘报告将其归纳为三大层：1 层为上层，2—4 层为中层，5—7 层为下层。上层包括两小层，厚度达 3 米以上，包含有“少量东周时期的鼎足、豆柄等”，应为东周时期的堆积。中、下层出土有多件鬲。

H1 ⑦：2，卷沿外侈，尖唇，沿下附一泥条，束颈，鼓腹，瘪裆，足残。腹部饰竖行细绳纹，上压三周凹弦纹。口径 26 厘米（图五，1）。H1 ⑤：1，卷沿外侈，扁圆唇，束颈，鼓腹，弧裆，锥足根截平。器表饰细绳纹，腹部压三道凹弦纹。整体略显长方。口径 23.6 厘米，高 19.8 厘米（图五，2）。H1 ④：1，卷沿外侈，圆唇，束颈，鼓腹，弧裆，柱足根截平。器表饰细绳纹。整体略显长方。口径 25.6 厘米，高 22.4 厘米（图五，3）。H1 ③：1，卷沿外侈，圆唇，鼓腹，弧裆较高，柱足尖截平，三足内聚。腹部饰绳纹。整体也略似方形。口径 21.6 厘米，高 27.2 厘米（图五，4）。这四件鬲，形制略有变化，主要表现在 H1 ⑤：1 为锥足截平，H1 ④：1 和 H1 ③：1 为矮柱足；沿、唇和裆等部位也相应有一定变化。

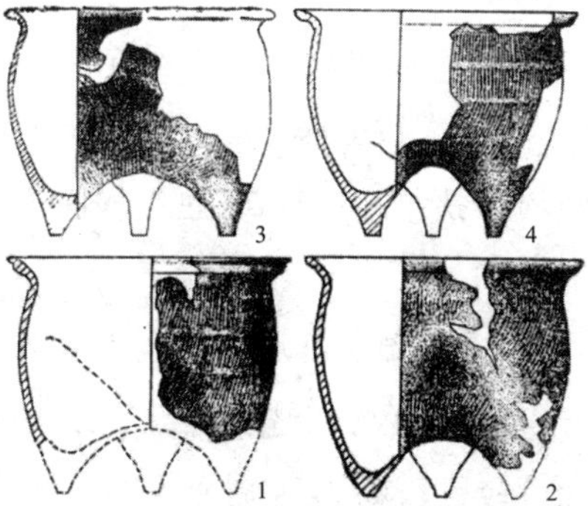

图五　鲁台山 H1 出土陶鬲

1. H1 ⑦：2　2. H1 ⑤：1　3. H1 ④：1　4. H1 ③：1

---

① 黄陂县文化馆、孝感地区博物馆、湖北省博物馆：《湖北黄陂鲁台山两周遗址与墓葬》，《江汉考古》1982 年第 2 期。

叶家山M45：3鬲与鲁台山H1下层出土的H1⑤：1比较接近，它们的整体形态与枣阳毛狗洞H1的鬲有所差别，但具有年代意义的截锥足特征相同，年代应该大体相当，为西周早期偏晚阶段。叶家山M65：21等其他三件柱足鬲则晚于鲁台山H1中、下层出土的鬲：叶家山M65：21与真武山H36：43神似，均为束颈，鼓腹，腹部较深，柱足，年代应该为西周中期；叶家山M2：10、M46：45两件鬲则与真武山H81：15接近，均为敞口，鼓肩，腹部较浅，柱足，年代大致相当于西周晚期。

庙台子与叶家山相距约1公里，是一处与叶家山大体同时的居址[①]。检索庙台子发掘报告，其中归入“西周文化”的鬲应该相当于殷墟文化时期，而发掘报告纳入“春秋时期”的六件鬲应该属于西周时期。

T1③：23，夹砂褐陶。卷沿斜上侈，颈部略束，圆腹，弧裆内瘪，锥足根部略残。器表饰中绳纹，颈部绳纹模糊，腹部饰两周浅宽凹弦纹。整体为方形。口径14.4厘米，腹径18厘米，残高14.2厘米（图六，1）。

T3③：21，夹砂灰陶。折沿外侈，方唇，束颈，鼓腹，弧裆内瘪，柱足，足根平。整体大致呈扁方形。腹部以下饰细绳纹，颈部绳纹抹平，腹部饰两周凹弦纹。口径23厘米，腹径21.5厘米，高21厘米（图六，2）。

T1③：17，夹细砂黑陶。折沿外侈，方唇，束颈，鼓肩收腹，弧裆内瘪，柱足，足根平。整体大致呈扁方形。腹部以下饰细绳纹，上腹部饰三周附加堆纹。口径18.5厘米，腹径20厘米，高17.4厘米（图六，3）。

---

① 武汉大学考古系考古教研室、襄樊市博物馆、随州市博物馆：《西花园与庙台子》，武汉大学出版社1993年版。

T2③：43，夹砂黑灰陶。折沿外侈，方唇，束颈，折肩，最大径在肩部，弧裆内瘪，柱足内收。腹部浅，整体扁宽。腹部以下饰中粗竖绳纹，肩部饰一周凹弦纹。口径12.5厘米，腹径13厘米，高10.4厘米（图六，4）。

T2③：44，夹砂黑灰陶。折沿外侈，方唇，束颈，折肩，最大径在肩部，弧裆内瘪，柱足内收。腹部浅，整体扁宽。腹部以下饰中粗竖绳纹，肩部饰一周凹弦纹。口径13厘米，高10.8厘米（图六，5）。

T1③：30，夹砂灰陶。折沿外侈，方唇，束颈，折肩直腹，最大径在肩部，弧裆，柱足。腹部以下饰绳纹，肩部饰一周附加堆纹。腹部残。口径25厘米，腹径26.4厘米（图六，6）。

庙台子T1③：23的锥足风格与鲁台山H1下层的鬲接近，年代应该接近。其余的鬲虽然造型与叶家山的鬲略有不同，但庙台子T3③：21、T1③：17与叶家山M65：21均为束颈，鼓腹，柱足，而庙台子T1③：30与叶家山M2：10、M46：45大致敞口，鼓肩，柱足，年代应分别相当。

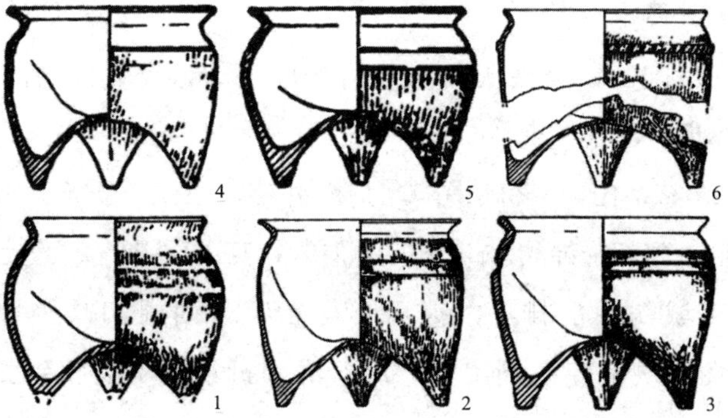

图六　庙台子西周时期陶鬲排序

1. T1③：23　2. T3③：21　3.T1③：17　4.T2③：43　5.T2③：44　6.T1③：30

庙台子的这几件鬲的排序和年代判断似乎并不能得到层位关系的支持，有没有合理性呢？大悟吕王城出土的陶鬲有地层关系可以参考[①]。

吕王城 T5 ⑦：159，夹砂灰陶。卷沿外侈，束颈，鼓腹，弧瘪裆，锥足（足尖残）。器表满饰绳纹，上腹部饰三周凹弦纹。口径 24 厘米，高 23.2 厘米（图七，1）。

T5 ⑤ B：118，夹砂褐陶。折沿外侈，束颈，鼓肩，直壁，弧瘪裆，矮柱足。腹部饰绳纹，肩部饰六周凹弦纹。口径 31 厘米，高 32.4 厘米（图七，2）。

T5 ⑥：147，夹砂灰陶。卷沿外侈，束颈，鼓腹，弧裆深瘪，"柱状袋足"。器表满饰绳纹，腹部饰三周凹弦纹。口径 20 厘米，高 20 厘米（图七，3）。

T5 ⑤：120，夹砂褐陶。折沿外侈，束颈，折肩，收腹，弧裆深瘪，柱足。腹部饰绳纹，肩部饰六周凹弦纹。口径 23 厘米，高 19.6 厘米（图七，4）。

T5 ⑥：137，夹砂褐陶。折沿外侈，束颈，折肩，腹壁近直，弧瘪裆，柱足。肩以下饰绳纹，腹部饰三个扉棱。口径 28 厘米，高 24.5 厘米（图七，5）。

T5 ⑥：138，夹砂灰陶折沿，鼓腹，弧裆，柱足，肩以下饰绳纹。整体近方形（图七，6）。

T5 ⑤ B：121，夹砂褐陶。折沿外侈，束颈，折肩，收腹，弧裆，柱足。腹部饰绳纹。口径 22.4 厘米，高 19.6 厘米（图七，7）。

吕王城陶鬲的排序，揭示了与庙台子西周陶鬲类似的演变趋势：整体从偏瘦高到扁宽；从卷沿到折沿；从圆腹到鼓腹到鼓肩；从锥足到柱足；从颈部有纹饰到颈部素面等。T5 ⑦：159、T5 ⑥：147 到 T5 ⑤：120，这几件鬲的地层关系支持了上述排序，但其余几件鬲则有些矛盾。

---

① 孝感地区博物馆：《湖北大悟吕王城遗址》，《江汉考古》1990 年第 2 期。

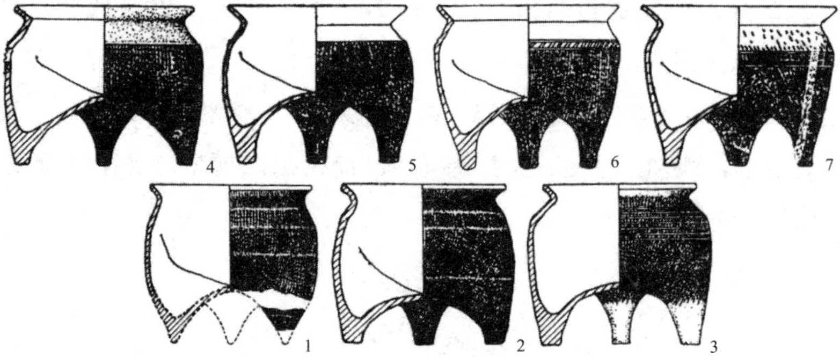

图七 吕王城西周时期陶鬲排序

1. T5⑦：159 2. T5⑤B：118 3. T5⑥：147
4. T5⑤：120 5. T5⑥：137 6. T5⑥：138 7. T5⑤B：121

麻城吊尖一系列遗迹提供了可资参考的层位证据[①]。

吊尖G2出土有鬲、盆、钵等。G2：1，夹砂红陶，局部有黑色烟炱。折沿外侈，尖唇，束颈，鼓腹，弧裆，锥足。器身饰绳纹，肩部有两道抹痕。口径14.4厘米，腹径16.6厘米，高14.6厘米（图八，1）。G2：2，夹砂黑陶。折沿外侈，方唇，束颈，鼓肩，宽弧裆，锥足。器身饰绳纹，肩部有两道抹痕。口径15.6厘米，腹径18厘米，高13.6厘米（图八，2）。G2：4，夹砂黑陶。折沿外侈，圆唇，束颈，鼓腹，宽分裆，柱足。器身饰绳纹，肩部有两道抹痕。口径20.4厘米，腹径22.4厘米，高14.6厘米（图八，3）。

H31出土有鬲、豆、罐等。H31：5，夹砂黑陶。折沿外侈，尖唇，束颈，鼓腹，弧裆，柱足。器身饰细绳纹和凹弦纹。口径20.6厘米，腹径20.2厘米，高18.7厘米（图八，4）。H31：6，夹砂黑陶。卷沿外侈，圆唇，束颈，鼓腹，弧裆，柱足残。器身饰细密绳纹，肩部饰凹弦纹。口径15.6厘米，腹径18厘米（图八，5）。H31：19，夹砂黑陶。卷沿外侈，尖唇，束颈，鼓腹，弧裆，柱足

① 湖北省文物考古研究所、麻城市博物馆：《湖北麻城吊尖遗址发掘简报》，《江汉考古》2008年第1期。

残。器身饰细绳纹和凹弦纹。口径 20.6 厘米，腹径 20.2 厘米，高 18.7 厘米（图八，6）。

H5 也出土有一件鬲。H5：4，夹砂黑陶。折沿外侈，圆唇，束颈，鼓肩，弧裆，柱足。器身饰绳纹。口径 31.2 厘米，腹径 32 厘米（图八，7）。

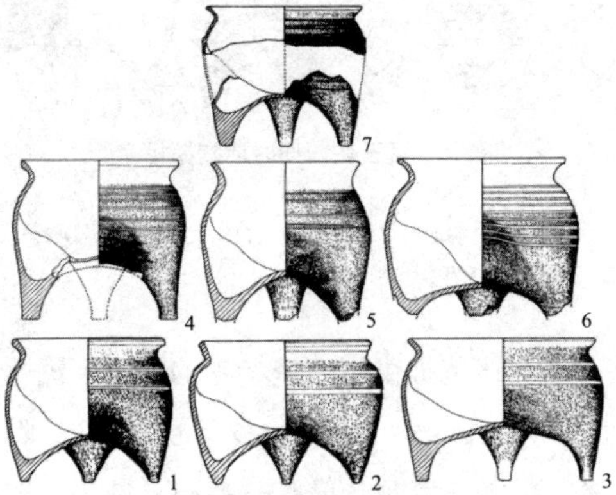

图八　吊尖西周时期陶鬲排序

1. G2：1　2. G2：2　3. G2：4
4. H31：5　5. H31：6　6. H31：19　7. H5：4

吊尖 G2：1 和 G2：2 具截锥足风格，与鲁台山 H1 中、下层出土的鬲比较接近，但 G2：4 具柱足特征，年代应该晚于鲁台山 H1 中、下层出土的鬲，接近或略早于庙台子 T3③：21、T1③：17 这两件鬲。吊尖 H5：4 接近庙台子 T2③：43 和 T2③：44，年代应该差不多。至于吊尖 H31 出土的三件鬲，具小口、鼓腹、柱足特征，可能是庙台子 T1③：23 这类鬲演化的结果，年代当晚于庙台子 T1③：23，大致与庙台子 T3③：21、T1③：17、叶家山 M65：21 鬲接近。吊尖这几个灰坑证明我们对庙台子西周时期鬲的排序有合理性。

汉南纱帽山有更直接的地层关系的证据[①]。

---

① 湖北省博物馆：《汉阳东城垸纱帽山遗址调查》，《江汉考古》1987 年第 3 期。武汉市博物馆、汉南区文化局：《1996 年汉南纱帽山遗址发掘》，《江汉考古》1998 年第 4 期。

纱帽山 DT2⑥c：31，夹砂红褐陶。沿略外侈，束颈，鼓腹，弧裆，足残。腹部饰抹断细绳纹。口径 22.5 厘米，残高 18.5 厘米（图九，1）。

XT1④：43，夹砂褐陶。折沿外侈，鼓肩，收腹，弧裆，柱足。颈部以下饰绳纹，肩部有两道凹弦纹。口径 20 厘米，高 18 厘米（图九，2）。DT2⑥b：85 为鬲，口沿残片，形制大体与 XT1④：43 近似。

DT2⑥a：14，折沿外侈，鼓肩略折，收腹，弧裆，柱足。颈部以下饰绳纹，肩部有一道凹弦纹。口径 15 厘米，高 10.8 厘米（图九，3）。

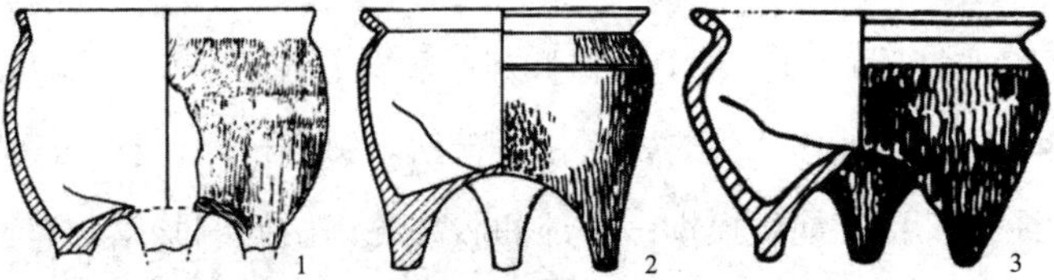

图九　纱帽山西周时期陶鬲排序

1. DT2⑥c：31　2. XT1④：43　3. DT2⑥a：14

纱帽山 DT2⑥c：31 与庙台子 T1③：23、T5⑦：159 类似；纱帽山 DT2⑥b：85 已具折沿、鼓肩的特征，接近庙台子 T2③：43、T2③：44、T1③：30、吊尖 H5：4；纱帽山 DT2⑥a：14 口更敞，肩更折。这一排序得到地层关系的支持，也证明我们对庙台子和吕王城的排序是可靠的。

此外，汉川乌龟山[①]、武昌放鹰台[②]、广水四顾台[③]等遗址也都发现了较多西周时期的陶鬲，大致不出随州庙台子、大悟吕王城、麻城吊

① 湖北省文物考古研究所：《汉川乌龟山西周遗址试掘简报》，《江汉考古》1997 年第 2 期。

② 武汉市博物馆：《洪山放鹰台遗址 97 年度发掘报告》，《江汉考古》1998 年第 3 期。湖北省文物考古研究所：《武昌放鹰台》，文物出版社 2003 年版。

③ 湖北省文物考古研究所：《湖北广水四顾台遗址发掘简报》，《江汉考古》2012 年第 3 期。

尖、汉南纱帽山西周时期陶鬲的范畴。

鄂东北西周时期的陶鬲与鄂西北同时期的陶鬲既有差别，也有联系。西周早期，鄂东北的鬲为圆鼓腹，鄂西北的鬲则为深鼓腹；但均为锥足。到了西周中晚期，鄂东北的鬲向折肩发展，而鄂西北的鬲以鼓肩为特色。这两个地区的鬲走在不同的发展道路上。鄂东北的鬲与大别山东麓以霍邱堰台为代表的遗存中的同类器比较接近[①]。

庙台子的鬲明显属于鄂东北的范畴，叶家山的鬲虽与鄂东北的鬲比较接近，但又始终与鄂东北其他遗址的鬲有所不同，与鄂西北的鬲有些神似。

襄阳邓城附近黄家村H5有弧裆鬲和分裆鬲[②]。弧裆鬲H5：4，夹砂红陶。折沿外侈，尖唇，束颈，鼓肩。弧裆内瘪，柱足。腹部和足饰细绳纹，足上绳纹模糊；肩部和腹部各饰两周凹弦纹。口径16.8厘米，腹径18.4厘米，高16.4厘米（图一〇，1）。黄家村H5：4的形制接近吊尖H5：4、庙台子T1③：30和纱帽山XT1④：43等，年代应该相当于西周晚期。H5出土的陶器有鬲、甗、豆、盂、罐、罍、器盖等，除了鬲有一定特色，其余器物大多具有比较典型的西周文化风格（图一〇）。黄家村位于汉江以东，这件鬲的形制接近鄂东北西周晚期的鬲，与一江之隔的真武山西周晚期的鬲差别较大。

三

苏秉琦先生曾经比较过“楚式鬲”与“殷式鬲”和“周式鬲”

---

① 安徽省文物考古研究所：《霍邱堰台——淮河流域周代聚落发掘报告》，科学出版社2010年版。

② 襄樊市文物考古研究所：《湖北襄樊市黄家村遗址周代灰坑的清理》，《考古》2009年第11期。

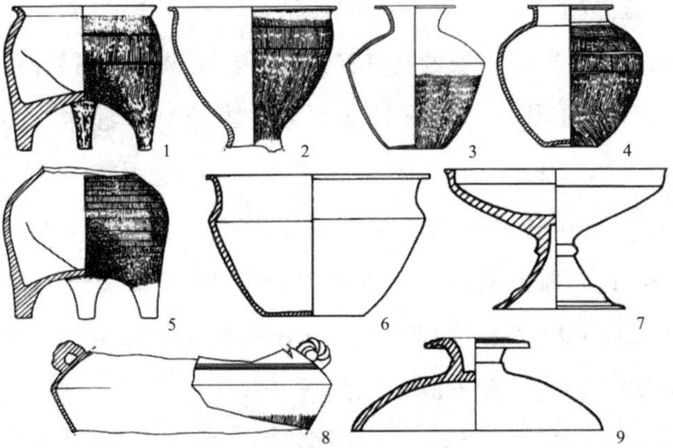

图一〇 黄家村 H5 出土陶器

1. H5：4 2. H5：7 3. H5：2 4. H5：3 5. H5：8
6. H5：1 7. H5：5 8. H5：23 9. H5：42

之间的差别，认为“楚式鬲”的基本结构特征是，器体的腹、底连接在一起，空足由核心与外壳两部分构成，核心部分略呈浅凹顶圆锥体，从器体腹底由里向外穿过底壁，外壳部分略呈空心圆锥体，从器体外面紧紧地裹住核心部分的圆锥体，整个器足犹如从器体里面穿透腹壁的“螺钉”加上从外面再套上去的“螺母”，两部分从器体的内外两面牢牢地粘着在腹壁，足间裆部实际就是器体的腹底；空足很浅，有的甚至若有若无[①]。这是对楚式鬲形制的高度概括。

从形态上观察，江汉地区西周时期的鬲是在“周式鬲”基础上分化出来的，以大口盆形为特征。东周以后大口盆形鬲得以延续；汉西地区出现了小口釜形鬲，往往作为“楚式鬲”的标志。汉水中游、汉水下游以及沮漳河流域东周时期的陶鬲虽有较大共性，但也各具特色。我们主要根据沮漳河流域及其周边地区的陶鬲考察东周时期陶鬲的谱系与形成机制。

① 苏秉琦：《从楚文化探索中提出的问题》，《江汉考古》1982 年第 1 期。引文根据苏秉琦：《楚文化探索中提出的问题——在中国考古学会第二次年会闭幕式上的讲话》，载《苏秉琦考古学论述选集》，文物出版社 1984 年版。

小口釜形鬲

郑家洼ZM6：2，长颈略外侈，圆唇，圆鼓腹，高弧裆，锥状柱足外撇。腹部饰绳纹。口径13.3厘米，腹径19.2厘米，高20.8厘米[①]（图一一，1）。

当阳岱家山80座东周墓葬中只出土了一件鬲（M16：1，报告图一七三，1），唯一的这件鬲即与赵家湖ZM6：2类似[②]。

金家山JM81：2，原报告C型II式鬲，卷沿外侈，束颈，鼓腹，裆部残，柱足。腹部和足饰绳纹。口径13厘米，腹径20厘米，高22.7厘米[③]（图一一，2）。郭家岗第二组T22⑩：1（报告图一六，10）为鬲上部残片，其特征与金家山JM81：2类似，年代相当于春秋早期[④]。郑家洼ZM6：2这类鬲逻辑上应该比金家山JM81：2这类鬲早，但其与西周晚期的鬲明显不同，它的出现有可能是两周之际文化格局变迁的结果，其年代应该不早于春秋早期。

金家山JM113：4，原报告C型IV式鬲，卷沿外侈，矮领，鼓肩，裆部残，柱足。腹部和足饰绳纹。口径15.2厘米，腹径21.4厘米，高19.7厘米（图一一，3）。其形制与郭家岗第四组的H206：2鬲（报告图一六，2）类似，年代大致为春秋晚期。

枣林岗JZM92：1，夹砂陶。折沿斜外侈，圆唇。短颈，鼓肩收腹，弧裆，柱足。肩部饰弦纹，腹部和足饰绳纹。口径12.8厘米，高19.5厘米[⑤]（图一一，4）。其形制大致与郭家岗第五组T18②：2鬲（报告图一六，5）类似，年代大致为战国早期。

---

① 湖北省宜昌地区博物馆、北京大学考古系：《当阳赵家湖楚墓》，文物出版社1992年版。

② 湖北省宜昌博物馆：《当阳岱家山楚汉墓》，科学出版社2006年版。

③ 湖北省宜昌地区博物馆、北京大学考古系：《当阳赵家湖楚墓》，文物出版社1992年版。

④ 武汉大学历史系考古教研室、湖北宜城市博物院：《湖北宜城郭家岗遗址发掘》，《考古学报》1997年第4期。

⑤ 湖北省荆州博物馆：《枣林岗与堆金台——荆江大堤荆州马山段考古发掘报告》，科学出版社1999年版。

枣林岗 JZM85：1，夹砂陶。折沿平外侈，圆唇。短颈，鼓肩收腹，弧裆，柱足。腹部和足饰绳纹。口径 11.4 厘米，高 21.6 厘米（图一一，5）。

雨台山 M59：1，原报告四型 I 式，窄沿略下倾，短颈，鼓肩，收腹，弧裆，三足外撇。腹部与足饰绳纹，上腹部有三道弦纹。腹径 19.5 厘米，高 21.5 厘米[①]（图一一，6）。其口沿沿面下倾是一个明显的年代特征，类似郭家岗第七组 T22②：16 鬲（报告图一五，7），大致相当于战国晚期。

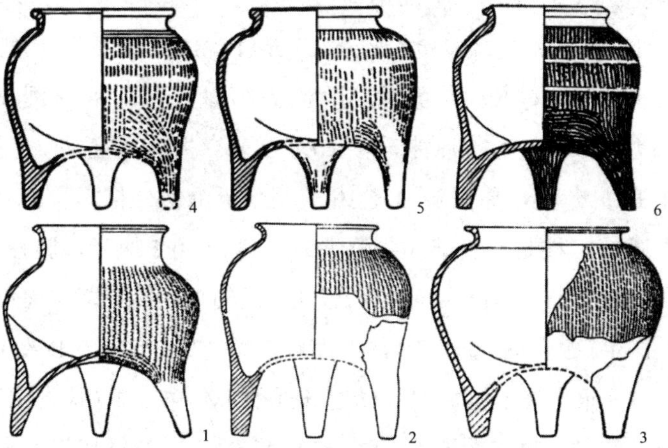

图一一 荆山南麓小口鬲排序

1. 郑家洼 ZM6：2 2. 金家山 JM81：2 3. 金家山 JM113：4
4. 枣林岗 JZM92：1 5. 枣林岗 JZM85：1 6. 雨台山 M59：1

这类鬲的腹部与鄂西三峡地区最具特色的釜非常一致，应该就是这一地区传统特色的釜，加上柱状足构成的。

① 湖北省荆州地区博物馆：《江陵雨台山楚墓》，文物出版社 1984 年版。

大口盆形鬲

赵家塝 ZHM6：10，原报告 B 型 I 式鬲，泥质或加细砂红褐陶。卷沿外侈，圆鼓腹，圜底，柱足，口沿下及腹部饰绳纹，肩部饰凹弦纹。口径 14.7 厘米，腹径 15.1 厘米，高 16.7 厘米[①]（图一二，1）。

金家山 JM7：4，原报告 B 型 III 式鬲，折沿外侈，沿面宽且平，鼓腹，弧裆近平，柱足，腹部饰绳纹。口径 18.1 厘米，腹径 22.5 厘米，高 19.5 厘米（图一二，2）。

金家山 JM65：4，原报告 B 型 II 式鬲，折沿斜外侈，长颈，鼓腹，弧裆近平，柱足。腹部饰绳纹。口径 16 厘米，腹径 17 厘米，高 15.2 厘米（图一二，3）。金家山 JM1：10，原报告 B 型 II 式鬲，折沿斜外侈，长颈，鼓腹，弧裆近平，柱足。腹部饰绳纹。口径 21.5 厘米，腹径 23 厘米，高 20.8 厘米（报告图五四，7）。李家洼子 LM15：3，原报告 D 型 III 式鬲，折沿斜外侈，长颈，鼓肩收腹，弧裆，柱足。腹部和足饰绳纹。口径 20.5 厘米，腹径 23 厘米，高 20.8 厘米（图一二，4）。这几件鬲的形制接近郭家岗第三组 H78：1 鬲（报告图一五，8），年代为春秋中期。原报告 D 型 I 式的 JM93：1（报告图五五，7）、D 型 II 式的 JM107：2（报告图五五，8）、JM30：2（报告图五五，9）与 LM15：3 的特征接近，大致同时或略有早晚[②]。

金家山 JM107：2，原报告 D 型 II 式鬲，灰褐陶。宽折沿平外侈，短直颈，鼓肩收腹，弧裆近平，高柱足。腹部和足饰绳纹。口径 20.7 厘米，腹径 23.4 厘米，高 20.5 厘米（图一二，5）。其形制特征类似郭家岗第四组 H206：1 鬲（报告图一五，11），年代约当春秋晚期。

枣林岗 JZM105：2，夹砂陶。折沿斜外侈，方唇。束颈，鼓肩

① 湖北省宜昌地区博物馆、北京大学考古系：《当阳赵家湖楚墓》，文物出版社 1992 年版。
② 湖北省宜昌地区博物馆、北京大学考古系：《当阳赵家湖楚墓》，文物出版社 1992 年版。

收腹，弧裆，柱足。腹部和足饰绳纹。口径21.6厘米，高20.8厘米[①]（图一二，6）。其形制特征类似郭家岗第五组T16③：2鬲，年代为战国早期。

雨台山M483：7，原报告二型Ⅳ式，折沿平，沿面有凸棱，短颈，鼓腹，弧裆，高柱足。腹部和足饰绳纹，上腹部饰弦纹。腹径22.5厘米，高19.2厘米[②]（图一二，7）。形制特征接近郭家岗第六组T22④：13（报告图一五，14），年代约当战国中期。

望山M1：T138（报告中的B型鬲，应该为鼎），平折沿外侈，方唇，矮颈，鼓肩收腹，弧裆，柱足。腹部饰间断绳纹，裆部和足有刮削痕迹。口径26.8厘米，高20.8厘米[③]（图一二，8）。发掘报告根据铜器、陶器以及简文推测望山M1的年代为战国中期，可以作为对这类陶鬲断代的一个支点。

九店M555：3，折沿外侈下倾，束颈，鼓肩，收腹，弧裆，柱足。沿面有两周凹弦纹，腹部和足饰绳纹，腹部绳纹上有三周抹痕。口径24.8厘米，腹径25.6厘米，高21.2厘米[④]（图一二，9）。其形制特征类似郭家岗第七组T22②：16鬲（报告图一五，7），大致相当于战国晚期。

这一类鬲可以看成是西周时期的大口盆形鬲的延续，但春秋早期的标本明显具有这一地区釜的特色，应该是西周时期大口盆形鬲与鄂西三峡地区传统的釜嫁接的产物。

秭归官庄坪H72出土了多件釜和鬲，能够比较清晰地说明汉西地区东周时期陶鬲的生成机制[⑤]。

---

① 湖北省荆州博物馆：《枣林岗与堆金台——荆江大堤荆州马山段考古发掘报告》，科学出版社1999年版。

② 湖北省荆州地区博物馆：《江陵雨台山楚墓》，文物出版社1984年版。

③ 湖北省文物考古研究所：《江陵望山沙冢楚墓》，文物出版社1996年版。

④ 湖北省文物考古研究所：《江陵九店东周墓》，科学出版社1995年版。

⑤ 国务院三峡工程建设委员会办公室、国家文物局编著，周国平主编：《秭归官庄坪》，科学出版社2005年版。

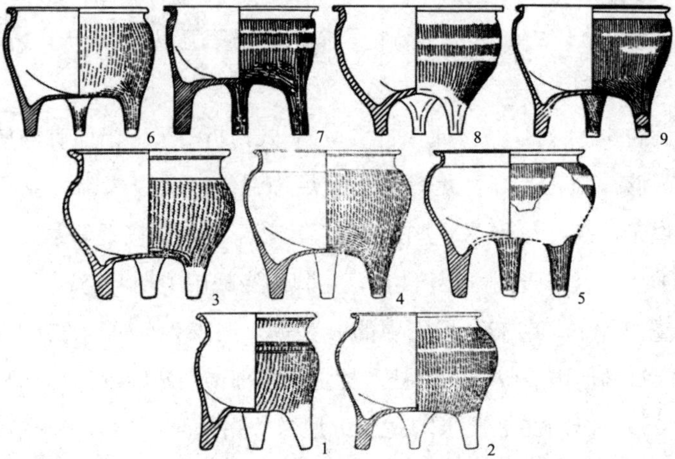

图一二　荆山南麓大口鬲排序

1. 赵家塝 ZHM6：10　2. 金家山 JM7：4　3. 金家山 JM65：4
4. 李家洼子 LM15：3　5. 金家山 JM107：2　6. 枣林岗 JZM105：2
7. 雨台山 M483：7　8. 望山 M1：T138　9. 九店 M555：3

官庄坪 H72 有一件完整的釜（H72：6），夹细砂褐陶。小口，高领，圆腹，圜底。颈部以下饰交错绳纹。口径 12 厘米，腹径 16.6 厘米，高 16.1 厘米（图一三，1）。像郑家洼 ZM6：2 这样的小口鬲（图一三，2）应该就是在这类釜的基础上，安装柱足形成的。

官庄坪 H72 另有一件釜口沿残片（H72：25），夹砂褐陶。卷沿外侈，束颈，鼓腹，下部残。颈部饰中粗绳纹，腹部饰细绳纹。口径 24 厘米（图一三，3）。发掘报告将这件器物定为鼎，估计是因为这件口沿残片与 H72 中的一件鼎口沿特征相似。这件鼎（H72：7）为夹砂褐陶。唇外侈，束颈，圆鼓腹，圜底，柱状实足。颈部以下饰竖粗绳纹。口径 14 厘米，腹径 16.4 厘米，高 20.1 厘米（图一三，4）。H72：7 这件鼎确实与 H72：25 残口沿的形态接近，应该是在釜的基础上，安装柱状实足形成的。

H72 也有一件与 H72：7 鼎的腹部特征非常近似的鬲（H72：8）。

H72：8，夹砂褐陶。卷沿外侈，方唇，沿面略呈盘口形。束颈，鼓肩，收腹，圜裆，柱足外撇。腹部饰粗竖绳纹，颈部绳纹抹平，肩部有一道弦纹。口径14.4厘米，腹径17.2厘米，高19.2厘米（图一三，6）。H72：8鬲应该就是在釜上安装三个带足窝的柱足形成的。这一生成机制能够充分说明像赵家塝ZHM6：10（图一三，5）这类大口鬲是如何形成的。

H72：14这件鬲，口径介入盆形鬲和釜形鬲之间，圜底，整体特征介入盆形鬲和釜形鬲之间，更接近釜形鬲。H72：14，夹砂红褐陶。卷沿平外侈，方唇，束颈，鼓肩，收腹，圜裆，柱足略残。口径22.2厘米，腹径27.2厘米，高21.2厘米（图一三，7）。这件鬲具有釜形鬲的基本特征，但腹部变得扁宽，已然也略具盆形鬲的风格。

H72：5，夹砂褐陶。卷沿斜外侈，方唇，束颈较长，鼓肩，收腹，圜裆近平，柱足。口径26厘米，腹径27.4厘米，高27.4厘米（图一三，8）。这件鬲的形制应是盆形鬲和釜形鬲的结合，整体风格更接近盆形鬲。

H72：10，夹砂褐陶。折沿外侈，方唇，沿面呈盘口形。颈部较长，鼓肩，收腹，裆以下残。腹部饰中粗竖绳纹，肩部有两道弦纹。口径25.4厘米，腹径27.2厘米（图一三，9）。H72：13，夹砂褐陶。卷沿外侈，方唇。颈部较长，鼓肩，收腹，弧裆，柱足略外撇。腹部饰中粗竖绳纹，肩部有两道弦纹。口径27.8厘米，腹径28.3厘米，高27.3厘米（图一三，10）。这两件鬲算得上比较典型的盆形鬲，其形制特征类似郭家岗第四组H206：1鬲（报告图一五，11），年代约在春秋时代晚期。

官庄坪H72揭示了汉西地区东周时期陶鬲的生成机制，甚至浓缩了其演化过程。

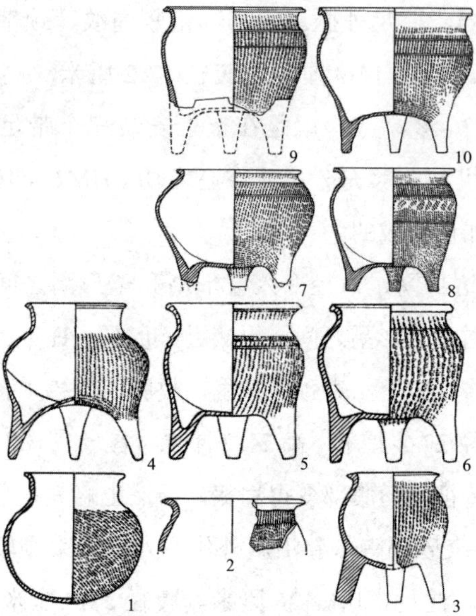

图一三　楚式鬲的生成

1. 官庄坪 H72：6　2. 官庄坪 H72：25　3. 官庄坪 H72：7　4. 郑家洼 ZM6：2
5. 赵家塝 ZHM6：10　6. 官庄坪 H72：8　7. 官庄坪 H72：14　8. 官庄坪 H72：5
9. 官庄坪 H72：10　10. 官庄坪 H72：13

四

鄂东北地区东周时期的陶鬲发现不多。

庙台子 H1：4，夹砂红陶。卷沿外翻，尖唇，束颈，鼓肩，收腹，弧瘪裆，柱足。腹部及足饰绳纹，腹部饰凹弦纹，肩部压印一周粗绳纹。口径 45 厘米，腹径 41.5 厘米，高 40 厘米[①]（图一四，2）。

① 武汉大学考古系考古教研室、襄樊市博物馆、随州市博物馆：《西花园与庙台子》，武汉大学出版社 1993 年版。

云梦楚王城H11有多件陶鬲，其堆积分为上下两层，两层的陶鬲略有不同[①]。楚王城H11下：3，夹砂褐灰陶。卷沿外侈，唇缘下侧较厚形成棱，颈部略束，鼓肩，收腹，弧裆，矮柱足略残。器表饰绳纹，肩部有两道弦纹。口径43厘米，腹径38厘米，高39厘米（图一四，1）。楚王城H11上：1，腹部为泥质灰陶，足为夹砂褐灰陶。卷沿外侈，方唇，束颈，鼓肩，下腹急收，弧裆，高柱足外撇。器表饰绳纹，颈部绳纹抹去，肩部有两道弦纹。口径36厘米，腹径34.5厘米，高33厘米（报告图三，5，图版贰，4）。

楚王城H11下：3鬲与庙台子H1：4基本相同。从叶家山M2：10和M46：45鬲到楚王城H11下：3、庙台子H1：4，既有比较连贯的承继关系，也有明显的质变点：庙台子H1：4足窝变深，更像截锥足。这种质变点的存在，反映了文化性质的某种质变，我们将其与文化从西周时期到东周时期的变迁联系起来应该是合理的。另外楚王城H11下：3和庙台子H1：4鬲的唇部下面较厚，形成棱状，与真武山H75：1等春秋早期鬲的沿唇特征接近[②]。由此既可以判定楚王城H11下：3和庙台子H1：4大致相当于春秋早期，也可以进一步证明叶家山M2：10和M46：45大致相当于西周晚期。

庙台子H2：1，夹砂红陶。卷沿，方唇，颈较长，鼓肩，弧瘪裆，柱足。腹部及足饰绳纹，肩部饰两周凹弦纹。口径22.6厘米，腹径21.6厘米，高22.8厘米（图一四，3）。

庙台子T3②：23，泥质灰陶。卷沿，方唇，颈较短，鼓肩，弧瘪裆，柱足。腹部及足饰较粗绳纹，肩部饰三周凹弦纹。口径23厘米，腹径23.4厘米，高22.6厘米（图一四，4）。

庙台子T1②：19，夹细砂灰陶。卷沿，圆唇，颈较短，鼓肩，

---

① 云梦县博物馆：《云梦楚王城H11清理简报》，《江汉考古》1996年第4期。

② 湖北省文物考古研究所、襄樊市博物馆：《湖北襄樊真武山周代遗址》，载《考古学集刊》（9），科学出版社1995年版。

弧瘪裆，柱足，足根略残。腹部及足饰绳纹，肩部饰三周凹弦纹。口径24厘米，腹径26.2厘米，残高24厘米（图一四，5）。

从口径大于腹径到口径接近腹径到口径小于腹径；颈部也由长逐步变短，这三件鬲总体应该晚于庙台子H1∶4，大致相当于春秋中晚期。

鲁台山M4∶1，夹砂褐红陶。窄沿平外折，方唇，束颈，鼓腹，弧裆，柱足。腹部饰绳纹。口径23.6厘米，高21.6厘米（图一四，6）。鲁台山M16∶3，夹砂灰陶，足为红陶。窄沿平外折，沿面有凹槽，束颈，鼓腹，弧裆，柱足。腹部饰粗绳纹。口径23.6厘米，高21.6厘米（图一四，7）。这两件鬲均为窄沿平外折，风格接近郭家岗第六组H204∶1鬲（报告图一五，13），与鲁台山M4∶1共存的双耳罐M4∶5（报告图九，6）接近郭家岗第六组的J4∶1（报告图二一，2），年代大致为战国中期。

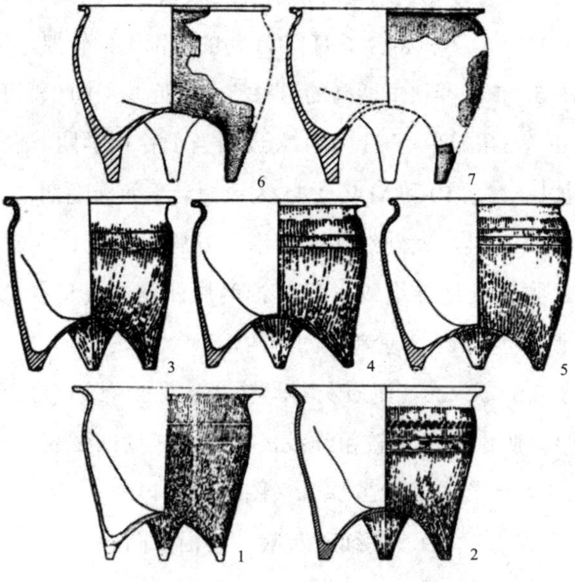

图一四　汉东地区春秋时期陶鬲排序

1. 楚王城H11下∶3　2. 庙台子H1∶4　3. 庙台子H2∶1　4. 庙台子T3②∶23　5. 庙台子T1②∶19　6. 鲁台山M4∶1　7. 鲁台山M16∶3

枣阳郭家庙M19有两件陶鬲[①]。M19：8，夹砂灰陶。卷沿外侈，圆唇，束颈，鼓肩收腹，弧瘪裆，截柱足。腹部饰竖绳纹。口径20厘米，腹径22.4厘米，高18.4厘米（图一五，1）。M19：9，夹砂红陶。折沿较宽，平外侈，圆唇。束颈，鼓腹，宽弧裆略瘪，截柱足。颈部以下饰竖绳纹。口径25.2厘米，腹径25.6厘米，高22厘米（图一五，2）。

两件鬲的形制有所不同：M19：8沿斜上侈，M19：9沿平外侈；M19：8颈部束得很厉害，而M19：9颈部内束程度轻；M19：8鼓肩收腹，M19：9为鼓腹。这两件鬲也有明显的共性：口径比较大，足为介于锥足和柱足之间的截柱足。M19：8的整体形态与宜城郭家岗H109：1接近，年代应该为两周之际。郭家庙M19：9可以看成是由M19：8这类鬲分化而来。

周台G4：1大致接近郭家庙M19：9。G4：1夹砂灰陶。沿外翻，圆唇，无颈，鼓腹，弧裆内瘪十分厉害，矮截锥状柱足。口沿以下饰竖绳纹，颈中部绳纹模糊，上腹部有两道抹痕。口径30.4厘米，高29.2厘米[②]（图一五，3）。

郭家庙M15出土的一件陶鬲（M15：2），腹部和裆部残，残存部分的形制与M19：9接近，唯最大径略微上移，年代或稍晚（图一五，4）。周台H8②：1与其接近。H8②：1，夹砂灰陶。折沿外翻，束颈，鼓肩，弧裆稍内瘪，矮柱足。颈以下饰绳纹，肩部饰一周附加堆纹。口径43.2厘米，高41.2厘米（图一五，5）。

郭家庙M17：37，夹砂红陶。卷沿外侈，沿面较平，圆唇，束颈较长，鼓腹，弧瘪裆，矮柱足。腹部饰竖绳纹。口径22.4厘米，腹径24.2厘米，高20.4厘米（图一五，6）。这类鬲的长颈风格与汉西地区春秋中期前后的鬲类似。

---

① 襄樊市考古队、湖北省文物考古研究所、湖北孝感高速公路考古队：《枣阳郭家庙曾国墓地》，科学出版社2005年版。

② 襄樊市文物考古研究所、枣阳市文物考古队：《枣阳周台遗址发掘报告》，载襄樊市文物考古研究所编：《襄樊考古文集》（第一辑），科学出版社2007年版。

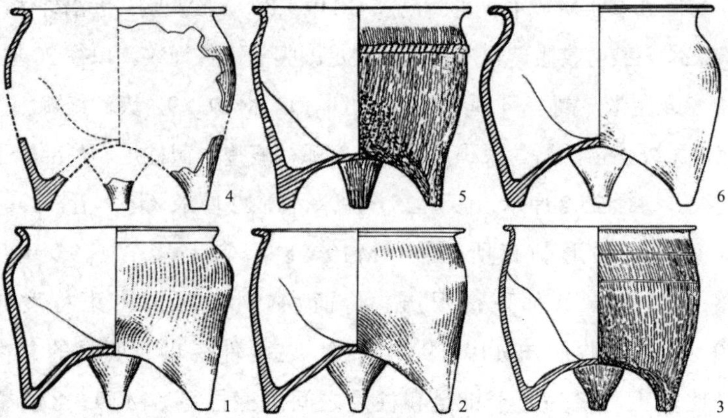

图一五　郭家庙与周台陶鬲排序

1. 郭家庙 M19：8　2. 郭家庙 M19：9　3. 周台 G4：1
4. 郭家庙 M15：2　5. 周台 H8②：1　6. 郭家庙 M17：37

鄂东北春秋时期的鬲与西周时期的鬲之间承继关系比较明显。随枣走廊西段的枣阳一带发现的郭家庙、周台等遗址中的鬲与叶家山的鬲有比较密切的谱系关系。

五

鄂东南及相邻的皖西南、赣西北发掘的两周时期遗存不多。蕲春毛家咀遗址 1958 年进行过小面积发掘，公布了一组陶鬲，大致可以揭示这一地区两周时期主要的陶鬲谱系[①]。这些鬲可以做如下排序：

I 4/5：3：36，折沿斜外侈，溜肩略呈直颈状，鼓腹，弧裆，圆柱形足外撇。颈部饰平行凹弦纹，腹部饰绳纹。口径 20 厘米，残高 18 厘米（图一六，1）。这件鬲的形制大致接近叶家山 M45：3，年

① 中国科学院考古研究所湖北发掘队：《湖北蕲春毛家咀西周木构建筑》，《考古》1962 年第 1 期。

代应该相当于西周早期。

Ⅱ 7/1 ：3 ：27，折沿斜外侈，溜肩略呈直颈状，鼓腹，弧裆，圆柱形足外撇。颈部饰平行凹弦纹，腹部饰绳纹。口径 18 厘米，高 18 厘米（图一六，2）。这件鬲的形制接近庙台子 T3 ③ ：21 和 T1 ③ ：17，年代大致为西周中期。九江神墩 85J1 ：1 鬲与这件鬲差不多[1]。

Ⅲ 9/1 ：3 ：4，折沿斜外侈，溜肩略呈直颈状，鼓腹，弧裆，圆柱形足外撇。颈部饰平行凹弦纹，腹部饰绳纹。口径 22.5 厘米，高 21 厘米（图一六，3）。这件鬲的形制接近庙台子 T2 ③ ：43 和 T2 ③ ：44，年代应相当于西周晚期。

Ⅰ 24/3 ：3 ：28，折沿斜外侈，溜肩略呈直颈状，鼓腹，弧裆，圆柱形足外撇。颈部饰平行凹弦纹，腹部饰绳纹。口径 19 厘米，高 19.5 厘米（图一六，4）。九江神墩 84T1 ② C ：1 鬲大致与这件鬲差不多。根据排序，可以推知这两件鬲大致相当于春秋早期。

Ⅲ 9/1 ：3 ：1，折沿斜外侈，直口，高颈，腹略鼓，弧裆，圆柱形足略外撇。颈部饰平行凹弦纹，腹部饰绳纹。口径 21.2 厘米，高 21.6 厘米（图一六，5）。这件鬲具有的高领特征与鄂西地区春秋中期陶鬲的直领颇为神似，年代应该相当。

Ⅱ 12/2 ：3 ：10，折沿外侈，直口，颈腹分界不明显，腹壁近垂直，弧裆，圆柱形足略外撇。上腹部饰平行凹弦纹，下腹部饰粗绳纹（图一六，6）。

Ⅲ 8/1 ：3 ：3，折沿平外侈，直口，腹壁近垂直，下腹略鼓，弧裆，圆柱形足略外撇。上腹部饰平行凹弦纹，下腹部饰绳纹。口径 26 厘米，高 23.2 厘米（图一六，7）。

Ⅱ 12 ：3 ：6，折沿外侈，腹部略鼓，平裆，柱足外撇。颈部饰平行凹弦纹，腹部饰粗绳纹。口径 14.4 厘米，高 15.6 厘米（图

① 江西省文物工作队、九江市博物馆：《江西九江神墩遗址发掘简报》，《江汉考古》1987 年第 4 期。

一六，8）。湖南中部宁乡炭河里05G5⑥：46鬲接近毛家咀的这件鬲[①]。炭河里05G5⑥：46，夹砂灰褐陶。卷沿外侈，方唇，颈微束，筒腹微鼓，足窝浅，平裆，高柱足。腹部饰交错绳纹，肩部饰多道凹弦纹。口径26厘米，腹径24.8厘米，高24.4厘米（图一六，9）。

Ⅲ3/2：2A：29，折沿斜上侈，短颈，鼓肩，收腹，弧裆，柱足残。腹部饰粗绳纹。口径13.2厘米，高15.2厘米（图一六，10）。这件鬲与其余的鬲差别较大，应该与它们不是同一谱系的鬲，其所具有的折沿斜上侈特征，与枣林岗JZM105：2等鄂西地区战国早期陶鬲的特征相同。毛家咀Ⅱ12：3：6和炭河里05G5⑥：46鬲虽然与这件鬲是不同谱系的鬲，但口沿具有的沿斜上侈的风格却是一致的，表明毛家咀Ⅱ12：3：6和炭河里05G5⑥：46这两件鬲的年代也应该为战国早期。

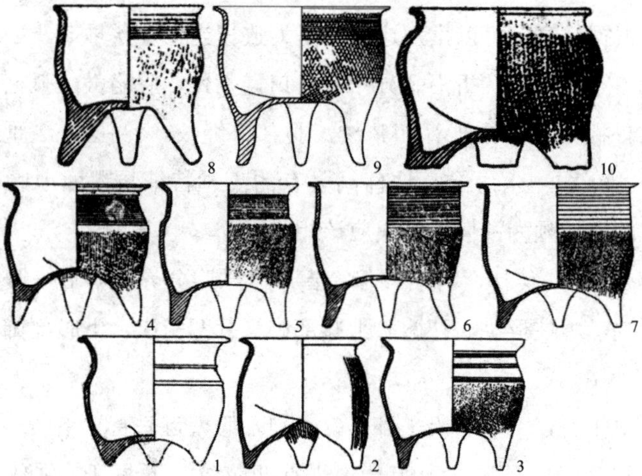

图一六　毛家咀陶鬲排序

1. Ⅰ4/5：3：36　2. Ⅱ7/1：3：27　3. Ⅲ9/1：3：4
4. Ⅰ24/3：3：28　5. Ⅲ9/1：3：1　6. Ⅱ12/2：3：10　7. Ⅲ8/1：3：3
8. Ⅱ12：3：6　9. 炭河里05G5⑥：46　10. Ⅲ3/2：2A：29

① 湖南省文物考古研究所、长沙市考古研究所、宁乡县文物管理所：《湖南宁乡炭河里西周城址与墓葬发掘简报》，《文物》2006年第6期。

鄂东南一带两周时期的鬲很有特色，自成谱系。与江汉地区的其他区域类似，西周早期的鬲与周文化有密切联系，西周中期以后走上独立发展的道路，春秋时期尤其特色鲜明，应该形成了一种独特的考古学文化。战国早期之后，汉西地区的鬲进入这一地区。

六

两周时期在江汉地区还存在以分裆为特征的商式鬲。

襄阳小马家 H3：1，腹部夹细砂黑陶，足部为夹细砂红陶。卷沿外侈，叠唇，微束颈，腹部略鼓，分裆，足残。肩部饰两道凹弦纹，腹部饰水波状竖绳纹。口径 25.6 厘米，残高 24.4 厘米[①]（图一八，1）。这件鬲具分裆特征，但也显现出敞口风格，可以看成是分裆鬲与弧裆鬲融合的结果，年代大体相当于西周早期。

近年发掘的房县孙家坪发现多件分裆鬲，以 H6 尤为集中[②]。H6：4，夹砂褐陶。折沿外侈，圆唇，束颈，鼓腹，腹较浅。分裆，裆线明显，高至肩部。足窝近三角形，柱足部分残。腹部饰交错绳纹，肩部饰凹弦纹。口径 21.2 厘米，腹径 22.4 厘米（图一七，1）。H6：5，夹砂黑皮红陶。折沿外侈，圆唇，束颈，鼓肩，腹较深。从线图看，应为分裆，裆线不明显，足窝大而浅，柱足。腹部与足饰交错中粗绳纹，肩部饰浅凹弦纹。口径 18.6 厘米，腹径 19.6 厘米，高 22.2 厘米（图一七，2）。H6：6，夹砂褐陶。折沿外侈，尖唇，束颈，鼓腹，腹较深。从线图看，应为分裆，裆线不明显，柱足。腹部

---

① 襄樊市文物考古研究所、襄阳区文物管理处：《襄樊黄集小马家遗址发掘简报》，载襄樊市文物考古研究所编：《襄樊考古文集》（第一辑），科学出版社 2007 年版。

② 湖北省文物考古研究所：《湖北房县孙家坪遗址发掘简报》，《江汉考古》2012 年第 3 期。

与足饰交错中粗绳纹，肩部饰一周附加堆纹。口径 24 厘米，腹径 26 厘米，高 32.2 厘米（图一七，3）。H6：11，夹砂褐陶。折沿外侈，圆唇，束颈，鼓腹，腹较深。从线图看，仍应为分裆，裆线不明显，足残。腹部与足饰交错中粗绳纹，肩部饰不规则浅凹弦纹。口径 19 厘米，腹径 20.8 厘米（图一七，4）。H6：9，夹砂黑皮红陶。折沿外侈，圆唇，束颈，鼓肩，深腹。从线图看，腹底明显尖突，裆线明显，具有斝的遗风。足窝大而浅，柱足。腹部与足饰交错中粗绳纹，肩部饰四道凹弦纹。口径 15.5 厘米，腹径 15.8 厘米，高 15.6 厘米（图一七，5）。

H6 也有一些弧裆鬲。H6：7，夹砂黑皮红陶。折沿外侈，束颈，鼓肩，腹较深。弧裆，柱足。腹部与足饰交错中粗绳纹，颈部饰浅凹弦纹，肩部饰一周附加堆纹。口径 29.6 厘米，腹径 29.6 厘米，高 34 厘米（图一七，6）。H6：10，夹砂褐陶。折沿外侈，束颈，鼓腹。弧裆，足残。腹部与足饰粗绳纹，颈部饰三道浅凹弦纹，肩部饰一周附加堆纹。口径 12.8 厘米，腹径 14.3 厘米（图一七，7）。

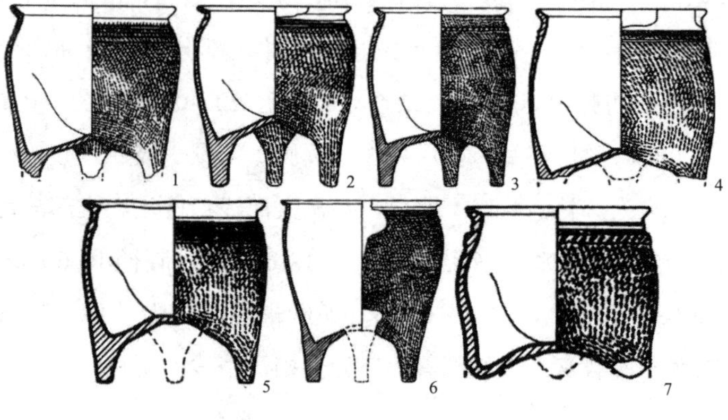

图一七　孙家坪 H6 出土陶鬲

1.H6：4　2.H6：5　3.H6：6　4.H6：11　5.H6：9　6.H6：7　7.H6：10

这七件鬲以分裆鬲为主，也有一些弧裆鬲；袋足窝较深，但足根均为柱足；腹部饰交错绳纹，肩部饰凹弦纹，但也有一些鬲保留在肩部饰附加堆纹的做法。简报推定其年代为西周中期，大致可信。

襄阳黄家村 H5 也有一件分裆鬲残片（H5：40），夹砂褐陶，深瘪裆，足窝深，腹部及足上部饰绳纹，足下部有削痕[①]（图一八，2）。如前文所论，黄家村 H5 的年代大致为西周晚期。

巫山双堰塘 T429⑤A：21 鬲，夹砂灰褐陶。平折沿，瘦腹长身，分裆，柱足。腹足部饰绳纹，颈部隐约可见绳纹，肩部间饰凹弦纹。口径 18 厘米，腹径 18.4 厘米，高 22 厘米[②]（图一八，3）。这件鬲明显具直颈特征，年代或晚至春秋时代早期。

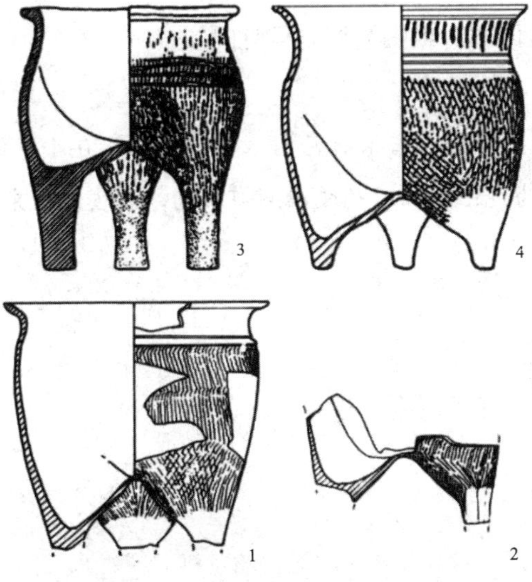

图一八　江汉地区两周时期的分裆鬲

1. 小马家 H3：1　2. 黄家村 H5：40　3. 双堰塘 T429⑤A：21　4. 炭河里 05G5⑥：38

---

① 襄樊市文物考古研究所：《湖北襄樊市黄家村遗址周代灰坑的清理》，《考古》2009 年第 11 期。

② 中国社会科学院考古研究所长江三峡工作队、巫山县文物管理所：《巫山双堰塘遗址发掘报告》，载重庆市文物局、重庆市移民局编：《重庆库区考古报告集·1997 卷》，科学出版社 2006 年版。

宁乡炭河里也出土有分裆鬲[①]。05G5⑥：38，夹砂黑褐陶。卷沿敞口，圆唇，长颈，鼓腹，分裆微瘪，矮柱足。腹部饰绳纹，肩部饰凹弦纹。口径20.6厘米，腹径19.2厘米，高21.5厘米（图一八，4）。前面已经判定炭河里05G5⑥：46的年代大致不晚于战国早期，可作为判定05G5⑥：38年代的依据。

这些分裆鬲应该是商式鬲在江汉地区的延续，说明到西周时期以后，商文化在江汉地区并没有完全湮灭，而是有传承。在有些遗址中，这类分裆鬲只是零星存在，但孙家坪H6这样的单位则充分证明商人作为族群仍然存在。我们曾经论证过宝山遗址的分裆鬲延续到西周时期[②]，孙家坪H6这类遗存则证明宝山遗址并非孤例。

江汉地区两周时期陶鬲谱系详见附图。

（原载于《中国陶鬲谱系研究》，故宫出版社2014年版。发表时为统一体例，论文标题有改动，现恢复原来的题目）

---

① 湖南省文物考古研究所、长沙市考古研究所、宁乡县文物管理所：《湖南宁乡炭河里西周城址与墓葬发掘简报》，《文物》2006年第6期。

② 余西云：《巴史——以三峡考古为证》，科学出版社2010年版。

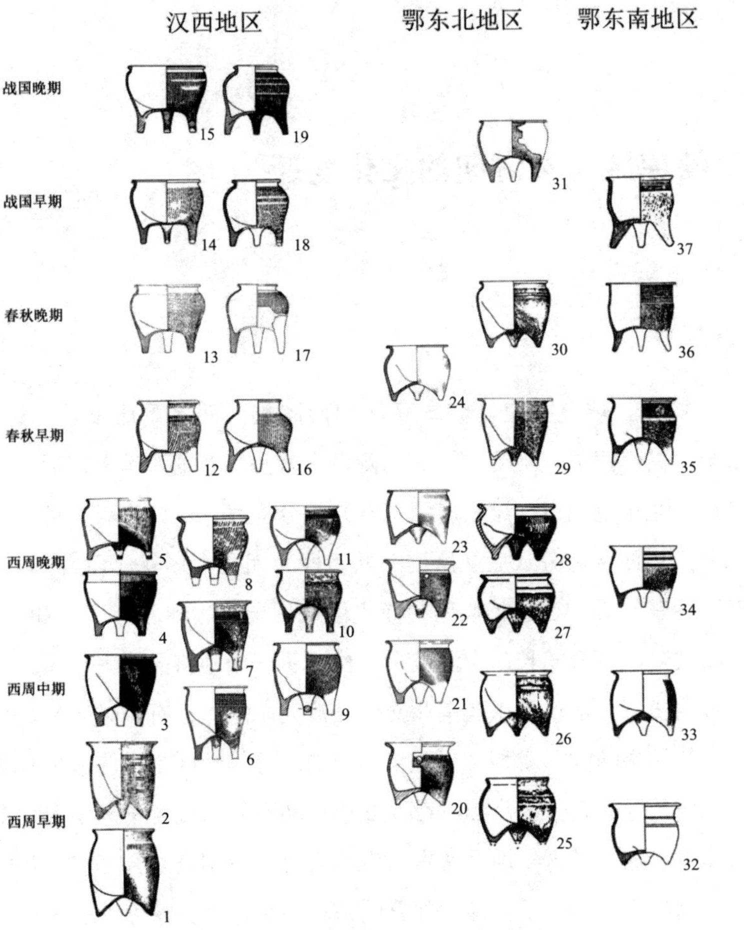

附图　江汉地区两周时期陶鬲谱系简图

1. 下王岗 T4①：45　2. 毛狗洞 ZMH1：1　3. 真武山 H36：4　4. 真武山 H81：15　5. 郭家岗 H109：1　6. 荆南寺 T3③：31　7. 荆南寺 G2：1　8. 荆南寺 H1：11　9. 庙坪 H7①：3　10. 双堰塘（H5：1）　11. 炭河里 05G5⑦：3　12. 赵家塝 ZHM6：10　13. 李家洼子 LM15：3　14. 枣林岗 JZM105：2　15. 九店 M555：3　16. 郑家洼 ZM6：2　17. 金家山 JM113：4　18. 枣林岗 JZM92：1　19. 雨台山 M59：1　20. 叶家山 M45：3　21. 叶家山 M65：21　22. 叶家山 M2：10　23. 郭家庙 M19：8　24. 郭家庙 M17：37　25. 庙台子 T1③：23　26. 庙台子 T3③：21　27. 庙台子 T2③：44　28. 纱帽山 DT2⑥a：14　29. 楚王城 H11 下：3　30. 庙台子 T1②：19　31. 鲁台山 M4：1　32. 毛家咀 I4/5：3：36　33. 毛家咀 II7/1：3：27　34. 毛家咀 III9/1：3：4　35. 毛家咀 I24/3：3：28　36. 毛家咀 II12/2：3：10　37. 毛家咀 II12：3：6

三峡库区先秦时期的文化变迁

长江三峡包括瞿塘峡、巫峡和西陵峡，西起重庆奉节白帝城，东至宜昌南津关。巫山主峰的东侧自古就有“楚蜀鸿沟”之谓，今天仍是湖北与重庆市（过去属四川省）的分界线。以此为界，可以将三峡分为东西两部分（后文所谓三峡东段、西段大体就此而言）。三峡库区除三峡外，还包括峡西的淹没区（后文简称峡西区）。三峡库区山高坡陡，谷短峡长，支流较多，构成了一个独特的地理空间。在大多数情况下，这里是东西南北文化交流的廊道，但有的时候又是易守难攻的军事咽喉，成为文化融合的屏障。这一地区是中国最早开展考古工作的地区之一。从 20 世纪 80 年代初开始，配合葛洲坝水利工程的建设，加大了这一地区考古工作的力度。特别是配合三峡水利枢纽工程的建设，集中了全国大部分的考古力量，对三峡库区的古代文化遗存进行了全面系统的抢救，获得了极为丰富的考古资料，一些材料已经陆续发表。在这一背景下，对已有的考古资料进行系统、综合的整理、分析和解读是一件紧迫而有意义的工作。故不揣浅陋，对这一工作进行尝试，旨在抛砖引玉。

一、遗存的排序与分类

（一）

中原地区的煤山文化楔入长江中游地区，形成石板巷子类型，标志着夏王朝对这一地区的介入[①]。这一事件可作为我们讨论三峡库区先秦文化的起点。三峡库区与石板巷子类型性质接近的是以白庙为代表的遗存[②]。与白庙遗存年代大体相当的遗存有：下岸 T5 ③ B、T6 ③B 等[③]，大坪T1 ③[④]，柳林溪第④层[⑤]，魏家梁子T3 ③[⑥]，锁龙T307 第④层、F1、第③层等[⑦]，哨棚嘴 97ZGST403 ⑩等[⑧]。

---

① 白云：《关于“石家河文化”的几个问题》，《江汉考古》1993 年第 4 期。

② 白庙遗址经过多次发掘：湖北宜昌地区博物馆、四川大学历史系考古专业：《湖北宜昌白庙遗址试掘简报》，《考古》1983 年第 5 期。湖北省宜昌地区博物馆：《白庙子遗址第二次试掘简报》，《中原文物》1988 年第 2 期。三峡考古队：《湖北宜昌白庙遗址 1993 年发掘简报》，《江汉考古》1994 年第 1 期。湖北省文物考古研究所：《1985—1986 年宜昌白庙遗址发掘简报》，《江汉考古》1996 年第 3 期。该简报中包含了少量石板巷子类型的典型器物，如鼎（T12 ⑤：3、69）、釜（T12 ⑤：57）。但从其形态上看，较石板巷子的同类器的腹部矮扁，其年代可能晚于石板巷子类型，大体与共存的白庙遗存为同一年代的遗存。

③ 国家文物局三峡考古队：《湖北宜昌县下岸遗址发掘简报》，《考古》1999 年第 1 期。

④ 三峡考古队：《宜昌大坪遗址发掘简报》，《江汉考古》1994 年第 1 期。

⑤ 湖北省文物考古研究所：《湖北秭归县柳林溪遗址 1998 年发掘简报》，《考古》2000 年第 8 期。

⑥ 中国社会科学院考古研究所长江三峡考古工作队：《四川巫山县魏家梁子遗址的发掘》，《考古》1996 年第 8 期。

⑦ 成都市文物考古工作队、巫山县文物管理所：《巫山锁龙遗址发掘简报》，载重庆市文物局、重庆市移民局编：《重庆库区考古报告集 · 1997 卷》，科学出版社 2001 年版。

⑧ 北京大学考古文博院三峡考古队、重庆市三峡库区田野考古培训班忠县文物管理所：《忠县㽘井沟遗址群哨棚嘴遗址发掘简报》，载重庆市文物局、重庆市移民局编：《重庆库区考古报告集 · 1997 卷》，科学出版社 2001 年版。

上述遗存可分为三类：

A 类：以白庙为代表，包括下岸 T5③B、T6③B，大坪 T1③，柳林溪第④层等。其主要器类组合包括盘口深直腹罐、圆腹罐、间断绳纹高领罐、圈足盘、粗柄豆、平底钵、碗形器盖、刻槽钵等（图一）。

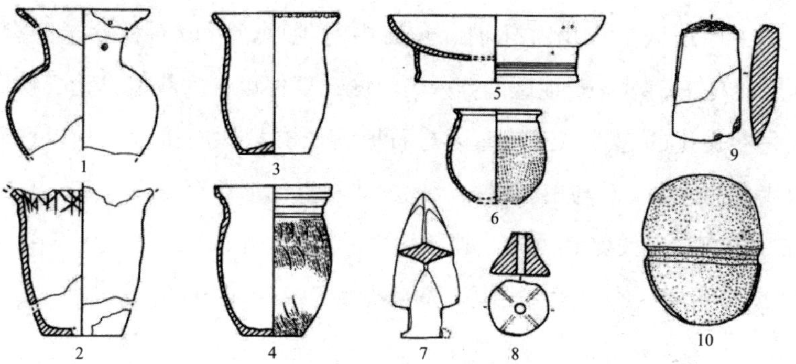

图一　柳林溪遗址出土的“白庙遗存”器物

1. 陶壶（T1016⑤：77）　2. 陶刻槽杯（T1215④：21）　3. 陶罐（T1215④：7）　4. 陶罐（T1117④：23）　5. 陶盘（T1115④：14）　6. 陶罐（T1115④：13）　7. 石矛（T1016④：12）　8. 陶纺轮（T1316④：9）　9. 石斧（T1016④：11）　10. 陶网坠（T1017④：3）

B 类：以哨棚嘴 97ZGST403⑩等为代表。其主要器类为沿唇外饰绳切纹的盘口罐、花边口深直腹罐、盘口壶、敛口钵等。

Ab 类：魏家梁子 T3③，锁龙 T307 第④层、F1、第③层等既有与 A 类遗存接近的内容，如高领罐、圈足盘、碗形器盖等，但也有与 B 类遗存接近的内容，如花边口沿罐等，在文化内涵上有一定的过渡性，但整体更接近 A 类遗存。

A 类遗存均分布在三峡东段；Ab 类遗存魏家梁子等位于三峡西段；B 类遗存见于峡西地区。

这一时期的遗存与此前的文化相比较，三峡东段的文化有明显变化；峡西地区的文化相对稳定。以哨棚嘴遗址一期为代表的遗存，除了以97ZGST101⑤、97ZGST403⑩等为代表的遗存外，还包含了更早时期的遗存，其器群组合基本稳定。报告编写者将其命名为哨棚嘴文化，是合理的。

（二）

近年在奉节县老关庙遗址（以第三次发掘的T1—T5④为代表）发现了一类新的文化遗存[①]，发掘者将其命名为老关庙下层文化[②]。同类遗存有万州中坝子H28为代表的遗存[③]。中堡岛中区第⑦层大体也应与这类遗存年代相当[④]。

老关庙T4④出土器物有夹粗砂罐的口沿和底、缸、锥形的缸底和夹细砂的罐和罐底、盆、钵、豆、壶和泥质的壶等。

中坝子H28出土有尖底杯（H28：3，报告称为角形杯），夹细砂红褐陶，质地粗糙，器壁厚。唇沿有压印纹，腹饰稀疏绳纹。卷沿深腹罐（H28：11），夹砂红陶。沿下饰稀疏斜绳纹。深腹平底钵（H28：10，报告称为碗），夹细砂红褐陶。饰稀疏交错绳纹。

中堡岛中区⑦出土的陶器有釜、深腹平底罐、浅腹平底罐、圜底罐、圜底小罐、盆、平底钵、盖等（图二）。

---

① 吉林大学考古学系、四川省文物考古研究所：《奉节县老关庙遗址第三次发掘》，载《四川考古报告集》，文物出版社1998年版。

② 赵宾福、王鲁茂：《老关庙下层文化初论》，载《四川考古论文集》，文物出版社1996年版。

③ 西北大学考古队、万州区文物管理所：《万州中坝子遗址发掘报告》，载重庆市文物局、重庆市移民局编：《重庆库区考古报告集·1997卷》，科学出版社2001年版。

④ 国家文物局三峡考古队：《朝天嘴与中堡岛》，文物出版社2001年版。

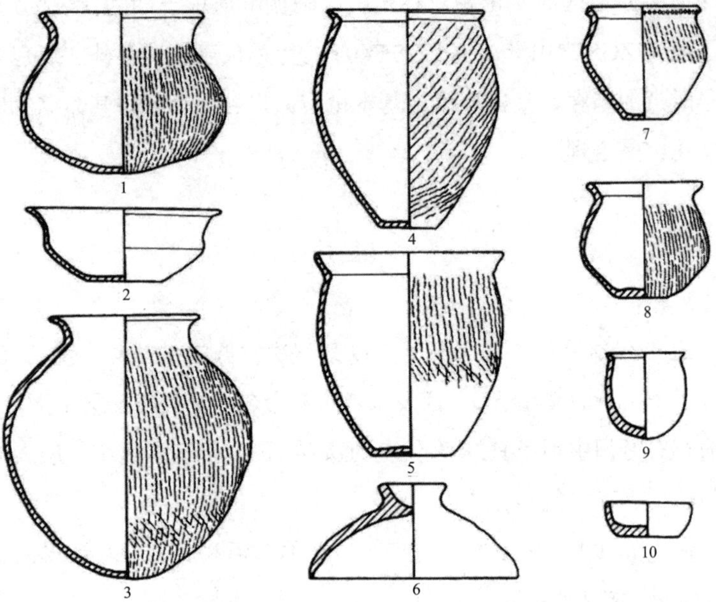

图二　中堡岛中区第⑦层出土陶器

1. T0504 ⑦：24　2. T0205 ⑦：38　3. T0504 ⑦：35　4. T0801 ⑦：102　5. T0303 ⑦：38　6. T1101 ⑦：17　7. T0504 ⑦：116　8. T0404 ⑦：16　9. T0704 ⑦：30　10. T0305 ⑦：402

从文化面貌看，这些遗存主要可分为两类：

A 类：以中堡岛中区⑦为代表。其器类组合包括卷沿釜、深腹平底罐、浅腹平底罐、圜底罐、圜底小罐、盆、平底钵、盖等。

B 类：以老关庙下层 T4 ④为代表，包括中坝子 H28 等遗存。代表性的器形有夹粗砂的罐、口沿加厚的直口缸、锥形的缸底和夹细砂的深腹罐、口沿饰波浪纹的折沿盆、敞口钵、豆、喇叭口壶和泥质的壶等。

两类遗存的差别比较明显，A 类遗存以圜底的釜罐为特色，B 类遗存以平底罐为特色，B 类遗存引人注目的尖底缸不见于 A 类遗存。A 类遗存可能主要分布在三峡东段；B 类遗存的典型遗存老关庙位于瞿塘峡西口，表明此类遗存可能主要分布在三峡西段和峡西地区。

（三）

以朝天嘴东区T5—7⑥层为代表的遗存是三峡地区较早辨识出来的一种考古学文化，但学术界对其内涵、年代等方面的认识一直比较模糊。大体同期的遗存有：中堡岛中区第⑥、⑤层[①]，沙湾M1[②]，中坝子98CWZM7、ⅡT0704④、H4，哨棚嘴97ZGSTT404⑫、H61等。

中堡岛中区第⑥、⑤层

根据中堡岛图九、图十的地层剖面图，可知中堡岛中区采用了大地层的方法，也就是说，报告中不同探方的相同层位是对应的。具体来看，有些探方并不完全对应。如T0704⑤发表的陶器有一件尖底杯（T0704⑤：18，报告图一〇五，14）和一件豆形器残柄（T0704⑤：131，报告图一〇三，13），其中的尖底杯并不见于这一时期的其他遗存，多见于下一阶段的遗存中，其年代可能要晚于其他探方的第⑤层[③]。

中堡岛的这类遗存可以看出一定的演变，从演变趋势又明显分为两群。

甲群，包括釜、深腹罐、中腹罐等。

釜

Ⅰ H17：3（报告图九九，2），卷沿敞口，圆腹，圜底；

Ⅱ T0107⑤：21（报告图九九，3），卷沿敞口，腹较深，底残。

---

① 国家文物局三峡考古队：《朝天嘴与中堡岛》，文物出版社2001年版。

② 宜昌博物馆：《秭归沙湾遗址发掘简报》，载《三峡考古之发现（二）》，湖北科学技术出版社2000年版。

③ 中堡岛东区诸探方的“商时期”遗存绝大部分应晚于中区的“商时期”遗存，大体可晚至与路家河第二期遗存相当的年代。但其中的T1④所出的一件鬶（T1④：2）则显示出较早形态，不仅早于东区其他“商时期”遗存，甚至也早于中区出土的两件鬶（T0503⑥：489、T0502⑤：174）。另外中区的“商时期”遗存中也有一些遗存可晚至东区“商时期”遗存相当的年代，如T0704⑤：18尖底杯等。

比较来看，前者口径较小，后者口径较大；前者腹较圆鼓，后者腹较深。这一演变趋势也可以得到T0504⑦：24的佐证，T0504⑦：24的口径更小，腹部更扁。

深腹罐

I T0704⑥：20（报告图一〇〇，14）。

II H8：7（报告图一〇一，2）。

中腹罐

I T0602⑥：3（报告图一〇〇，3）。

II H8：9（报告图一〇〇，4）。

甲群器物的基本演变趋势，可以概括为整体造型从较矮到稍高。

乙群，包括大口小平底罐、豆形器、喇叭形纽器盖等。

大口小平底罐

A 圆肩

I T1001⑥：398（报告图一〇二，1）、T0704⑥：16（报告图一〇二，2）。

II T0801⑤：103（报告图一〇二，9）、T0702⑤：15（报告图一〇二，10）。

B 折肩

I T1001⑥：399（报告图一〇二，11）、H17：8（报告图一〇二，12）。

II T0503⑤：582（报告图一〇二，3）。

豆形器

I T1001⑥：404（报告图一〇三，6）。

II T0703⑤：19（报告图一〇三，7）。

喇叭形纽器盖

I T0703⑥：186（报告图一〇六，5）。

II T0703⑤：187（报告图一〇六，6）。

乙群器物的基本演变趋势，可以概括为整体造型从较高到稍矮。

上述器物的排序说明这类遗存还可以进一步分组。

I 诸探方第⑥层、开口于⑤层下的 H17 等单位。

II 诸探方第⑤层（T0704 ⑤除外）、H8。

朝天嘴东区 T5—7 ⑥

从其中的豆（形器）盘的形态看，接近中堡岛 II 组的同类器；大口圆肩小平底罐的整体形态接近中堡岛 AII 式大口小平底罐或更矮。另有大口小平底罐（T6 ⑥：26，报告图三四，5）的底部已经呈现出尖圜底的迹象，接近路家河遗址的同类器。这些现象说明朝天嘴东区 T5—7 ⑥的年代略晚于中堡岛 II 组（图三）。

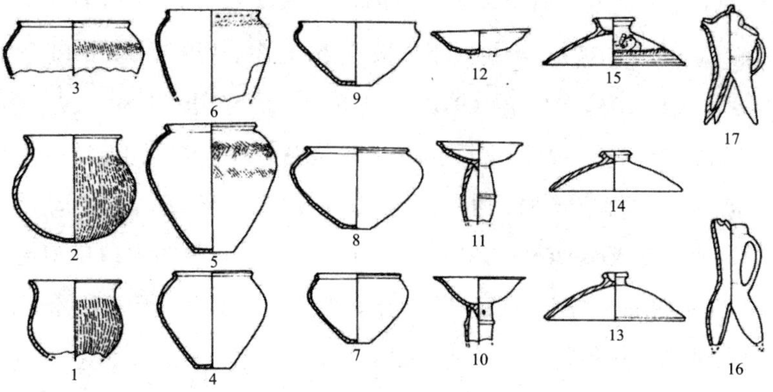

图三　朝天嘴文化的分期

1. 釜（中堡岛 H17：3） 2. 釜（中堡岛 T0107 ⑤：21） 3. 釜（朝天嘴 T6 ⑥：96）
4. 深腹罐（中堡岛 T0704 ⑥：20） 5. 深腹罐（中堡岛 H8：7） 6. 深腹罐（朝天嘴 T7 ⑥：53）
7. 大口小平底罐（中堡岛 T0704 ⑥：16） 8. 大口小平底罐（中堡岛 T0702 ⑤：15）
9. 大口小平底罐（朝天嘴 T5 ⑥：6） 10. 豆形器（中堡岛 T1001 ⑥：404）
11. 豆形器（中堡岛 T0703 ⑤：19） 12. 豆形器（朝天嘴 T7 ⑥：42）
13. 器盖（中堡岛 T0703 ⑥：186） 14. 器盖（中堡岛 T0703 ⑤：187）
15. 器盖（朝天嘴 T7 ⑥：15） 16. 盉（毛溪套） 17. 盉（朝天嘴 T7 ⑥：9）

沙湾 M1

出土的器物有鬶（M1：8）、高柄豆（M1：2，残柄）、大口广肩小底罐（M1：5）、罐（M1：9、M1：1、M1：10）、领罐（M1：7）。其中的大口广肩小底罐（M1：5）、绳纹罐（M1：1）的形态接近中堡岛Ⅰ组的同类器，其年代应相去不远。

中坝子

M7的随葬品有3件磨制石器和3件大口广肩小平底罐。其中两件大口广肩小平底罐（M7：5、M7：6）的形态接近中堡岛Ⅱ组的同类器。另外，H4出土有深腹罐（H4：4）、豆形器（H4：1）、喇叭形纽盖（H4：3）等，其中深腹罐和豆形器的形态分别接近中堡岛H8：7和朝天嘴T6⑥：21（报告图三六，1），年代应与M7相去不远。

哨棚嘴97ZGSTT404⑫等

哨棚嘴97ZGSTT404⑫发表的出土器物有泥质红褐陶的大口广肩罐（97ZGSTT404⑫：17，报告称为盆，“或称为小口平底钵”）、夹砂红褐陶的瓮（97ZGSTT404⑫：15，报告称为盆）、盉（97ZGSTT404⑫：21，夹砂黑灰陶，从图上看，类似小口罐）、豆形器（“或称灯座形器、喇叭形器”，97ZGSTT404⑫：18，泥质褐陶）、夹砂黄褐陶罐（97ZGSTT404⑫：14）。其中的大口广肩罐折沿特征不明显，与中堡岛的同类器差别较大，接近朝天嘴东区T5—7⑥的同类器，年代应接近朝天嘴东区T5—7⑥。

上述几处遗存的器类组合大同小异，说明这个阶段遗存的区域分化不太明显。这类遗存与成都平原的三星堆文化有较大共性。有的研究者将其纳入三星堆文化的范畴[①]。但三峡库区的这类遗存不见三星堆文化的一些典型器类，如甗、腰沿盆等，而有较多釜、罐一类器物不见于三星堆文化。所以大多数研究者倾向于命名为一种新的文化，且有多种不同的名称，本文将以朝天嘴东区T5—7⑥为代表的这类遗存径称为“朝天嘴文化”。

---

① 孙华：《峡江地区的先秦文化》，载《四川盆地的青铜时代》，科学出版社2000年版。

根据前面的分析，中堡岛中区第⑥、⑤层遗存从器物的演变可以分为两群：

甲群，包括釜、深腹罐、中腹罐，可能还有鬶等。

基本演变趋势可以概括为整体造型从较矮到稍高。

乙群，包括大口小平底罐、豆形器、喇叭形纽器盖等。

基本演变趋势可以概括为整体造型从较高到稍矮。

在同一类遗存中的器物遵循着不同的演变规律，可能反映了制作者具有不同的文化背景：甲群基本延续了本地的文化传统；乙群则显示出与四川盆地三星堆文化的联系。

（四）

以路家河遗址第二期为代表的遗存往往纳入以朝天嘴东区T5—7⑥为代表的遗存的范畴[①]，但实际上器类组合不同。同类遗存见于三斗坪[②]、杨家嘴[③]、长府沱[④]、新铺（浦）[⑤]，同期遗存还见于石沱[⑥]。

路家河遗址二期

路家河二期的陶器以夹砂褐红陶为主（占65.6%），泥质黑灰陶

---

① 长江水利委员会：《宜昌路家河——长江三峡考古发掘报告》，科学出版社2002年版。

② 湖北省文物考古研究所：《1985~1986年三峡坝区三斗坪遗址发掘简报》，载国家文物局三峡工程文物保护领导小组编著：《三峡考古之发现（二）》，湖北科学技术出版社2000年版，第477—496页。

③ 三峡考古队第三组：《湖北宜昌杨家嘴遗址发掘简报》，《江汉考古》1994年第1期。

④ 宜昌市博物馆：《三峡库区秭归长府沱商代遗址发掘》，载国家文物局三峡工程文物保护领导小组编著：《三峡考古之发现（二）》，湖北科学技术出版社2000年版，第400—421页。

⑤ 吉林大学考古学系：《四川奉节县新浦遗址发掘报告》，《考古》1999年第1期。吉林大学考古学系、奉节县白帝城文物管理所：《奉节新铺遗址发掘报告》，载重庆市文物局、重庆市移民局编：《重庆库区考古报告集·1997卷》，科学出版社2001年版，第160—178页。

⑥ 北京市文物研究所三峡考古队、涪陵区博物馆：《涪陵石沱遗址发掘报告》，载重庆市文物局、重庆市移民局编：《重庆库区考古报告集·1997卷》，科学出版社2001年版，第713—757页。

次之（占 24.82%），另有夹砂红陶（占 7.02%）、夹砂灰陶（1.24%）、泥质红陶（0.98%）和极少的硬陶（0.34%）。绝大多数陶器饰有纹饰，其中以绳纹为大宗，还有方格纹、米粒纹、几何拍印纹、附加堆纹、刻划纹、戳印纹、弦纹、镂孔等。器形以圜底器为主，占 70%；尖底器占 15%；圈足器占 7%；另有少量平底器和三袋足器。

陶器可以做如下排序：

尖底罐（主要包括原报告 Cb 型罐、A 型杯中的标本）

Ⅰ T8⑤：20（报告图三二，3）、T9⑦：46（报告图三二，5）。上述标本均属原报告的 Cb 型罐，大口、卷沿、广肩，腹部较浅，底部残，从原报告的 Cb 型罐采：279 这件标本看，其底部为尖圜底。

Ⅱ T8④：46（报告图四三，3）、T7⑤：1、2、31（报告图四三，1、2、4）、T4⑩：6（报告图四三，6）。这些标本均属原报告 Aa Ⅰ、Ⅱ杯，大口，卷沿斜侈，领较高，小平底。

Ⅲ T5⑤：43（报告图四三，15）、T5③：8（报告图四四，4）、H1：54（报告图四四，1）、T2③：32（报告图四五，13）。

此类器物的演变趋势为口从大到小，底从尖圜底到尖底，整体造型从矮到瘦高。

T8④、⑤的层位关系指示了器物的演变方向。

大口罐

Ⅰ T9⑦：6（报告图二六，1）。

Ⅱ T8④：3（报告图二一，3），T7⑤：81、82（报告图二一，1、2）。

Ⅲ T3③：18（报告图一九，10）、T5③：6（报告图二〇，2）。

此类器物的演变可以看出的是从鼓肩到溜肩。

小口罐

Ⅰ T9⑦：33（报告图二四，5）、T9⑦：5（报告图二七，3）。

Ⅱ T7⑤：12（报告图二七，6）、T4⑩：2（报告图二四，4）。

Ⅲ H1：8（报告图二八，3）、H2：3（报告图二七，19）、T5④：5。

此类器物的演变为从鼓肩到溜肩，整体从较矮到较瘦高。

高领罐

Ⅰ T9⑦：2（报告图五〇，1）。

Ⅱ T7⑤：61（报告图三三，2）。

Ⅲ H2：7（报告图三五，3）。

三件标本均为残口沿，可以看出演变趋势为从鼓肩到溜肩。

根据上述排序及遗存的组合关系，可以将所涉及的单位分为三组（图四）：

Ⅰ T8⑤、T9⑦。

Ⅱ T8④、T7⑤、T4⑩。

Ⅲ T3③、T5⑤、T5③、H1、H2。

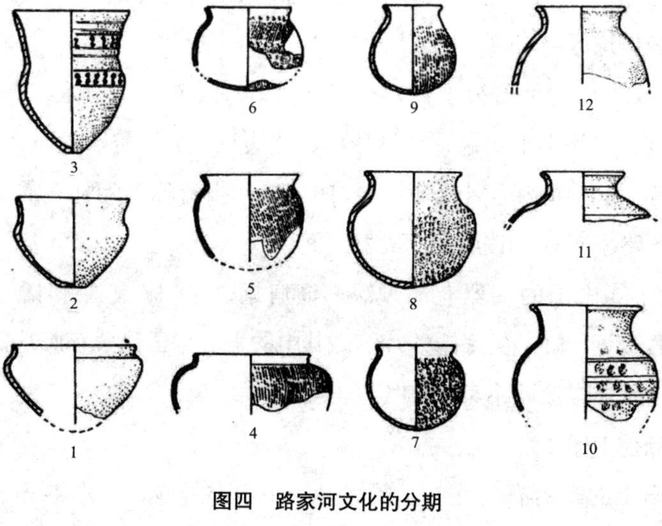

图四　路家河文化的分期

1. 尖底罐（T9⑦：46）　2. 尖底罐（T7⑤：1）　3. 尖底罐（T5⑤：43）　4. 大口罐（T9⑦：6）　5. 大口罐（T8④：3）　6. 大口罐（T3③：18）　7. 小口罐（T9⑦：5）　8. 小口罐（T4⑩：2）　9. 小口罐（H2：3）　10. 高领罐（T9⑦：2）　11. 高领罐（T7⑤：61）　12. 高领罐（H2：7）

三斗坪

T5④C 出土的陶器有大口尖圜底罐（T5④C：5）、大口小平底罐（T5④C：4）、器盖（T5④C：11）、纺轮（T5④C：2）等。其中的大口尖圜底罐的形态接近路家河 I 组同类器。

T5④A 出土的陶器有卷沿圜底釜（T5④A：21、23、10、11、12、19）、深腹尖底罐（T5④A：17、14）、豆形器柄（T5④A：41）、器盖（T5④A：38）、纺轮（T5④A：2、5）等。其中的深腹尖底罐的形态接近路家河 III 组的尖底罐。

三斗坪出土的器物与层位都进一步证实路家河的排序。

杨家嘴

T2⑤出土的陶器有釜、罐、盆、尖底罐（T2⑤：117，报告称羊角杯）等。其中尖底罐的形态接近路家河 II 组同类器。

T2④出土的陶器有釜、罐、瓮、盆（T2④：422，报告称罐）、尖底罐等。其中的尖底罐形态接近路家河 III 组同类器。

长府沱

H9 出土的陶器很丰富，有卷沿大口罐、卷沿小口罐、高领罐、缸、壶、深腹小平底罐、豆形器柄、假腹豆、釜、瓮、盆、残盖纽、器耳等。其中的深腹小平底罐（H9：79，报告称为陶杯）的形态大体介于路家河 II、III 组的同类器之间。

T1③出土的陶器有高领罐、溜肩罐、大口罐、中口罐、折肩罐、假腹豆、缸、尖底罐残片等。其中的尖底罐虽只残存腹片，但可以看出其形态接近路家河 III 组同类器。

新浦 IIIG1

出土的陶器有尖底杯、罐、钵、小口高领壶、灯形器等。其中尖底杯的形态接近路家河 II 组同类器。

石沱

T1311⑩出土的陶器有尖底盏、罐（T1311⑩：4、7、8（报告称缸）、壶等。另有一件卷沿罐口沿，应为尖底罐（T1311⑩：5，报告称为小平底盆），其口沿形态大体接近路家河I组同类器。

T1311⑨出土有两件口沿（T1311⑨：1），报告称为小平底盆，应为尖圜底或小平底罐，其口沿形态接近路家河II组同类器。

上述遗存大致亦可分为两类：

A类，以路家河二期遗存为代表，包括三斗坪、长府沱、杨家嘴和新浦等。

B类，石沱。

A类遗存的陶器绝大多数有纹饰，B类遗存绝大多数为素面；A类遗存的器类组合中以圜底釜为大宗，釜占全部器类的60%以上；B类遗存的残片中釜和罐难以完全区分，但这些口沿所占比例有限。A类遗存中很有特色的尖底厚胎缸、假腹豆、鬲、鬶似乎都不见于B类遗存。B类遗存中颇有特色的尖底钵不见于A类遗存。

当然，两类遗存也有部分相同的成分，如尖圜底罐、豆形器、喇叭口罐等。这些器类构成B类遗存的主体，在A类遗存中相对较少。通过这些器类可以将三峡库区的这一时期与成都平原的十二桥文化联系起来。

（五）

以路家河H4为代表的遗存。

路家河H4

“坑口位于T9⑥层之下，并打破⑦层”，出土的陶器有鼎（H4：1，报告图六六，1；H4：7，报告图六七：1）及釜、罐口沿残片。

这类遗存以鼎为特色，颇不同于这一地区的前后遗存。

报告将第三期遗存分为两段，H4和T9⑥属第一段。检索第二段的材料，主要器类有鬲、甗、罐、盂、盆及釜等，不见有鼎，其基本的器类组合与H4不同。不应该看成同类性质的遗存。报告将第三期遗存定性为“周梁玉桥类型文化”，似有不妥。倒是H4似乎确与分布在江汉平原的梅槐桥一类遗存有较为密切的联系[①]。

（六）

以双堰塘T112②为代表[②]，包括哨棚嘴97ZGST431⑤等。

双堰塘T112②层

出土的陶器有花边口沿罐、罐、鬲、豆、盆、钵等。鬲的口沿特征为“折沿、侈口”，但外折内卷，折沿特征比较接近卷沿。

哨棚嘴97ZGST431⑤

出土有尖底杯、罐（97ZGST431⑤：7，报告称为釜；97ZGST431⑤：6）、敛口圜底钵等。

（七）

以跳石“周代”遗存为代表[③]，包括小溪口T1④[④]，官庄坪

① 湖北荆州地区博物馆、北京大学考古系：《湖北江陵梅槐桥遗址发掘简报》，《考古》1990年第9期。

② 中国社会科学院考古研究所长江三峡工作队、巫山县文物管理所：《巫山双堰塘遗址发掘报告》，载重庆市文物局、重庆市移民局编：《重庆库区考古报告集·1997卷》，科学出版社2001年版。双堰塘发掘报告将这类遗存的年代定为西周中晚期，所断年代似乎偏早。

③ 南京博物院考古研究所、巫山县文物管理所：《巫山跳石遗址发掘报告》，载重庆市文物局、重庆市移民局编：《重庆库区考古报告集·1997卷》，科学出版社2001年版，第65—99页。

④ 湖北省文物考古研究所：《宜昌县小溪口遗址发掘简报》，《江汉考古》1994年第1期。

T1⑥、H3[①]，上磨垴T7⑥、T2⑤等[②]，双堰塘诸探方④层，老关庙T4③等，哨棚嘴H34，塘房坪“夏商时期”遗存[③]等。

跳石“周代”遗存

跳石G1出土的陶器有鬲、盆、豆、钵、罐（G1：11、12，报告称为瓮）、高领罐、矮领罐、敛口罐（G1：17，报告称为子口罐）、缸等。跳石G1出土的这组陶器无论鬲、盆，还是高领罐、矮领罐，其口沿均具折沿上侈的特征，显示了鲜明的特色（图五）。

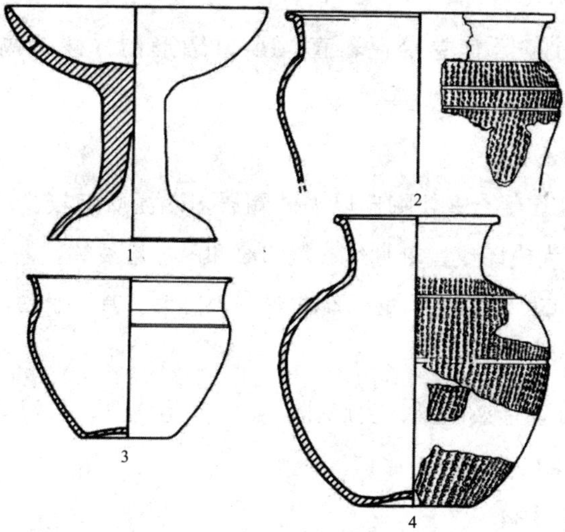

图五 跳石“周代”遗存中的陶器

1. 豆（T0301⑥：17） 2. 鬲（G1：3） 3. 盆（G1：6） 4. 罐（H18：1）

① 湖北省博物馆：《秭归官庄坪遗址试掘简报》，《江汉考古》1984年第3期。

② 湖北省文物考古研究所：《湖北宜昌县上磨垴周代遗址的发掘》，《考古》2000年第8期。上磨垴⑥层出土的器物并不纯净，如平沿盆（T12⑥：4，报告Ⅰ式盆）当晚于其他出于⑥层的遗存。

③ 陕西省考古研究所、万州区文物管理所：《万州塘房坪遗址发掘报告》，载重庆市文物局、重庆市移民局编：《重庆库区考古报告集·1997卷》，科学出版社2001年版，第469—500页。

小溪口 T1 ④

出土的陶器有卷沿釜或鼎的口沿、鬲口沿、高领罐口沿、瓮、豆、鬶、钵和一些残器底等。高领罐口沿（T1 ④：21）明显偏晚。

上磨垴

T7 ⑥出土的陶器有折沿上侈的鬲、卷沿鼎口沿、卷沿釜、卷沿盂、圜底钵等。

T2 ⑤出土的陶器有鬲、罐等。其中的鬲具折沿上侈的特征。

官庄坪 H3

出土的陶器有卷沿鬲、直领小口罐形鬲、柱状鬲足、甗腰（H3：14）、卷沿罐、豆等。

双堰塘④层

出土的遗存丰富。陶器以夹砂陶居多，泥质陶较少。纹饰按加工方法可分为模印纹、刻划纹、戳印纹和附加堆纹等。器类有花边口沿罐、罐、鬲、豆、盆、钵、尖底杯、尖底盏、罍、缸等。

老关庙 T4 ③

出土陶器有夹砂罐、尖底器、壶、鬲足、豆、口沿等。其中的壶（T4 ③：12）为折沿侈口。

哨棚嘴 H34

出土陶器以绳纹圜底釜（绝大多数口沿有波浪形花边，又称“花边罐”或“花边釜”）为主，另有壶等。

塘房坪“夏商时期”遗存

发掘报告根据开口层位，将遗存分为两组，并且认为其年代为“相当于夏代至商代初期”。检索出土的陶器，两组遗存的差别不大，主要器类有折沿上侈后呈“盘状口沿”的罐、花边釜、尖圜底的碟（报告称为器盖）、盆、圜底和平底的钵、瓮、缸及少量的尊、尖底杯、豆（豆形器）。根据其中的罐的形态特征，可以判定其年代应略晚于跳石的“周代”遗存而大体接近下一阶段。

（八）

以上磨垴④为代表，大体同时期的遗存有小溪口 T1 ②等、官庄坪H1、黎家沱“商周时期”遗存[①]、老油坊G1[②]、李家坝“东周时期”遗存[③]、麻柳沱 B 区“东周”遗存[④]、中坝的“东周”遗存[⑤]。

小溪口

T1 ②出土的陶器有鬲口沿、高领罐等。

老油坊 G1

可辨器形有釜（报告称为瓮）、罐、盆或鬲残口沿（G1 ②：13，报告定为盆）、钵、壶、细柄豆等。

李家坝“商周时期”和“东周时期”遗存

根据发掘报告，“商周时期”的主要器类有“花边口沿的罐（釜）、小平底罐、高领罐、釜、尖底杯、尖底盏、圜底钵、豆、盆、甑、器盖、网坠等”。而“东周时期”遗存的主要器类有“花边口沿釜（罐）、罐、小平底罐、盂、釜、盆、甑、瓮、缸、鬲、甗、鼎、

① 山东大学考古系：《湖北省巴东县黎家沱遗址发掘报告》，载国家文物局三峡工程文物保护领导小组编著：《三峡考古之发现（二）》，湖北科学技术出版社 2000 年版，第 239—273 页。黎家沱发掘报告认为第 1 组的年代约当“晚商西周时期”；第 2、3 组的年代“主要属于春秋时期”。检索发表的遗存，年代跨度很小，大体相当于春秋战国之交前后。

② 吉林大学考古学系：《四川奉节老油坊遗址试掘报告》，载国家文物局三峡工程文物保护领导小组编著：《三峡考古之发现（二）》，湖北科学技术出版社 2000 年版。

③ 四川大学历史文化学院考古系、云阳县文物管理所：《云阳李家坝东周墓地发掘报告》，载重庆市文物局、重庆市移民局编：《重庆库区考古报告集 · 1997 卷》，科学出版社 2001 年版，第 244—288 页。

④ 上海大学文物考古研究中心、万州区文物管理所：《万州麻柳沱遗址发掘报告》，载重庆市文物局、重庆市移民局编：《重庆库区考古报告集 · 1997 卷》，科学出版社 2001 年版，第 381—421 页。

⑤ 四川省文物考古研究所、忠县文物管理所：《忠县中坝遗址发掘报告》，载重庆市文物局、重庆市移民局编：《重庆库区考古报告集 · 1997 卷》，科学出版社 2001 年版，第 559—689 页。

豆、壶、器盖、尖底杯、尖底盏、网坠、纺轮等”。两者的器类组合有较大的一致性，只是“东周遗存”新出现了较多“春秋晚期至战国时期楚文化”的因素。

从发表的尖底杯看，“商周时期”IBT0703㉖：10（报告图九，7）与“东周时期”II BT2719④：3（报告图一八，4）的形态特征大体接近，两个阶段（釜、罐）的花边口沿也基本类似，说明这两个阶段的遗存的年代跨度不大。另外报告中IBT0703㉖：10罐（报告图一六，7，报告称为釜，与上引尖底杯重号）的口沿大体接近楚文化中的同类器，说明报告中的“商周时期”遗存中也有一些与楚文化有关的因素。从这些与楚文化有关的因素看，报告中的“商周时期”和“东周时期”遗存可能确有一些差别，但年代跨度不大，大体不出本文第八段的范畴。

麻柳沱B区“东周”遗存

主要器类有鬲、甗、盉、鼎、花边口沿罐、钵、小口圜底罐、炮弹形罐、尖底钵、尖底盏、平底钵、圜底钵、瓮、豆、釜、缸、甑、器盖等。

第六、七、八期的遗存大致可分为两类：

A类，器类以鬲为核心，包括甗、盉、盆、盂、高领罐、豆等。

B类，器类以花边圜底罐为核心，包括尖底杯、尖底盏、敛口圜底钵等。

第六期，尚未发现典型的A类的遗存；兼具AB两类特色的遗存有双堰塘④；B类遗存有哨棚嘴97ZGST431⑤等。AB类遗存分布于三峡西段；B类遗存分布于峡西地区。

第七期，属于A类的遗存有跳石“周代”遗存、官庄坪T1⑥、H3等、小溪口T1④；兼具AB两类特色的遗存有双堰塘诸探方④层、老关庙T4③等、上磨垴T7⑥、T2⑤等；属于B类的遗存有塘房坪“夏商时期”遗存、哨棚嘴H34等。A类遗存和AB类遗存见于整个三峡地区；B类遗存见于峡西地区。

第八期，属于A类的遗存有上磨垴④、小溪口T1②等、朱家台、柳林溪、官庄坪H1；兼具AB两类特色的遗存有李家坝“东周时期”遗存、麻柳沱B区“东周”遗存、中坝的“东周”遗存等；没有发现单纯的B类遗存。A类遗存分布于三峡东段；AB类遗存则分布于峡西地区。

A类遗存的分布大体有一个由东向西的过程，但是这一过程并不完全是一个渐变的过程，而是呈现出一定的阶段性。第六段尚未发现典型的A类的遗存；第七段的A类遗存达到三峡西段；第八段的A类遗存达到峡西地区。

二、诸遗存的年代

（一）

白庙遗存的特色器形是盘口深直腹平底罐。这类罐既不见于石板巷子类型[①]，也不同于煤山文化的深鼓腹罐[②]。其深直腹特征与二里头文化的深腹罐接近[③]；其平底特征与煤山文化到二里头文化一期的深腹罐相同。白庙遗存中不见二里头文化二期以后出现的圜底罐，显

① 石板巷子类型代表性遗存参见宜都考古发掘队：《湖北宜都石板巷子新石器时代遗址》，《考古》1985年第11期。湖北省文物考古研究所：《宜都城背溪》，文物出版社2001年版。

② 中国社会科学院考古研究所河南二队：《河南临汝煤山遗址发掘报告》，《考古学报》1982年第4期。

③ 中国社会科学院考古研究所：《偃师二里头——1959~1978年考古发掘报告》，中国大百科全书出版社1999年版。

然这种盘口深直腹平底罐在三峡地区出现的年代应与二里头文化一期相当。根据我们对石板巷子类型的年代判断，可知白庙遗存晚于石板巷子类型。[①]

（二）

老关庙下层的部分夹砂类陶器的口部经过加厚处理，并压出花边或凹槽。这种处理风格接近哨棚嘴97ZGST403⑩中的同类器（97ZGST403⑩：15、16）。老关庙下层的盆口（T4④：2、3）上的之字形波浪纹见于白庙遗存，类似的纹饰亦见于哨棚嘴（97ZGST403⑩：13）。这些线索表明其年代距白庙遗存不远。

（三）

朝天嘴文化与四川盆地三星堆文化有着密切的文化联系[②]。三星堆文化的年代判断也可以作为朝天嘴文化断代的参考。

对于三星堆文化内涵的界定、分期与年代，学术界多有歧见。孙华先生将三星堆遗址分为三期6段，其中第二期包括了第2、3、4段[③]，并认为“如果把三星堆遗址最早一期和最晚一期遗存去掉，该遗址中间的第二期（或第二、三期）遗存就可以作为典型的三星堆文

① 石板巷子与煤山一期遗存多有联系，年代应大体相当。而石板巷子类型中以西花园H13等为代表的单位的年代“已届中原二里头文化早期”（参见白云：《关于“石家河文化”的几个问题》，《江汉考古》1993年第4期）。

② 四川省文物管理委员会、四川省博物馆、广汉县文化馆：《广汉三星堆遗址》，《考古学报》1987年第2期。四川省文物考古研究所：《三星堆祭祀坑》，文物出版社1999年版。

③ 孙华：《试论广汉三星堆遗址的分期》，载《南方民族考古》第5辑，四川科学技术出版社1999年版。

化的代表”[①]。这一观点大体可以采信。只是我们倾向于只有三星堆遗址第二期为代表的遗存才属于三星堆文化。后文将把孙文的第 2、3、4 段径称为三星堆文化的早、中、晚期。

根据乙群器物与三星堆文化中同类器的比较，目前在三峡地区发现的最早的此类遗存，如中堡岛 I 组，大体与三星堆文化中期接近；朝天嘴东区 T5—7 ⑥大体接近三星堆文化晚期。三峡地区至今尚未发现接近三星堆文化早期的遗存。

在朝天嘴遗存中，还有一些器物，如盉、鬶、豆、觚等，显示出与中原地区二里头文化有一定的联系，往往作为断代的线索。不过对这些器物所反映的文化联系应该进行分析。

盉是三星堆文化中的典型器类之一，在三星堆文化中的盉的出现虽与二里头文化同类器有关，但有着不同于二里头文化中同类器的完整演化过程。三峡库区所见的盉不多，完整器或能够复原的主要见于朝天嘴、毛溪套[②]；毛溪套灰坑中出土的盉的形态接近三星堆文化中期的同类器，朝天嘴 T7 ⑥ ：9 的形态接近三星堆文化晚期的同类器。大体上也呈现出整体造型由较高到较矮的演变趋势。这些迹象表明三峡库区的盉可能并不是直接来源于二里头文化，而是和上述乙群器物一样，来源于三星堆文化。

鬶几乎不见于三星堆文化，但在三峡库区的早期遗存（如白庙）中即有存在。这里的鬶未必与二里头文化有关，更可能是长江中游石家河文化中同类器的延续。

三星堆文化中盉的最早形态，接近于二里头文化二期的同类器。如果我们把二里头文化二期看成一段时间（而不是时间上的一个点），三星堆文化未必始于二里头文化二期最早阶段，但至少应该可

---

① 孙华：《试论三星堆文化》，载《四川盆地的青铜时代》，科学出版社 2000 年版。

② 林春：《宜昌地区长江沿岸夏商时期的一支新文化类型》，《江汉考古》1984 年第 2 期。

以早到其最晚阶段。后文我们可以将三峡地区的路家河文化和成都平原的十二桥文化的早期判定在相当于殷墟晚期，则朝天嘴文化与三星堆文化的年代下限当在殷墟早晚期之交前后。如果把三星堆文化三期所延续的年代假定为大体等长，又照顾到当时整体文化格局的变迁，则朝天嘴文化开始的年代当在二里岗文化开始的前后。朝天嘴文化的延续年代应基本相当于二里岗文化到殷墟文化的前期。

（四）

以路家河遗址第二期为代表的遗存显示出与四川盆地十二桥文化有一定的联系。[①]十二桥文化曾经一度影响到关中地区的西部，在宝鸡的茹家庄发现有十二桥文化因素与当地的先周文化共存的线索。[②]茹家庄H3中，十二桥文化的典型器类尖圜底钵、尖底罐、大口罐等与先周文化的典型器类高领袋足鬲共存。其中的大口罐的形态接近十二桥ⅡT50⑬：14、抚琴小区④层的同类器[③]、石沱T1311⑩：5以及路家河文化Ⅰ组的同类器；而其中的高领袋足鬲应相当于殷墟晚段[④]（图六）。由此可知，路家河文化Ⅰ组的年代大体相当于殷墟晚段，第Ⅱ、Ⅲ组的年代应该有可能延续到西周前段。

路家河文化中有部分与中原地区商文化或江汉平原的荆南寺遗存同类的文化因素[⑤]，根据何驽先生对荆南寺遗存的研究，其年代下

① 四川省文物管理委员会、四川省文物考古研究所、成都市博物馆：《成都十二桥商代建筑遗址第一期发掘简报》，《文物》1987年第12期。

② 卢连成、胡智生：《宝鸡㢭国墓地》，文物出版社1988年版。

③ 王毅：《成都市巴蜀文化遗址的新发现》，载《巴蜀历史·民族·考古·文化》，巴蜀书社1991年版。

④ 报告将H3、H2、H1等三座灰坑的年代定为商末周初，但认为其中的“高领袋足鬲是先周时期周人使用的典型陶器之一”，所以我们将其年代大体定为殷墟晚期。

⑤ 荆州地区博物馆、北京大学考古系：《湖北江陵荆南寺遗址第一、二次发掘简报》，《考古》1989年第8期。

限约在殷墟一期[①]。这一年代与本文认定的路家河文化的年代上限尚有一定差距。是本文的年代推断有偏差？还是荆南寺遗存的年代判断不准确？或者路家河文化中的此类因素与荆南寺遗存，进一步，与商文化，只有文化上的渊源关系，而并不是在同一年代？

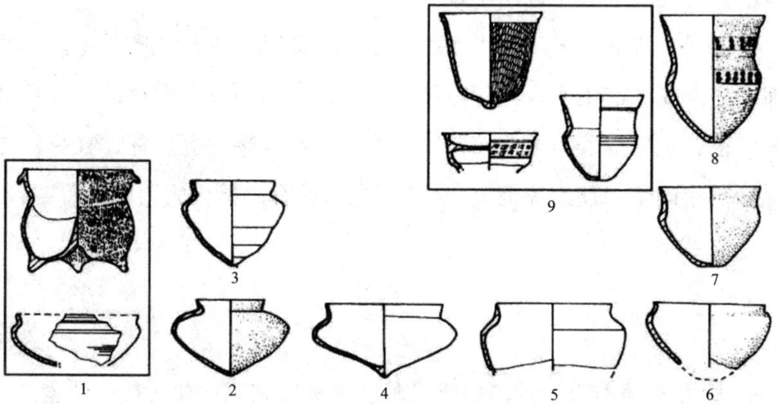

图六　尖底罐的比较

1. 茹家庄 H3　2. 十二桥 III 50⑬：14　3. 十二桥 IIT 30⑫：5　4. 抚琴小区④层
5. 石沱 T1311 ⑩：5　6. 路家河 T9 ⑦：46　7. 路家河 T7 ⑤：1　8. 路家河 T5 ⑤：43　9. 长府沱 H9

（五）

路家河 H4 的内涵与江陵的梅槐桥有比较密切的联系。[②] 根据路家河遗址提供的层位关系，此类遗存应该晚于上述路家河文化。其年代应相当于西周中期前后。

---

① 何驽：《荆南寺遗址夏商时期遗存分析》，载北京大学考古系编：《考古学研究》（二），北京大学出版社 1994 年版。书中将荆南寺遗址夏商时期遗存分为六期，年代从二里岗下层偏早阶段到殷墟一期。

② 湖北荆州地区博物馆、北京大学考古系：《湖北江陵梅槐桥遗址发掘简报》，《考古》1990 年第 9 期。

发掘报告对梅槐桥遗存的年代判断是从殷墟一期到殷墟四期，与我们上述年代推论有相当大的差距。是我们的年代判断有偏差？还是路家河遗址发掘报告提供的层位关系不准确？抑或目前学术界对梅槐桥遗存的年代判断有误？或者此类遗存仅与梅槐桥遗存有文化上的渊源，但已经不处于同一年代？

另外，在庙坪发现有“西周遗存”[①]，陶器以夹砂褐陶为主，少量泥质黑皮陶、红陶等，流行方格纹、绳纹、戳印纹。器物造型以卷沿为特征。主要器类有方格纹鬲、方格纹、绳纹罐、豆、杯、缸等。文化面貌不同于上述路家河 H4。从其中的鬲看，年代应为西周后期。

（六）

与 A 类遗存有关的鬲提供了与江汉地区东周文化比较的线索：

I 折沿略卷。标本：双堰塘 T112 ②：05，夹砂灰胎红皮陶，腹部饰对称大泡钉和凹弦纹间纵向绳纹。

II 折沿上侈。标本：上磨垴 T2 ⑤：2，夹砂灰陶，饰绳纹，上腹部有一周绳纹。

III 折沿，沿面平。标本：小溪口 T1 ②：9。

根据我们过去对郭家岗遗址的研究[②]，长江中游的东周遗存中的鬲、甗、盆、盂、罐等的口沿大致都经历了从卷沿到折沿上侈、折沿沿面平再到折沿沿面下耷这样一个演变趋势。六至八段 A 类遗存的这一排序与三峡以东江汉平原的东周时期遗存中常见的鬲的演变趋势是大致相同的，只是其演化的环节简略一些而已（图七）。由此我们可以推论：第六段的年代大体在春秋早期；第八段的年代大体相当于

① 孟华平、周国平、王成武：《秭归庙坪遗址发掘的主要收获》，《江汉考古》1997 年第 1 期。

② 武汉大学历史系考古教研室、湖北省宜城市博物馆：《湖北宜城郭家岗遗址发掘》，《考古学报》1997 年第 4 期。

战国中晚期。

综上所述，我们主要依据遗存之间的联系，讨论了三峡地区先秦文化年代标尺上的几个刻度点。由这些年代点，我们可以大致推导出整个文化序列的编年：

第一期是白庙遗存，大体相当于二里头文化前期。

第二期是老关庙下层遗存，年代大体相当于二里头文化的后期。

第三期是朝天嘴遗存，其年代上限可能接近最晚的二里头文化，其年代大体相当于二里岗文化到殷墟前期。

第四期是路家河遗存，大体经历了从殷墟后期到西周中期前后。

第五期遗存大体处于西周中期或略晚。

第六期约当春秋早期前后。

第七期约当春秋晚期前后。

第八期大体相当于战国中晚期。

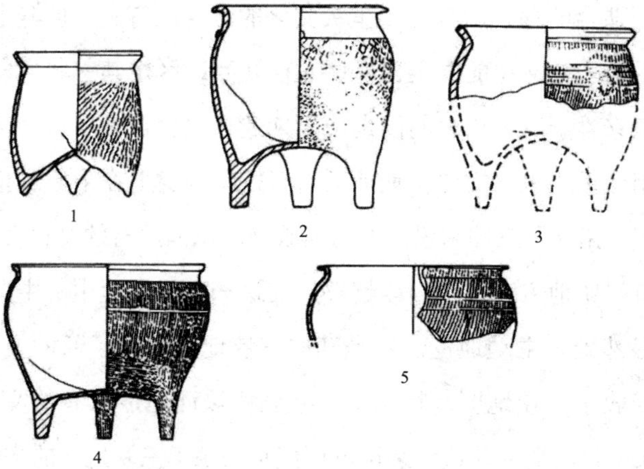

图七　三峡地区的鬲

1. 长府沱 G3：1　2. 庙坪　3. 双堰塘 T112②：05　4. 上磨垴 T2⑤：2　5. 小溪口 T1②：9

三、文化变迁的过程与背景

（一）

白庙遗存与石板巷子类型有比较密切的联系，白庙遗存的深腹罐、圆腹罐、圈足盘、高领罐、刻槽盆、深腹平底碗、碗形器盖等都见于石板巷子类型。它应是从石板巷子遗存的基础上发展起来的。但白庙遗存与石板巷子类型遗存也有一些差别，如石板巷子类型多见的侧装足鼎很少见于白庙遗存；取而代之，白庙遗存中新出现了较多的盘口深腹平底罐。可见白庙遗存虽与石板巷子类型有密切的谱系关系，但也不是由石板巷子类型直接发展而来的。

白庙遗存的深直腹罐与二里头文化的深腹罐有关，但其盘口特征并不见于二里头文化的同类器，倒是在峡西地区及其三峡西段的以哨棚嘴、魏家梁子等为代表的同期或早期遗存比较常见。这一现象说明大体在相当于二里头文化一期前后，石板巷子类型在中原二里头文化的推动下，拓展到三峡东段，并与三峡西段以西原有的文化发生碰撞，生成了有鲜明地方特色的白庙遗存。在这一碰撞过程中，中原的二里头文化显然处于主动地位，正是其向三峡地区输出了新的文化因素。但其也吸收了三峡地区，特别是三峡西段以西地区原有的文化因素，如二里头文化陶器的花边口装饰就可能是来源于三峡地区的文化因素。

我们过去曾经提出过煤山文化向长江中游地区的楔入与文献上的禹征三苗有关。夏文化对鄂西三峡地区的扩张与控制，也能在文献上找到一些线索。

《华阳国志・巴志》：禹“会诸侯于会稽，执玉帛者万国，巴蜀往焉”[①]。说明大体在相当于夏代初期，巴作为一个族群已经存在，而且与夏有密切的文化联系。《竹书纪年》：“帝启八年，帝使孟涂如巴，莅讼。”[②]《山海经·海内南经》：“夏后启之臣曰孟涂，是司神于巴，巴人讼于孟涂之所，其衣有血者乃执之，是请生。”[③]这些文献说明夏不仅与巴有密切的文化联系，似乎还对巴进行了有效的行政管理，对巴的文化影响应有相当深度。

从文献上看，早期的巴大体分布于湖北清江流域及往西的长江三峡地区。[④]考古学文化与文献上提到的族群往往难以完全吻合，特别是在文献中提到的族群的时间或空间等方面比较模糊的情况下尤其如此。要在考古发现中确切地指认出巴也有类似的问题。虽然我们难以将那一文化完全等同于夏代的巴，但从目前发现于鄂西到重庆东部的诸考古学文化的地理位置与文化内涵来看，最可能与夏代的巴相关联的应该就是白庙遗存了。

这一时期，在峡西地区仍然分布着哨棚嘴文化。三峡西段则为哨棚嘴文化与白庙遗存的争夺地带；两种文化交互影响，在这一地区形成了以魏家梁子 T3 ③为代表的遗存。不过在峡西地区这一时期的文化竞争中，东面的白庙遗存已然更具优势。

（二）

从目前的考古发现来看，大体相当于二里头文化后段，在三峡库区的范围发展出两种有地方特色的文化遗存：在三峡东段生成的是以中堡岛中区第⑦层为代表的文化遗存；在三峡西段及峡西地区蜕变

---

① 《华阳国志》，商务印书馆 1938 年版，1958 年重印。

② 《竹书纪年》，四部丛刊初编本，上海书店 1989 年影印版。

③ 《山海经》，浙江书局本，上海古籍出版社 1989 年影印版。

④ 童恩正：《巴族早期的历史》，载《古代的巴蜀》，重庆出版社 1998 年版，第 11—25 页。

出老关庙下层文化。这两种文化除继承了部分早期文化因素之外，少见中原及周边文化的影响，互相之间也没有明显的文化联系。说明这一时期夏朝似乎已经丧失了对三峡地区的控制，当地的文化传统在一定程度上得以恢复。

（三）

大体在相当于夏商之际前后，三峡库区出现了朝天嘴文化。这一文化时期，三峡库区的文化面貌有相当大的一致性，且与成都平原的三星堆文化有相当大的共性。

根据前面的分析，这类遗存的陶器可以分为两群，两群器物的演变规律不同。甲群基本继承了本地的文化传统；乙群则显示出与四川盆地三星堆文化的联系，表明了三星堆文化对这一地区的渗透、扩张和控制。

朝天嘴文化的形成应晚于三星堆文化，这一文化大体在相当于三星堆文化中期时出现的；而年代大体与三星堆文化早期相当的应是老关庙下层文化和以中堡岛中区第⑦层为代表的文化遗存。朝天嘴文化中含有一些夏文化的因素，但这些因素似乎首先存在于三星堆文化，然后随三星堆文化进入三峡地区，而不是直接来源于中原地区的夏文化。

这些现象说明大体相当于夏商之际前后，三星堆文化控制了三峡地区，改变了这一地区的文化格局。在商代的大部分时间，中原地区的商王朝似乎并没有对三峡地区进行有效的控制与管理。

（四）

相当于殷墟晚期开始，三峡库区的文化有了变化：在三峡地区出现了路家河文化；而在靠近重庆的地区有以石沱为代表的十二桥文化分布。路家河文化一方面与十二桥文化有比较密切的文化联系；另一方面，又表现出与中原地区的商文化及其江汉平原西部与商文化有密切联系的荆南寺遗存有过密切的文化接触。从朝天嘴文化到路家河文化的改变应该与中原地区商文化对这一地区的冲击有关。这一文化变迁并不局限于三峡地区，成都平原的文化也相应地由三星堆文化转变为十二桥文化。由商到周，三峡地区的文化并没有明显的变化，可能与西周初年采用的统治策略有关。但西周王朝对这一地区似乎也还是进行了有效的渗透和控制。在清江流域发现的香炉石遗址中发现有路家河文化的遗存①，其中出土了比较丰富的甲骨，颇引人注目。第6层出土的3片龟甲均为椭圆形钻孔。第5层出土的12片龟甲中有9片为椭圆形钻孔，2片为圆形钻孔，1片为长方形钻孔，另有1片卜甲仅有灼点。第4层发现龟甲5片，2片为椭圆形钻孔，3片为长方形钻孔；发现卜骨1片，带钻凿的鱼骨11片，均为长方形钻孔。与商代甲骨的加工方式不同，方形凿是西周甲骨加工的常见形式。②这是意味深长的，说明西周王朝虽然没有派出大量的人员进入鄂西三峡地区，周文化也没有明显改变这一地区的文化面貌，但某些掌管神权的上层人物可能已经融入当地文化，这些人还极有可能也控制了这一地区的行政权。《华阳国志·巴志》："武王既克殷，以其宗姬封于巴，爵之以子。古者远国虽大，爵不过子，故吴、楚及巴皆曰子"。虽然我们还很难断定路家河文化就是西周时期的巴，但这条文献可以提供

① 湖北清江隔河岩考古队：《湖北清江香炉石遗址的发掘》，《文物》1995年第9期。香炉石第4—6层出土的陶器有大口、小口的釜罐、尖底杯、饰回纹的罍等，器类组合与路家河文化有相当大的共性，应属同类性质的文化遗存。但发掘报告中发表的这几层往往也包含了较早的白庙遗存（主要以遗址第7层为代表）或东周时期的文化遗存（以第3层为代表）。第4—6层出土的路家河文化遗存的年代大体相当于路家河第Ⅱ、Ⅲ段。

② 参见王宇信：《西周甲骨探论》，中国社会科学出版社1984年版。作者提到"西周卜骨一般都是方凿，方凿排列整齐，密集"（第160页）。

给我们某些启示和联想。

（五）

大体在西周中期前后，江汉平原的梅槐桥遗存进入三峡东段。大体从西周中期以后，周文化因素进入了三峡东段，出现了庙坪一类的“西周遗存”。这两个事件应该有一定的联系：也许江汉平原的文化西渐正是周文化向江汉平原推进的结果。

（六）

大体从两周之际或略晚，与江汉平原楚文化有关的因素介入三峡西段。在峡西地区则存在着以哨棚嘴97ZGST431⑤为代表的遗存。楚文化介入三峡西段，在文献上也有所反映：《国语·郑语》韦昭注：“夔越，芈姓之别国，楚熊绎六世孙曰熊挚，有恶疾，楚人废之，立其弟熊延。挚自弃于夔。”[①]

（七）

大体在春秋中期前后典型的楚文化进入三峡西段，这一文化现象可能与文献上所说的楚灭夔一事有关。《左传》僖公二十六年（前634）：“夔子不祀祝融与鬻熊，楚人让之。对曰：‘我先王熊挚有疾，鬼神弗赦，而自窜于夔，吾是以失楚，有何祀焉？’秋楚成得臣、斗宜申帅师灭夔，以夔子归。”[②]《史记·楚世家》：成王三十九年（前

① 《国语》，上海师范大学古籍整理研究所校点，上海古籍出版社1988年版。
② 《春秋左传正义》，载《十三经注疏》阮刻本，中华书局1979年影印版。

635）“灭夔，夔不祀祝融、鬻熊故也”[①]。虽两条文献所记年代相差了一年，但记述的内容大抵相同。

关于夔的地望，或认为在巫山，或以为在秭归。郦道元《水经注·江水中》说得清楚：“江水又东，乌飞水注之，……江水又东迳巫县故城南，县，故楚之巫郡也，秦省郡立县，以立南郡，吴孙休分为建平郡，治巫城，城缘山为墉，周十二里一百一十步，东西南三面皆带傍深谷，南临大江，故夔国也。江水又东，巫溪水注之……”乌飞水即今大溪；巫溪水当为今大宁河，其上游尚有巫溪县。“又东过秭归县之南”条下注云：“江水又东南迳夔城南，跨据川阜，周回一里百一十八步，……熊挚始治巫城，后疾移此，盖夔徙也。”[②]

春秋中晚期，楚文化完全控制了巫峡。一方面，在巫山双堰塘、奉节老关庙出现了楚文化因素；更重要的是在另一方面，在巫峡口内的跳石出现了非常典型的楚文化遗址，这一遗址的存在似乎强烈暗示了楚人对巫峡的控制。

这一时期，峡西地区分布着以哨棚嘴 H34 为代表的一类遗存。

（八）

战国中期，楚文化再次向西推进，达到峡西地区。《史记·秦本纪》：“孝公元年（前 361），……楚自汉中，南有巴、黔中。”张守节《正义》：“楚北及魏西与秦相接，北自梁州汉中郡，南有巴、渝，过江南有黔中、巫郡也。”大体在战国中期，楚国占领了巴、渝、黔中、巫郡等地，这一时间大体与楚文化因素出现在峡西地区的时间吻合。但不久，秦即占领了巴。《华阳国志·巴志》：“秦惠文王与巴蜀为好。

---

① 《史记》，中华书局 1982 年点校本。

② 《水经注》，浙江古籍出版社 2001 年版。

蜀王弟苴私亲于巴，巴蜀世战争。周慎王五年，蜀王伐苴侯，苴侯奔巴。巴为求救于秦。秦惠文王遣张仪、司马错救苴巴。遂伐蜀，灭之。仪贪巴、苴之富，因取巴，执王以归。置巴、蜀及汉中郡。”大体在战国后期，秦灭巴，控制峡西地区。

前面归纳的第八段遗存虽然年代上限大体在战国中期，但其中的某些遗存有可能晚到秦以后。目前在峡西地区发现的这一时期遗存中包含的楚文化因素中的鬲、甗、盆等器物的口沿几乎均以平沿为特征，并没有与江汉平原的楚文化同步发展，出现沿向下倾斜的器型。这一现象可能反映了楚文化进入峡西地区，融入当地的文化中后，很快又被秦控制，阻断了与东面的楚文化的联系，失去了源头活水，而表现出一种相对的文化停滞。

（原载于《2003年三峡文物保护与考古学研究学术研讨会论文集》，
科学出版社2003年版）

三峡考古重建的巴史

三峡地区发现了非洲之外最早的人类遗址巫山龙骨坡，使这里成为“中国人的发祥地”。此后，三峡地区的旧石器文化流传有序，旧石器时代中期和晚期的文化遗存都有发现。但三峡地区的新石器文化并不是从这里的旧石器文化中自然生发出来的。距今一万多年前生成于南岭北麓一带的釜文化，高举农业革命的大旗，一路高歌北上，到达洞庭湖区。大体距今 7600 年前后，又进入鄂西三峡东部地区，形成城背溪文化。然后又有一支西进，与来自陕南的李家村文化碰撞，在三峡西部地区形成楠木园文化。学术界很早就注意到了釜文化与巴文化之间的联系。以往的研究更多关注的是历史时期的釜文化，特别是有明确文献记载的东周时期的釜文化，但巴人的根显然要早得多。

《山海经・海内经》：“西南有巴国。大皞生咸鸟，咸鸟生乘厘，乘厘生后照，后照是始为巴人。”宋人罗泌《路史》中也有类似记载：“伏羲生咸鸟，咸鸟生乘厘，是司水土，生后炤，后炤生顾相，降处于巴。”按照《山海经》的说法，巴人的渊源虽然久远，但并不是说一开始就称为巴人，巴人是从后照这个时候开始算起的。而《路史》倾向于巴始于后炤之后的顾相。为什么从这个时候才开始，应该与巴人来到巴这个地方有关。这个地方会不会就是鄂西三峡这一带呢？因为釜文化在来到鄂西三峡一带之前，有过反复的迁徙；而到了鄂西三峡之后，就长期固定下来了，正好与巴人的迁徙相互印证。

约公元前5000年，有部分洞庭湖区的汤家岗文化融入鄂西三峡地区城背溪文化，生成柳林溪文化。柳林溪文化早期与中期的遗址数量非常少，仅在西陵峡内个别发现。到了晚期，遗址数量猛增，不仅在三峡地区多有发现，也见于江汉平原的广泛地区。约公元前4000年，柳林溪文化蜕变为大溪文化。大溪文化是史前釜文化的鼎盛时代，遗址数量多，分布面广，东起江汉平原中部的洪湖至岳阳（东陵）一线；西至瞿塘峡东端；北抵江汉平原北缘；南到洞庭湖区。

《山海经·海内南经》："巴蛇食象，三岁而出其骨。"《元和郡县志》（卷二七）："昔羿屠巴蛇于洞庭，其骨若陵，故曰巴陵。"《水经注疏·湘水》引曾彦和："巴陵与夷陵相为东西，夷陵亦曰西陵，则巴陵为东陵可知。"夷陵即今宜昌，巴陵即今岳阳。巴蛇是夏代早期的传说，反映的是夏人对巴人的战争。但巴文化的东部边界的形成大致在大溪文化时期。从大溪文化往后到夏代，甚至更晚，岳阳至洪湖一带都是釜文化分布的东缘。

从大溪文化晚期开始，不同文化介入三峡地区。首先是屈家岭下层文化从江汉平原西部渐次向西，与这里的大溪文化融为一体。稍后，中原地区的西阴文化南下。这一支文化随着黄河中游地区文化的变迁而同步变化，也呈现出仰韶晚期诸文化的特征，表明其与黄河中游地区有源源不断的人员、物质或者信息的交流。这一文化传统进入三峡地区以后有所分化，一支沿汉水到达鄂西三峡一带，与这里的大溪文化结合；一支沿嘉陵江到达峡西地区，形成有一定地方特色的哨棚嘴文化。此后，屈家岭上层文化深入三峡地区，不仅以非常典型的遗存到达巫峡一带，零星的文化因素更是远播到忠县等地。新石器时代末期的石家河文化对三峡地区浅尝辄止，影响基本上限于西陵峡。

不同文化对三峡地区的介入，不仅使三峡地区文化面貌变得复杂了，社会结构也有相应的调整。虽然这方面的资料尚少，但在白狮湾、大溪等遗址中出现了随葬品丰富且包含有玉器等高等级器物的墓葬，表明这一时期的墓葬已经开始分化。

新石器时代晚期，三峡地区的釜文化经历了不同方向而来的外来文化的风吹雨打，文化面貌变得复杂起来了，不同时期遗存的文化面貌也有所不同，其中的釜类器所占比重也不太一样，但釜系文化传统并没有终结。作为大溪文化的后续文化，釜系文化主要分布在瞿塘峡以东的峡区，基本没有涉及峡西地区。

关于巴人的社会复杂化，在古代文献中是有明确反映的。有关记述最早的见于相传是西汉刘向所著的《世本》，《后汉书·南蛮西南夷列传》记载：

> 巴郡、南郡蛮，本有五姓：巴氏、樊氏、瞫氏、相氏、郑氏。皆出于武落钟离山。其山有赤黑二穴，巴氏之子生于赤穴，四姓之子皆生黑穴。未有君长，俱事鬼神，乃共掷剑于石穴，约能中者，奉以为君。巴氏子务相乃独中之，众皆叹。又令各乘土船，约能浮者，当以为君。余姓悉沉，唯务相独浮。因共立之，是为廪君。乃乘土船，从夷水至盐阳。盐水有神女，谓廪君曰："此地广大，鱼盐所出，愿留共居。"廪君不许。盐神暮辄来取宿，旦即化为虫，与诸虫群飞，掩蔽日光，天地晦冥。积十余日，廪君伺其便，因射杀之，天乃开明。廪君于是君乎夷城，四姓皆臣之。廪君死，魂魄世为白虎。巴氏以虎饮人血，遂以人祠焉。

这段文献主要记述了巴人从"未有君长，俱事鬼神"的前文明社会走向文明社会的社会复杂化过程。既谈到了社会分层：巴氏之子生于赤穴，樊氏、瞫氏、相氏、郑氏四姓之子皆生黑穴；也强调了权力集中过程：巴氏子务相……为廪君。这个过程可能还伴随着世系的转化：从姓到氏；廪君与盐水神女之争。这段话可以说就是巴人"英雄时代"的写照。有研究者认为《路史》提到的"顾相"就是这里所谓的“务相”，这种推断有其合理性。也就是说从“顾相”或者“务相”开始，巴进入了早期文明社会，巴人历史在这里进入了一个新的阶段。

《华阳国志·巴志》对巴人早期历史有一个概括：“其君，上世未闻。五帝以来，黄帝、高阳之支庶，世为侯伯。”

西阴文化是华人文化，也就是黄帝集团的文化。所谓“五帝以来”，当然就是指西阴文化介入三峡地区以后。在此之前，“其君，上世未闻”，可能根本就没有“君”；从此以后，成为“黄帝、高阳之支庶，世为侯伯”。所谓“其君，上世未闻”大体应该就是指“顾相”或者“务相”之前的历史。“五帝以来，皇帝、高阳之支庶，世为侯伯”应该就是“顾相”或者“务相”以后的历史。

廪君的故事最早见于汉代文献，后世的学者往往有意无意认为其发生的年代应当为汉代或者比汉代早不了多少。我们从考古资料上可以确定三峡地区的社会复杂化发生在新石器时代晚期，特别是其较早阶段，廪君的故事也就大致发生在这个阶段。

大体在距今4100年前，中原地区的煤山文化进入长江中游地区。这一历史事件应该与文献上提到的尧、舜、禹征三苗有关。煤山文化所代表的夏人趁势介入三峡地区，生成石板巷子类型遗存。《华阳国志·巴志》：“禹会诸侯于会稽，执玉帛者万国，巴蜀往焉。”说明巴人与夏有密切而友好的文化联系。《竹书纪年》（卷上）：“帝启八年，帝使孟涂如巴，莅讼。”《山海经·海内南经》：“夏后启之臣曰孟涂，是司神于巴人，请讼于孟涂之所。”这些文献说明夏在三峡地区的巴人中派驻了官员，进行了有效的行政管理。

从文化面貌看，三峡地区的石板巷子类型遗存与中原地区的煤山文化有很大的共性，其主要器类组合基本均见于煤山文化，只是煤山文化的器类组合更复杂一些，包含一些不见于石板巷子类型的遗存，所以石板巷子类型更像是煤山文化的简化版。

一方面，石板巷子类型这类遗存中很少见到巴文化的象征性器物——釜；另一方面，在汉水流域同一时期的乱石滩类型，甚至中原地区的煤山文化和二里头文化中，都发现有一定数量的釜，说明在这些地区存在一定数量的巴人。文献提到尧“分北三苗”及“窜三苗于三危”。夏人进入江汉地区之后，对这里的三苗，除了屠杀，也进行了族群迁徙等分化措施。关于江汉地区的情况，我们在这里不遑多论，但这一点对我们理解夏人对巴人采取的统治措施应该有所启发，夏人也可能将部分巴人迁出三峡与江汉平原西部地区，迁入汉水流域甚至中原地区。

约公元前1800年（二里头文化晚期），四川盆地的三星堆文化（蜀文化）进入巫峡一带。峡西地区的中坝文化演变为老关庙文化。三峡东部生成中堡岛文化。约公元前1600年（夏商之际），三星堆文化控制三峡地区的巴人，生成朝天嘴文化。

约公元前1200年（殷墟文化晚期），巴人重新崛起，生成路家河文化，控制峡区、峡西部分地区及江汉平原西部，影响成都平原等地，巴文化进入第二个鼎盛时期。汉中地区分布与路家河文化有比较密切亲缘关系的宝山文化，可能为褒文化。清江流域的香炉石遗存是路家河文化中期以后的遗存。巴文化重新崛起可能与周文化的兴起有关。

路家河文化时期，西周王朝对三峡地区进行了有效的渗透和控制。在秭归石门嘴、清江流域的香炉石遗址的路家河文化遗存，出土了比较多的甲骨。说明西周王朝虽然可能没有派出大量的人员进入鄂西三峡地区，周文化也没有明显改变这一地区的文化面貌，但某些掌管神权的上层人物可能已经融入当地文化，这些人还极有可能也控制了这一地区的行政权。

《华阳国志·巴志》：“武王既克殷，以其宗姬封于巴，爵之以子。古者远国虽大，爵不过子，故吴、楚及巴皆曰子。”巴文化可能与周人有某种同盟或者属地关系。

《华阳国志·巴志》中有关于巴人参与武王伐纣的内容：“周武

王伐纣，实得巴蜀之师，著乎《尚书》。巴师勇锐，歌舞以凌殷人，前徒倒戈；故世称之曰，武王伐纣，前歌后舞也。”《尚书·牧誓》罗列了一些伐纣的成员：“王曰：‘嗟！我友邦冢君，御事：司徒、司马、司空，亚旅、师氏，千夫长、百夫长，及庸、蜀、羌、髳、微、卢、彭、濮人，称尔戈，比尔干，立尔矛，予其誓！’”

总的来看，巴人与夏、商、周三个中原王朝的关系有所不同。夏明显控制并管理了三峡地区的巴人。商人与巴人的关系虽没有明确的文献记载，但未必完全没有联系，一是甲骨文可能有所谓伐巴的记录，二是在三峡地区也能够看到商式鬲、尖底厚胎缸等商文化因素。至于西周王朝则可能与巴人有某种同盟关系，对巴人采取相当温和的管理方式。

综上所述，从夏代初年开始，三峡地区的巴人应该进入了中原王国的统治范围。而且因这些中原王朝采取的统治模式的差别，巴文化的表现形式也有很大的不同。

约公元前 850 年（周厉王之世），双堰塘文化（夔文化）生成于峡区。巴人退守峡西地区，在涪陵一带形成石地坝文化。公元前 634 年前后，楚人灭夔，楚文化进入峡区。巴人分布于峡西地区，生成瓦渣地文化。《华阳国志》中的“其地，东至鱼复，西至僰道，北接汉中，南极黔涪”，大致描述的就是这一时期的分布范围。公元前 361 年以前，楚人进入峡西地区，典型楚文化至少达到忠县一带。

公元前 316 年，秦举巴蜀。秦对巴人采取羁縻政策，利用巴人控制蜀、楚等地，为统一中国奠定基础。巴人向东达江汉平原西部，向西到成都平原。巴人逐步进入帝国体系。公元前 100 年之后（汉武帝之后），典型汉文化进入三峡地区，但釜文化仍在延续。巴人转化为賨民、廪君蛮和板楯蛮等。宋代以后逐步转化为“土家”。

（原载于《巴人巴国巴文化》，文物出版社 2013 年版）

巴人历史年表

约公元前5600年，釜文化进入鄂西三峡，形成城背溪文化，“是始为巴人”。

约公元前5500年，其中一支与来自陕南的李家村文化碰撞，在巫峡及峡西地区生成楠木园文化。

约公元前5000年，有部分汤家岗文化融入鄂西三峡地区城背溪文化，生成柳林溪文化。

约公元前4000年，生成大溪文化。主要分布在江汉平原西部及三峡地区，东起江汉平原中部的洪湖至岳阳（东陵）一线；西至瞿塘峡东端；北抵江汉平原北缘；南到洞庭湖区。巴文化进入第一个鼎盛时期。

约公元前3300年，江汉平原的屈家岭下层文化进入三峡地区，融入大溪文化，大溪文化进入晚期阶段。巴人开始社会复杂化过程，廪君传说大致发生在这一时期或稍后。

约公元前3200年，北方的西阴文化一支进入峡西地区，生成哨棚嘴文化，即为后世的“华人”。一支进入峡区，影响大溪文化。

约公元前2800年，江汉平原的屈家岭上层文化进入三峡地区。深刻影响峡区的釜文化；轻微影响峡西地区的哨棚嘴文化。

约公元前2400年，江汉平原在屈家岭上层文化基础上形成的石家河文化（三苗文化），影响三峡地区的釜文化。

约公元前2100年，中原地区的煤山文化（夏文化）控制鄂西三峡地区的巴人，形成石板巷子类型遗存。部分釜文化（巴人）进入汉丹地区的乱石滩类型，甚至进入中原地区的煤山文化及随后的二里头文化。“帝启八年，帝使孟涂如巴，莅讼”，巴人进入王国体系。煤山文化在江汉平原中东部石家河文化基础上生成肖家屋脊类型。哨棚嘴文化发展为中坝文化。四川盆地出现宝墩文化，同时完成新石器化和文明化。

约公元前1800年（二里头文化晚期），四川盆地的三星堆文化（蜀文化）进入巫峡一带。峡西地区的中坝文化演变为老关庙文化。三峡东部生成中堡岛文化。蜀文化兴起可能与商文化崛起有关。

约公元前1600年（夏商之际），三星堆文化控制三峡地区的巴人，生成朝天嘴文化。

约公元前1200年（殷墟文化晚期），巴人重新崛起，生成路家河文化，控制峡区、峡西部分地区及江汉平原西部，影响成都平原等地，巴人进入第二个鼎盛时期。汉中地区分布与路家河文化有比较密切亲缘关系的宝山文化，可能为褒文化。清江流域的香炉石遗存是路家河文化中期以后的遗存。巴文化重新崛起可能与周文化的兴起有关。

约公元前850年（周厉王之世），双堰塘文化（夔文化）生成于峡区。巴人退守峡西地区，在涪陵一带形成石地坝文化。

公元前634年前后，楚人灭夔，楚文化进入峡区。巴人分布于峡西地区，生成瓦渣地文化。“其地，东至鱼复，西至僰道，北接汉中，南极黔涪”，大致描述的就是这一时期的分布范围。

公元前361年以前，楚人进入峡西地区，典型楚文化至少达到忠县一带。

公元前316年，秦举巴蜀。秦对巴人采取羁縻政策，利用巴人控制蜀、楚等地，为统一中国奠定基础。巴人向东达江汉平原西部，向西到成都平原。巴人逐步进入帝国体系。

公元前100年之后（汉武帝之后），典型汉文化进入三峡地区，但釜文化仍在延续。巴人转化为賨民、廪君蛮和板楯蛮等。宋代以后逐步转化为“土家”。

（原载于《巴史——以三峡考古为证》，
科学出版社2010年版）

丹江库区的文化变迁

丹江库区发现大量旧石器时代遗址，是研究人类进化，探索人类早期文化的重要地区之一。1989 年在郧县青曲镇曲远河口的学堂梁子发现一具基本完整的远古人类头骨化石。1990 年又发掘出土了一具更为完整的远古人类头骨化石。两具头骨的年代接近 100 万年，是目前发现的最早最完整的直立人化石之一，具有非常重要的学术价值。2006 年以来又对该遗址进行了大规模的发掘，发现 2000 多件石器和大量的动物化石。此外丹江口市的双树遗址、彭家河遗址和郧县的尖滩坪遗址的发掘也取得重要收获。这几个都是旷野型的旧石器时代早期遗址，对我们研究这一时期的人类历史提供了大量宝贵信息。

丹江库区自古就是中原地区与江汉地区交通的孔道，也是南北文化争夺的场所。从已经发现新石器时代遗存来看，后冈一期文化、西阴文化这两种同一谱系的中原文化一直控制着这一地区。在 2006 年湖北库区考古项目中，郧县的胡家窝遗址出土了后冈一期文化遗存；大寺遗址则发表了部分西阴文化遗存。受大汶口文化冲击，西阴文化崩溃之后，这一地区在原有的西阴文化基础上，生成了具有地方特色的朱家台文化。郧县青龙泉、郭家道子、鲤鱼嘴等遗址都包含了这类遗存。

在大汶口文化的作用下，江汉地区在屈家岭早期文化的基础上生成了非常强势的屈家岭晚期文化。屈家岭晚期文化向西控制了鄂西三峡地区的大溪文化；向南达到湘西南的怀化一线；向北达到郑州一带的中原腹地；向西北不仅进入丹江库区，甚至深入陕南。丹江库区随同屈家岭晚期文化一起进入了早期文明阶段。这类遗存在湖北库区留下的遗存甚多，如大寺、青龙泉、郭家道子等遗址都能见到。石家河文化基本上是屈家岭晚期文化的延续与发展。在郧县黑家院、青龙泉等遗址都发现有典型的石家河文化遗存。

其后，中原地区的煤山文化经过丹江库区一带深入鄂西及江汉腹地，在丹江库区形成以乱石滩为代表的遗存。煤山文化一般认为是夏文化的前身或早期夏文化，其向江汉地区的拓展应该是其走向国家形态的一个侧面。换言之，丹江库区也随煤山文化一起进入了国家形态。2006 年在郧县辽瓦店子、大寺、瞿家湾，丹江口市的彭家院、南张家营等遗址都发现了比较丰富的这一时期的遗存。对我们了解这一重大文化事件的过程与内涵提供了大量的新鲜资料。目前来看，丹江库区在煤山文化基础上形成的乱石滩遗存大体延续了有夏一代，但面貌与煤山文化在中原地区的继承者二里头文化还是有一定差别的。商替代夏登上历史舞台的中心之后，也很快就接管了对丹江库区的控制，在这里形成了比较典型的二里岗文化遗存。这一时期的遗存见于郧县辽瓦店子和张湾区的方滩等遗址。

丹淅之汇是探索楚文化起源的关键地区，也是楚文化重要的活动场所。在辽瓦店子等遗址可以看出周式鬲向楚式鬲转化的线索。丹江库区留下的楚文化居址和墓地甚多，恕不一一点出。2006 年发掘中比较突出的发现是郧县乔家院墓群，发掘了 4 座春秋晚期的中型楚墓，全部为椁分三室的一棺一椁墓葬。出土各类器物 132 件，其中包括各种精美的青铜器 71 件，而玉柄铁剑尤为罕见，弥足珍贵。丹江口市北泰山庙墓群发现东周墓葬 154 座，陪葬车马坑 3 座。其中吉家院墓地发现的战国时期铜器墓和车马坑引人注目。

秦汉以后，中国进入帝国时代。2006 年在湖北库区既发现有郧县龙门堂、上宝盖这样的汉代聚落遗址，也发现有郧县韩家洲，丹江口市莲花池、金陂、北泰山庙等汉代墓群。其中莲花池西汉时期的墓葬中保留了铜鍪、蒜头壶等典型的秦文化因素，是中国走向统一过程的历史见证。

（节选自《徜徉于历史的长河中——〈湖北省南水北调工程重要考古发现Ⅰ〉读后》，《中国文物报》2008年4月9日）

第二编　文化结构

欧亚大陆新石器化研究动态

所谓新石器化（neolithisation），是指人类从旧石器时代或中石器时代到新石器时代的转变过程。这一课题近年来成为国际史前考古学界和人类学家们关注的焦点之一，它所涵盖的内容大致包括以下几个方面：新石器化产生的原因，旧石器或中石器时代向新石器时代过渡的模式，与新石器化相关的农业的起源与传播，陶器的起源与传播，磨制石器的起源，定居的起源以及社会结构复杂化等。

欧亚大陆的新石器化大致可以分为西南亚地区、欧洲地区、华南地区、华北地区和东北亚地区五个大区域，不同地区的新石器化进程互有联系又各具特色。本文主要介绍海外新石器化研究进展，希望能对中国的新石器化研究有所裨益。

一、西南亚地区

西南亚地区的新石器化研究主要涉及约旦、巴勒斯坦、土耳其、叙利亚以及两伊地区。作为全球范围内农业最早发生的地区之一，有关研究成果最为丰富，尤其以近东的黎凡特地区（中东托罗斯山脉以南、地中海东岸、阿拉伯沙漠以北和上美索不达米亚以西地区）的研究最为深入和细致。

这一地区的新石器化经历了一个漫长的过程。以黎凡特为例，这里的新石器化从最早的纳吐夫早期文化（距今约 14400 年）开始，一直持续到前陶新石器的最后一个阶段（PPNC-b，距今约 8250 年），一共经历了近 6000 年。这个过程可以分为四个阶段①：

（1）纳吐夫文化阶段（Natufian，14400—11450B.P.），这一阶段最显著的特点是定居的出现，房屋多为成群落的石砌圆形小屋②。有大型的石工具（如石臼），出现了较大的墓葬。这一时期的居住方式有两种，一种是长期性居住的营地，另一种是季节性居住的营地③。在纳吐夫文化晚期的墓葬中发现了没有头骨的人骨架和二次葬现象，这些迹象被认为是祖先崇拜的表现。

（2）前陶新石器 A 期（PPNA，11450—10750B.P.），有最早的栽培作物，但可能仍未驯化（a kind of predomestic）④。开始出现长方形房屋，穴居生活方式逐渐消失。此外，这一时期开始出现比较原始的象征符号⑤。

---

① Emma Guerrero, Stephan Naji, Jean-Pierre Bocquet-Appel, The signal of the Neolithic demographic transition in the Levant, *The Neolithic Demographic Transition and its Consequences,* UK, Springer, 2008, pp. 57-80.

② F. R. Valla, Aspects de sol de l' abri 131de Mallaha(Eynan), Paléorient, 14, 1988, pp.283-296.

③ O. Bar-Yosef, From sedentary foragers to village hierarchies: the emergence of social institutions, *The Origin of Human Social Institutions,* The British Academy, volume 110, 2001, pp. 1-38. O. Bar-Yosef and R. H. Meadow, The origins of agriculture in the Near East, *Last Hunters, First Farmers: New perspectives on the Prehistory Transition to Agriculture,* Santa. Fe, School of American Research Press, pp. 39-94.

④ T. Noy, I. Gilgal, An early village in the Lower Jordan Valley, preliminary report of the 1987 Winter Seasons, Israel Museum Journal, 7, pp. 113-114. N. F. Miller, The origins of plant cultivation in the Near East, *The Origins of Agriculture: An International Perspective,* Smithsonian Institution Press, 1992, pp. 39-58.

⑤ Kathleen M. Kenyon, Excavations at Jericho, *The Journal of the Royal Anthropological Institute of Great Britain and Ireland,* Vol. 84, No. 1/2, pp. 103-110. J. Cauvin, 1997, Naissance des divinités:Naissance des l' agriculture, *La revolution des symbols au Néolithique,* CNRS, editions, París, 1997. Marc. Verhoeven, 2004, Beyond boundaries: nature, culture and a holistic approach to domestication in the Levant, *Journal of World Prehistory,* 18(3), pp. 179-282.

（3）前陶新石器 B 期（PPNB，10750—9050B.P.），种植农业完全形成，动物的驯化也已经出现。在这一阶段发现了面积达 10—12 公顷的大型遗址①。墓葬方面，人骨的二次葬现象在黎凡特南部地区仍然存在，其中的一些人骨涂有石膏或画有图案②。这同样被看成是对祖先崇拜的现象。这些聚落的形成被认为是人口增长的结果，而这种人口的增长是与农业生产方式的形成、动物驯化的完成，以及与社会分层相联系的证据初次出现联系在一起的，而在对于墓葬的特殊处理形式则被理解为这一时期大型聚落内居民社会内聚性的体现③。

（4）前陶新石器 C 期至有陶新石器时期（PPNC/PN，9050—8250B.P.），这一时期家养动物已经比较普遍，而最重要的是陶器的出现。从这一阶段开始，这一地区已经完成了新石器化的全过程，具备了定居、农业、动物驯养、陶器和社会等级等所有新石器时代标志的因素④。

---

① Gary O. Rollefson, Alan H. Simmons and Zeidan Kafafi, 1992, Neolithic Cultures at Ain Ghazal, Jordan, *Journal of Field Archaeology,* Vol. 19, 4, pp. 443-470. Ian. Kuijt, People and space in early agricultural villages: exploring daily lives, community size and architecture in the Late Pre-pottery Neolithic, *Journal of Archaeological World Prehistory,* 16(4), pp. 75-102.

② E. Strouhal, Five plastered skulls from Pre-Pottery Neolithic B Jericho : anthropological study, *Paléorient,* Vol. 1. number 1-2, pp. 231-247. N. Goring-Morris, The quick and the dead: the social context of Aceramic Neolithic mortuary practices an seen from Kfar Hahoresh, *Life in Neolithic Farming Communities: Social Organization, Identity, and Differentiation,* New York. Kluwer/Plenum, 2003, pp. 103-136. G. O. Rollefsonand, D. Schmandt-Besserat, J. C. Rose, A decorated skull from MPPNB Ain Ghazal, *Paléorient,* 24/2, pp. 99-104.

③ Ian. Kuijt, Negotiating equality through ritual:a consideration of Late Natufian and Pre-Pottery Neolithic a period mortuaru practices, *Journal of Anthropological Archaeology,* 15, pp. 313-336.

④ P. Akkermans, Villages in the Steppe: Late Neolithic settlement and subsistence in the Balikh valley, Nothern Syria, *International monographs in Prehistory,* 1994. M. Le Mière, M. Picón, Les débuts de la cerámique au Prche-Orient, *Paléorient,* 21/2, pp. 111-121.

关于这一地区是如何开始进入新石器时代的，长期以来是一个争论不休的话题。最早的解释是由柴尔德（Childe）提出的，他认为是更新世末期到全新世初期的气候变化导致了所谓的“新石器革命”，即“自然环境压力说”[①]。但1960年，罗伯特·布雷德伍德（Robert Braidwood）与一些环境学者的共同研究认为，在更新世晚期并没有明显的关于气候变化的证据。无论如何，干冷气候与温暖气候的交替在更新世发生过多次，但并没有导致西南亚地区的农业发生。所以自然环境的压力并不能作为人类走向农业社会的首要背景因素[②]。这样文化因素的重要性就不言而喻了，遗憾的是布雷德伍德等人并没有明确这些文化因素是如何产生并发挥作用的[③]。

20世纪60年代末，著名的过程主义考古学家刘易斯·宾福德（Lewis Binford）和肯特·弗兰纳里（Kent Flannery）选择从生态学的角度来考虑这个问题。认为是人口增长导致一些采集狩猎者开始进行农业活动，即“人口压力说”[④]。肯特·弗兰纳里根据自己在伊朗西南部所做的田野工作，提出了一个称为“广谱革命”（the broad spectrum revolution）的模式。在这个假说中，他认为地理条件优越的地区人口增长的压力不断增大使一些人开始向邻近的边缘地区扩展，食物和资源的缺乏使得他们去寻找和尝试新的食物。最为重要的是，这种食物和资源的匮乏使得这些边缘地区的人们在选择并且驯养某种特定的植物（如谷物）时更加慎重。在条件优越的地区，这类植物完全在自然

---

① V. G. Childe, The Most Ancient East, London, 1929. V. G. Childe, *Man Makes Himself,* Watts, London, 1936.

② R. J. Braidwood, The agricultural revolution, *Scientific American,* 203, 1960, pp. 130-141.

③ Trevor Watkins, Neolithisation in southwest Asia—the path to modernity, *Documenta Praehistorica,* 33, pp. 71-88.

④ L. R. Binford, Post-Pleistocene adaptations, *New Perspectives in Archaeology,* University of Chicago Press, 1968, pp. 313-341. K. V. Flannery, The origins and ecological effects of early domestication in Iran and the Near East, *The Domestication and Exploitation of Plants and Animals,* London, Duckworth, pp. 73-100.

条件下生长以满足人们的需求；但是在边缘地区，则需要投入更多的人力。这样人们开始向植物驯化的方向发展并开始了定居生活[①]。这一解释同样受到挑战，这种解释是假定早期农业比采集狩猎作为食物的生产方式有着更明显的优势。成熟的精细农业确实比狩猎采集更加多产并更具有稳定性，然而在农业最初被尝试和发展的时候，其优越性并没有想象得那样明显。此外，它还遇到了与“环境压力说”类似的问题，即为什么人口压力在这个时候产生而不是更早的时候？然而，最近的一项研究结果表明，在人类向新石器时代转化的过程中，确实存在着一次人口增长的大爆炸，法国著名学者让-皮埃尔·波切特-艾蓓尔（Jean-Pierre Bocquet-Appel）将这种现象称为新石器时代人口变迁（Neolithic Demographic Transition，NDT）。在对欧洲、北非、北美以及西亚地区的人口数据进行仔细的分析后，可以看到在新石器化的几百年到几千年中，各个区域的人口大约增加了200倍之多[②]。由此可见，人口因素在新石器化过程中有着重要的意义。

进入到90年代以后，后过程主义的兴起，学者们对此问题又有了新的思考。以雅克·考文（Jacques Cauvin）为代表的学者认为符号文化所代表的人类认知能力的发展与转变意义重大。与以前的研究者不同，该观点更关注人类自身在这场变革中所起到的能动作用[③]。在漫长的纳吐夫文化时期（Natufian），以居住遗迹和大型墓葬代表的新的社会组织和新的生活方式已经出现，这些新的生存方式必然对

① K. V. Flannery, 1969, The origins and ecological effects of early domestication in Iran and the Near East, *The Domestication and Exploitation of Plants and Animals,* pp. 73-100.

② Jean-Pierre Bocquet-Appel, O. Bar-Yosef , Prehistoric demography in the time of globalization, *The Neolithic Demographic Transition and its Consequences,* UK, Springer, 2008, pp.1-10.

③ J. Cauvin, Naissance des divinites, Naissance de l’ agriculture, *La Revolution des Symboles au Neolithique,* Paris, CNRS Publications, 1994. J. Cauvin, *The Birth of the Gods and the Origins of Agriculture,* Translated by T. Watkins, Cambridge, Cambridge University Press, 2000.

人们管理和协调大型社会的组织能力提出更高的要求。

威尔森（Peter J. Wilson）认为，接受经过人工改造的建筑环境深刻地影响人类的社会心理进化，挑战了人们对于社会自身的认知。建筑使人类开始意识到个人空间的存在，这种生活方式与在公共空间中的生活方式完全不同。此外，这种相对封闭的环境也为符号表达方式的产生提供了相当有利的条件①。人类学家莱斯利·艾洛（Lesley Aiello）和心理学家罗宾·邓巴（Robin Dunbar）则指出了原始人类进化的一条独特轨迹，即人类大脑的进化使人类越来越能够适应依赖个体而存在的大型社会组织②。邓巴进一步指出，语言的进化为人类提供了进行大范围群体交流的方式。这比其他灵长类动物只能进行一对一的交流具有明显的优势。社会组织的规模越大，支撑其运行所需的文化和意识符号系统就越复杂。因此，人类思维的进步与文化进步是一个相辅相成的过程③。另一个人类学家与心理学家组合博伊德（Robert Boyd）和里彻森（Peter J. Richerson）认为，思维进化使人类学会如何建立、交流和分享大量的信息；反过来，通过使用语言和文化符号系统，人类的思维也逐步形成了一个非凡而独特的抽象思维模式④。加拿大人类学家梅林·唐纳德（Merlin Donald）的《人类思维的

---

① P. J. Wilson, *The Domestication of the Human Species*, MA, Yale University Press, 1991.

② L. Aiello and P. Wheeler, The expensive tissue hypothesis, *Current Anthropology,* 36, pp. 199-211. L. Aiello and R. I. M. Dunbar, Neocortex size, group size and the evolution of language, *Current Anthropology,* 36, pp. 184-193. R. I. M. Dunbar, Neo-cortex size as a constraint on group size in primates, *Journal of Human Evolution,* 20, pp. 469-493. R. I. M. Dunbar, Culture, honesty and the freerider problem, *The Evolution of Culture: An Interdisciplinary View,* pp. 194-213.

③ R. I. M. Dunbar, *Grooming, Gossip and the Evolution of Language,* London, Faber and Faber, 1996. R. I. M. Dunbar, *The Human Story: A New History of Mankind's Evolution,* London, Faber and Faber, 2004.

④ R. Boyd, P. J. Richerson, *Culture and the evolutionary Process,* Chicago, University of Chicago Press, 1982. P. J. Richerson, R. Boyd, *Not by Genes Alone: How Culture Transformed Human Evolution,* Chicago, University of Chicago Press, 2005.

起源》一书中将人类交流方式的进步分为三个阶段，人类的思维方式在每个阶段都发生了重大变化[①]。这三个阶段仅概括了人类文字符号发展的阶段，而文字符号仅仅是人类意识表达的一个重要方面，人类社会的物质文化为我们的认知能力提供了更多的表达方式，建筑就是其中很重要的一种。

从旧石器时代晚期智人出现开始，西南亚地区文化开始以加速度的方式向前发展，我们可以很清楚地看到人类是如何利用文化因素来构建和维持自己的社会系统。新石器时代早期，大型建筑开始出现，这意味着定居的村落社会已经出现；人们开始共享特定的仪式行为和宗教观念，借此完成自己社会身份的表达，这也意味着更高权利的出现。要维持一个相对较大的群落的运行，共享的宗教信仰和宗教行为是必需的。然而共享一个宗教观点与共享信仰和日常礼仪并不是一回事，而后者才是人们日常行为和规范的直接推动者。因此，在这种大型社会组织中，那种能够创造并复制类似“集体”和“睦邻关系”的抽象概念的认知和教养能力尤为重要。经过特殊处理的墓葬也在这一时期出现，这同样可以看成是人类意识与文化行为的特征物，是人类驯服自然的重要证据；而对于植物和动物的驯化同样是这种驯服的进一步拓展。与传统的将农业的发生作为新石器时代开端的标志不同，这个观点认为新石器时代的开始是一场“符号革命”，这个符号主要指代表人类认知能力变革的一些实物性标志，其中以建筑物最为重要[②]。

---

① M. Donald, *Origins of the Human Mind: Three Stages in the Evolution of Culture and Cognition,* Cambridge, Harvard University Press, 1991.

② Trevor Watkins, Neolithisation in southwest Asia—the path to modernity, *Documenta Praehistorica,* 33, pp. 71-88.

二、远东及东北亚地区

与西南亚地区相比，东北亚地区的新石器化经历了一个完全不同的进程。在近东地区，农业的发生远远早于陶器的出现，而东北亚地区则刚好相反。

俄罗斯远东地区最早的新石器因素距今 13200—12400 年出现在阿穆尔河流域，距今 10700 年左右出现在滨海区[①]，距今 9000—7500 年左右到达库页岛。经历了大约 5000 年的时间[②]。俄罗斯远东地区和西伯利亚已经发现三种早期新石器文化：奥西波夫卡（Osipovka）文化、格罗马图哈文化（Gromatukha）和卡棱加河口（Ust-Karenga）文化。其中奥西波夫卡文化的遗址多位于阿穆尔河（即黑龙江）下游地区，包括加夏（Gasya）、库米（Khummi）和贡恰尔卡（Goncharka）等遗址[③]。

加夏遗址位于俄罗斯哈巴罗夫斯克市以东约 80 公里处，发现了细石器、两用器和陶器共存的层位关系。1975 年首次在文化层的底部发现一些碎陶片，与月桂叶形尖状器这类中石器共存。1980 年，

---

① Y. V. Kuzmin, Geokhronologiya i Paleosreda Pozdnego Paleolita i Neolita Umerennogo Poyasa Vostochnoi Azii (Geochronology and Palaeoenvironment of the Late Palaeolithic and Neolithic of Temperate East Asia), *Vladivostok: Tikhookeansky Institut Geografii DVORAN*. Y. V. Kuzmin, Chronology of the earliest pottery in East Asia: progress and pitfalls, *Antiquity,* 80, pp. 362-371.

② Y. V. Kuzmin, Geoarchaeology of prehistory culture complexes in the Russian Far East: recent progress and problems, *Bulletin of the Indo-Pacific Prehistory Association,* 28, pp. 3-10.

③ Y. V. Kuzmin, The earliest centres of pottery origin in the Russian Far East and Siberia: review of chronology for the oldest Neolithic cultures, *Documenta Praehistoria,* 29, pp. 37-46.

又发现了大约 20 片稍大块的夹炭陶片。不久进行了 ^{14}C 测年，数据为距今 13000 年。复原的一件平底筒形陶罐，纹饰非常简单，陶色为黑色，在陶罐的里外两面都发现了烟灰的痕迹。陶质的掺合物中有植物纤维①。库米遗址在 1992 年和 1993 年间发现了大约 20 片碎陶片。因为陶片数量小而且很碎，未能复原出完整器。这些陶片的掺合物中也包括有植物纤维②。在加夏遗址，在最早的新石器时代文化层中发现了数个网坠，表明渔猎活动是这一时期主要的经济活动。既然这样，陶器可能是用来煮肉和鱼的③。

贡恰尔卡遗址出土了数百块陶片，并复原出 4 件平底器。这些陶片分为两类。第一类有用草束或者梳状物划的平行凹痕。在边缘有用枝条或者绳子按压形成的波浪形凹痕。有些陶片装饰有似用梳状物划出的竖行“之”字纹。第二类陶片有外凸的篦划纹或绳纹。这两类陶片中都没有发现有机掺合物的明显证据，这是与奥西波夫卡文化的其他遗址（如加夏和库米）不同的地方④，年代可能比加夏和库米晚一些。

---

① A. P. Derevianko, V. E. Medvedev, The study of the Gasya Site(General information, preliminary results of 1975 excavations), *Institute of History, Philosophy, Siberian Branch of the USSR Academy of Sciences,* Neovosibirsk, 1992. A. P. Derevianko, V. E. Medvedev, The study of the Gasya Site(General information, preliminary results of 1980 excavations), *Institute of History, Philosophy, Siberian Branch of the USSR Academy of Sciences,* Neovosibirsk, 1993. I. S. Zhushchikhovskaya, On Early Pottery-Making in the Russian Far East, *Asian Perspectives: the Journal of Archaeology for Asia,* 36（2）, pp. 159-174.

② Z. S. Lapshina, The ceramics of the Early Horizon of Khummi Site in the Lower Amur River Basin, *Historical-Cultural Contacts between Aborigines of the Pacific Coast of North Western America and North Eastern Asia,* pp. 191-200. Z. S. Lapshina, The antiquities of Lake Khummi, Amur Geographic Society, Khabarovsk, 1999.

③ Y. V. Kuzmin, The earliest centres of pottery origin in the Russian Far East and Siberia: review of chronology for the oldest Neolithic cultures, *Documenta Praehistoria,* 29, pp. 37-46.

④ I. Y. Shevkamud, New Research Concerning the Osipovskaya Culture in the Amur River Basin, *Quarterly of Archaeological Studies,* 44(175), pp. 102-109.

格罗马图哈文化的典型遗址格罗马图哈遗址底部，发现大量的夹炭陶片，复原出平底陶器[①]。在陶片的内外两面都有条痕纹。陶片的外表就可以看到陶片的掺合物是草叶纤维。有人认为格罗马图哈文化是奥西波夫卡文化在公元前第七千纪到公元前第六千纪初被马雷舍沃文化挤出黑龙江下游，迁徙到黑龙江中游后形成的[②]。

卡棱加河口文化的代表性遗址有30多个。在卡棱加河口遗址第7层发现的陶器与邻近的西伯利亚东部和阿穆尔河流域的其他最早的陶器有很大的不同[③]。在这个遗址上发掘了数百块陶片，复原了20件陶器。

俄罗斯远东地区农业的出现很晚。直到20世纪90年代末，农业出现的具体时间还是模糊不清的。考古证据表明，这一地区最早的粟类作物栽种始于滨海地区，时间是距今4200—3700年左右[④]。随后在这一地区的扎伊桑诺夫卡（Zaisanovka）文化遗址中出土的陶器表面发现了被认为是栽培粟种子的印记，时间早到4800—4600B.P.[⑤]，在扎伊桑诺夫卡文化随后的阶段中栽培粟一直延续下来。后来又有学

---

① A. P. Okladnikov, A. P. Derevianko, *The Gromatukha Culture*, Novosibirsk, Nauka Publishers, 1977.

② V. E. Medvedev, The study of the Gasya Site(General information, preliminary results of 1980 excavations), *Institute of History, Philosophy, Siberian Branch of the USSR Academy of Sciences,* Neovosibirsk, 1993.

③ V. M. Vetrov, Pottery of the Ust-Karenga Culture on the Vitim. River, *Ancient Transbaikal and Its Cultural Contacts,* 1985, pp. 123-130. V. M. Vetrov, Early ceramics of the Stone Age Cultures of Upper Vitim, *The Origin of Ceramics in East Asia and the Far East,* 1995, pp. 31-35.

④ Y. V. Kuzmin, L. A. Orlova, L. D. Sulerzhitsky, A. J. T. Jull, Radiocarbon dating of the Stone and Bronze Age sites in Primorye (Russian Far East), *Radiocarbon,* 36, pp. 359-366.

⑤ Y. V. Kuzmin, Geokhronologiya i Paleosreda Pozdnego Paleolita i Neolita Umerennogo Poyasa Vostochnoi Azii (Geochronology and Palaeoenvironment of the Late Palaeolithic and Neolithic of Temperate East Asia), *Vladivostok: Tikhookeansky Institut Geografii DVORAN.*

者将这个年代提前到了 5400—5200B.P.[①]。

日本群岛的陶器制造最早在 13000 年前左右出现，定居村庄则在近 10000 年前出现，而农业生产直到 2500 年前才出现（图一）。在农业出现之前的这段时间被称为绳纹时代[②]。由于受到新石器革命理论的影响，日本多数研究者认为这样一个以狩猎、打渔以及采集为生的人群很难维持比较稳定的生活，此外，稻作耕种一直被认为是日本文化的基础，因此对于绳纹时代的研究一直没有得到应有的重视。不过，随着近年来大量属于绳纹时代的精美陶器和绳纹时代人们驯化植物的证据被发现，日本文化的根源逐渐被追溯到了距今 10000 年左右的绳纹时代。由此，绳纹时代文化研究成为与新石器化相关的重要课题。

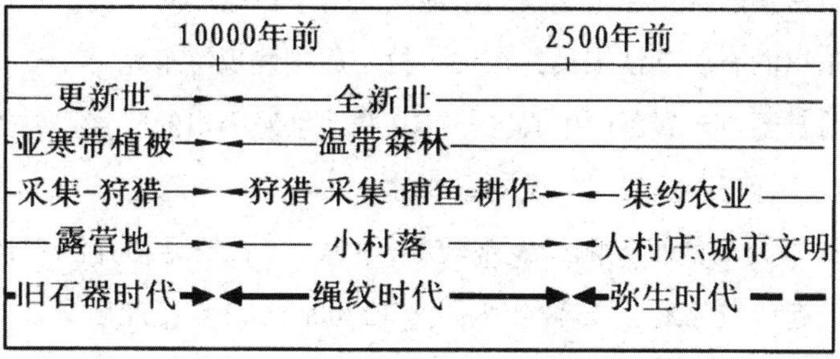

图一 日本的新石器化示意图

来源：Masaki Nishida. Another Neolithic in Holocene Japan. *Documenta Praehistorica*. 29: 21-28.

---

① Y. E. Vostretsov, Rezultaty issledovaniya protsessov kulturnoi adaptatsii v pribrezhnoi zone rossiiskogo Dalnego Vostoka v golotsene (The results of study of cultural adaptation processes in coastal zone of the Russian Far East in the Holocene), *Etnoistoriya I Arkheologiya Severnoi Evrazii: Teoriya, Metodologiya I Praktika Issledovanyia*, pp. 309-314. Irkutsk: Irkutsky Gosudarstvenny Tekhnichesky Universitet. E. A. Sergusheva, Zemledelie i sobiratelstvo dikorastuschikh rasteniy u naseleniya yuzhnogo Primorya v pozdnem neolite (po arkheobotanicheskim dannym) [Agricultire and gathering of wild plants among the southern Primorye population in the Late Neolithic (using archaeobotanical data)], *Etnoistoriyai Arkheologiya Severnoi Evrazii: Teoriya, Metodologiya i Praktika Issledovanyia*, pp. 367-372. Irkutsk: Irkutsky Gosudarstvenny Tekhnichesky Universitet.

② K. Imamura, *Prehistoric Japan*, University College of London Press, 1996.

在冰川期，日本群岛被亚北极冻土带所覆盖，在这一时期发掘出许多石质狩猎工具。到了全新世，日本群岛被浓密的温带森林覆盖。这种植被和动物群的改变，让狩猎活动实施的环境因素也发生改变。存在浓密的森林意味着动物不再清晰可见，使得狩猎变得困难。在这些条件下，绳纹时代的技术和生存方式形成了。绳纹时代的人类遗物表明当时的居民开始以狩猎、采集、捕鱼等多种方式为维生方式。作为绳纹时代的一个重要特点，定居的村庄在距今10000年前出现在日本群岛的南部地区，直到数千年后才出现在日本北部地区，这种时间上的滞后性表明定居的生活方式是随着温带森林由南向北的扩展而逐步产生的，是对温带森林环境的一种适应过程。当时的许多房子是用密集的木头柱子支撑的半地穴式房子，这一时期出土了许多陶片和笨重的石质烹饪工具。在许多村庄周围发现有墓地，在一些遗址中墓地甚至位于聚落的中心区。而某些遗址发掘出的竖直摆放的墓碑则体现了标记墓葬对于居民的重要性①。

日本列岛的早期陶器发现较早，1960年长崎县福井洞穴遗址发现的隆起线纹陶器，^{14}C测年为距今12700±500年。此后又有一系列新的发现，20世纪80年代后期，又辨识出以素面陶为特征的神子柴文化。根据这些发现可以判定日本最早的陶器出现应该在距今12000年左右，不会早于距今13000年②。

这一时期的生计类型和技术可以鸟滨（Torihama）贝冢遗址为例。该遗址保存状况较好，最主要的被猎杀的动物遗存是鹿和野猪。通过分析遗址中发现的牙齿可看出野猪是在冬季猎杀的，鹿则全年都被猎杀。其他数量较少的动物遗存，包括熊、猴子、野兔、狐、水

① M. Nishida, Another Neolithic in Holocene Japan, *Documenta Praehistorica,* 29, pp.21-28.

② 朱延平：《中国陶器起源阶段及相关问题》，载《中国考古学的跨世纪反思》，香港商务印书馆1999年版，第91—111页。

獭、狼、貉猁狲和大雁，兽皮遗存的存在表明这些种类的动物的狩猎季节在冬季。在鸟滨贝冢遗址中发现很多种类的鱼骨。捕鱼应该是一项夏季生产活动。在遗址中发现有近30种淡水和海洋贝类，通过生长线的分析，可以判断这些贝类是在春季、夏季和秋季采获的。在遗址中发现大量的核桃、橡子、栗子。这些坚果在秋季采集，并可能保存起来以便在其他季节食用。

此外，几种有用的作物被引进日本岛并在日常生活中利用。它们是：葫芦（葫芦属，液体容器，种子可食用）；麻（大麻属，纤维，麻醉药和种子可食用）；布里顿紫苏（紫苏属，食用油，用于天然漆的溶解剂，种子可食用）；漆（漆树，天然漆）；小構树（纤维，树皮布，甜的果实）。它们可能是被种植和栽培，生长在村庄附近。通过对种子和炭的分析，得到的确实证据表明：绳纹村庄是被改造了的、非原始的生长区域所包围[①]。鸟滨遗址中发现了许多种的喜阳植物的种子。而在许多遗址中栗树炭也广泛存在，栗树同样是喜阳植物，不可能在稠密的森林中生长。村庄中的人们因建房子、制造工具和烧木柴而砍伐树木，影响了附近的植被种类，改变了环境。

绳纹时代的人们从事捕鱼、采集、狩猎、制造陶器和磨光的石斧、储藏食物并且住在小型的定居村庄。相反，旧石器时代的居民专门从事狩猎，有着很强的迁徙能力。在绳纹时代，人们利用许多不同种类的资源，因此，其定居社会是最多面的一个。这种在定居社会的初期，生计活动的多样性和广泛性与西亚是类似的[②]。

---

① M. Nishida, The emergence of food production in Neolithic Japan, *Journal of Anthropological Archaeology,* 2, pp. 305-344.

② M. Nishida, Another Neolithic in Holocene Japan, *Documenta Praehistorica,* 29, pp. 21-28.

三、欧洲地区

传统上，这一地区所经历的新石器化过程被称为移民模式或殖民模式，这种移民模式主要有三个主要的证据：中石器时代文化突然消失，并被与大陆特征明显相似的新的人类遗物、埋葬习俗和标志性建筑所代替；经济和物质文化转变在时间上吻合；缺乏贯穿中石器时代向新石器时代转变的连续性聚落[①]。

农业的扩展被看作欧洲新石器化过程的最重要方面，也是新石器化研究的重点。柴尔德认为，农业在欧洲的扩展是人口扩张的结果[②]。来自近东地区的农民向欧洲移民，为他们带来了崭新的技术和生活方式。然而长距离的文化传播不一定仅仅只能通过人口的迁徙完成，人群之间的文化交流同样可以带来这种结果[③]。安默曼（Albert J. Ammerman）和卡沃利·斯福尔扎（Luigi Luca Cavalli-Sforza）提出一种人口扩张所导致新石器传播的最简单模式[④]。其缺陷在于它忽视了所有的异质性环境因素的影响，不过对于说明早期比较稳定的农业传播速度来说还是非常有用的[⑤]。

自从瓦维洛夫（N. I. Vavilov）在西亚的农业起源中心区进行了

---

① Clive Bonsall, David E. Anderson, Mark G. Macklin, The Mesolithic-Neolithic transition in western Scotland and its European context, *Documenta Praehistorica,* 29, pp. 1-20.

② V. G. Childe, *The Dawn of European Civilization: Kegan, Paul, Trench and Trubner,* London, 1925.

③ A. Whittle, Europe in the Neolithic, *The Creation of New Worlds,* Cambridge, Cambridge University Press, 1996.

④ A. J. Ammerman, L. L. Cavalli-Sforza, A population model for the diffusion of early farming in Europe, *The Explanation of Cultural Change.* London, Duckworth, 1973, pp. 343-357.

⑤ Kate Davison, Pavel Dolukhanov, Graeme R. Sarson, Anvar Shukurov, The role of waterways in the spread of the Neolithic, *Journal of Archaeological Science,* 33, pp. 641-652.

开辟性的工作以后，近东地区一直被认为是欧洲农业的故乡[①]。最早的谷物和豆类作物栽培以及动物的驯养证据来自距今12200年左右的扎格罗斯山麓。而到后一个阶段，农业聚落的中心逐渐北移到东部高地和小亚细亚的低洼地区。现在发现的欧洲地区最早的农业遗存位于希腊的山脉之间的低洼地，年代大约为公元前6500—5700年[②]。接下来，传播到东北部更远的斯特鲁马河（Strouma）流域和北部的瓦尔达尔—摩拉瓦河（Vardar-Morava）流域。色雷斯河北部的低洼地带和多瑙河中下游新石器时代聚落数量迅速增加。新石器时代在欧洲发展的下一个阶段就是早期线纹陶文化，最早的线纹陶文化出现在蒂萨河平原，年代为公元前5600—前5500年，这种文化迅速在欧洲中心地带（主要是沿着多瑙河、莱茵河和维斯瓦河）传播开来。整个传播过程主要发生在公元前5600—前4800年这一年代范围内[③]。

新石器文化在欧洲的传播速度一直都是一个令人感兴趣的话题，埃德蒙森（Munro S. Edmonson）是这个领域的先行者。他假设那些新石器时代的特征（例如陶器）的传播速度是恒定的，他推算其传播速度约为1.9公里/年[④]。安默曼和卡沃利·斯福尔扎则将重点放在早期农业的传播速度上，结论是早期农业在欧洲的平均传播速度约为每年1公里。不同的生态和地理因素可能会导致不同的传播速度，例如作为线纹陶文化的传播通道，多瑙河和莱茵河河谷的传播速度要快一些，在地中海沿岸地区也有同样的情况。他们分别推算出了这些地区的不同传播速度：多瑙河—莱茵河流域约为每年4—6公里；地中海

---

① N. I. Vavilov, Centry proiskhozhdeniya kul’turnyh rastenii (The centres of origin of cultivated plants), *Bulletin of Applied Botany,* XVI, No. 2, 1926.

② C. Perlès, *The Early Neolithic in Greece: the First Farming Communities in Europe,* Cambridge University Press, 2001.

③ P. Dolukhanov, A. Shukurov, D. Gronenborn, D. Sokoloff, V. Timofeev, G. Zaitseva, The chronology of Neolithic dispersal in Central and Eastern Europe, *Journal of Archaeological Science,* 32, 2005, pp. 144-145.

④ M. Edmonson, Neolithic diffusion rates, *Current Anthropology,* 2, 1961, pp. 71-102.

沿岸约为每年 10 公里[①]（图二）。

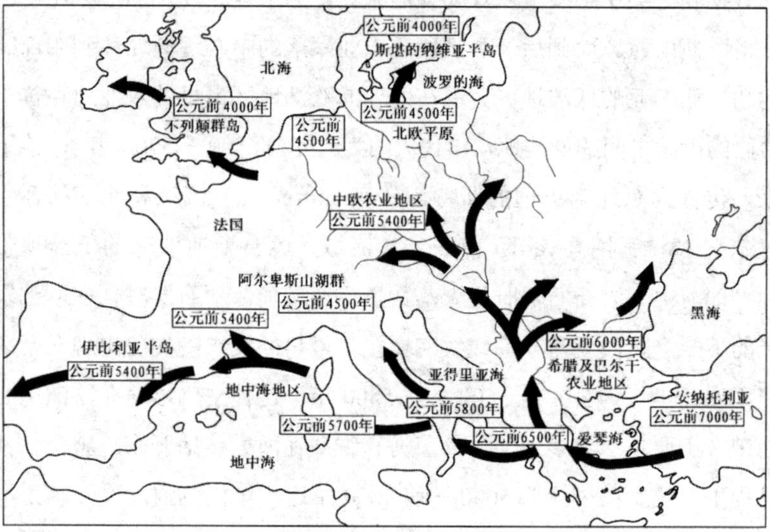

图二 早期农业在欧洲的传播

来源：Peter Bogucki. The spread of early farming in Europe. American Scientist. 84:242-253.

兹韦莱比尔（Marek Zvelebil）经过总结提出了新石器文化在欧洲传播的七种可能模式：（1）群体移民。这是最传统的移民解释，即整个人群直接从一个地区转移到另外一个地区，导致基因的整体换代。（2）人口扩散。即通过人口像波浪一样向外不断扩张。（3）精英支配。即一个或一部分社会精英渗入到某个地区，将新的文化强加给当地的人群。（4）群体渗透。例如一小部分有特殊技能的人完成特定的工作，比如家畜饲养者。（5）一小部分人以最佳的居住地为目标，进行跳跃式殖民，然后占领一块被当地人包围的领土。（6）通过农民和采集狩猎者在农业地区边界流动或交换。（7）地区间的接触，包括

① A. J. Ammerman, L. L. Cavalli-Sforza, Measuring the rate of spread of early farming in Europe, *Man,* 6, 1971, pp. 674-688.

贸易的方式和观念的交换①。

近来的研究提出了欧洲新石器化的另外一种模式。这种模式认为欧洲的新石器化与近东地区没有明显的联系②。在法国和西班牙的沿地中海地区和法国与葡萄牙的大西洋沿岸地区发现了存在陶器的遗址，它们的年代分别早到了公元前7350—前6500年和公元前6400—前5500年③，这些遗址更多地与位于法国东北部、比利时以及德国西北部的一些遗址联系起来，是一个与线纹陶完全不同的文化系统。这些证据显示了这一地区存在着早于近东“进步浪潮”（wave of advance）的另一种新石器时代文化，后来融入其中。据此，欧洲的许多学者开始考虑新石器化的另外一种可能性，即从中石器到新石器的转变是一个由本土人口、技术及观念的转变带来的变化，而非全部是外来的④。

尽管如此，线纹陶文化在欧洲的农业地带占有重要的地位。最近，一部分学者开始对这两个观点进行中和，他们认为外来因素和内在因素在欧洲的新石器化过程中起到了同样重要的作用。一些移民模式的坚定支持者开始逐步修改自己的观点，兹韦莱比尔承认：“在1986年，我坚定地相信线纹陶文化是完全继承来东南部的闯入的农民，现在关于这个问题的理解应该改变，线纹陶文化的来源应该是多

---

① M. Zvelebil, The social context of the agricultural transition in Europe, *Archaeogenetics: DNA and the population prehistory of Europe,* 2000, pp. 57-79. Martin Richards, The Neolithic transition in Europe: Archaeological models and genetic evidence, *Documenta Praehistorica,* 30, 2003, pp. 159-167.

② Kate Davison, Pavel Dolukhanov, Graeme R. Sarson, Anvar Shukurov, The role of waterways in the spread of the Neolithic, *Journal of Archaeological Science,* 33, pp. 641-652.

③ J. Roussault-Laroque, Rubane et Cardial, Le poids de l' ouest, *Rubane et Cardial,* 39, ERAUL, Liege, 1990, pp. 315-360.

④ P.-L. Van Berg, Ceramique de Limbourg et le Neolithique en Europe du Nord-Ouest, *Rubane' et Cardial,* 39, ERAUL, Liege, 1990, pp. 161-208. Kate Davison, Pavel Dolukhanov, Graeme R. Sarson, Anvar Shukurov, The role of waterways in the spread of the Neolithic, *Journal of Archaeological Science,* 33, 2006, pp. 641-652.

元化的，我们应该重视它的文化和基因的多样性。”[①]

四、结语

西南亚和欧洲大陆的新石器化研究起步早，积累的资料非常丰富，研究课题已经相当深入。近年来，随着新资料的发现和新理论的发展，产生了一系列新的观点，对传统研究结论造成了巨大冲击。而东北亚地区则由于发现材料和研究水平的限制，基本上还处于资料积累阶段。海外新石器化研究成果对中国的新石器化研究无疑具有非常重要的参考价值。

（与李俊合作完成，原载于《考古》2011 年第 4 期）

---

① M. Zvelebil, The many origins of the LBK, *LBK dialogues: studies in the formation of the Linear Pottery culture*, Oxford: Brutish Archaeological Reports, International Series 1304, 2004, pp. 183-205.

马岭：穿越古代社会看姓族

100多年以前，亨利·摩尔根在《古代社会》中根据北美印第安人易洛魁部的人类学调查，首次全面揭示了古代社会的氏族组织。从大学时代开始，我就希望能够从考古学的角度出发，揭示古代社会组织的奥秘。南水北调考古给了我一个这样的机会。

2006年冬天，我们选择位于丹江库区中间的马岭作为发掘对象。这是一处以史前文化为主的遗址，地处“丹淅之汇”，丹江沿西北方向流经遗址北侧，到遗址东北方向接纳淅水后，拐向南流。遗址保存面积10000多平方米，文化堆积层厚度一般在一米左右，比较适合进行聚落考古。2007—2010年间，武汉大学考古系与河南省文物考古研究所合作对遗址进行了4次大规模发掘，对遗址进行了比较全面的揭示。

马岭遗址包含了距今6000多年的后冈一期文化、距今5000多年的西阴文化、距今5000年左右的朱家台文化、距今4000年前后的煤山文化（早期夏文化）、二里头文化（晚期夏文化）、二里岗文化（早期商文化）以及东周时期、东汉时期、清代等不同时期的文化遗存，就像一幅绵延不绝的历史画轴，我们采用聚落考古的发掘方法，抽丝剥茧，将一个个的早期聚落鲜活地展示出来，其中最完整的是后冈一期文化和朱家台文化的聚落。

马岭遗址最早的遗存是后冈一期文化，这一时期的遗存在整个遗址都有分布，是马岭遗址最丰富的一类遗存，发现大量房址、墓葬、灰坑等遗迹和陶器、石器、骨器等遗物。后冈一期文化的聚落，在遗址东南边缘发现一条围沟。沟内出土大量陶片、石器、动物骨骼等文化遗物。围沟内侧中部发现房址 24 座。在东部发现墓葬 188 座，大部分墓葬均有随葬品，随葬品种类有陶鼎、罐、壶、簪以及兽牙、龟壳、绿松石饰品等。

距今 5000 年前后的朱家台文化遗存主要分布在遗址中西部。朱家台文化的房屋数量很多。房屋主要有圆形和方形两种，方形房屋面积较大。这一时期墓葬发现较少，仅发现少量陶棺葬。陶棺葬一般以折沿深腹罐为葬具，里面有小孩儿的遗骸。朱家台文化房屋分为东西两个区域，两个区域之间有明显的间隔。

马岭遗址的发掘揭示出了后冈一期文化和朱家台文化比较完整的聚落形态。这两个时期的聚落最显著的特征是都具有两分的结构：后冈一期文化的墓地和朱家台文化的房屋可以分为两个区。马岭遗址揭示的后冈一期文化和朱家台文化聚落形态到底反映了什么样的社会组织呢？摩尔根《古代社会》揭示了古代氏族组织。氏族具有裂片的属性，氏族的裂片就是古代的宗族，维持宗族运转的是宗法制度。氏族、宗族和宗法制度在中国学术界耳熟能详，但有没有更古老的亲族组织？我们知道秦汉以后中国人的姓氏是由先秦时期的“姓”和“氏”两种形态演变来的，通过摩尔根，我们已经了解了氏族，那么有没有姓族，姓族又是什么样的呢？

根据民族学资料的类比，马岭这类两分结构的聚落应该就是南美土著的半族、北美土著的胞族或者澳大利亚土著的婚级组织。这类亲族组织应该就是中国古代的姓所代表的姓族。马岭史前时期两分结构聚落反映的应该是两个具有稳定婚姻关系的姓族构成的一个村落。

马岭遗址的发掘让我们能够穿越《古代社会》所描绘的氏族组

织，看到了古代的姓族。这一考古发现及相关研究成果，将亲族组织的研究推进到一个新的境界。

（原载于《光明日报》2015 年 8 月 4 日。
发表时标题有修改，现改回原标题）

两分结构聚落反映的亲族组织

中国考古学首次基本完整地揭示出两分结构聚落是陕西华县元君庙半坡文化墓地的发掘与研究[①]。陕西临潼姜寨是一处基本完整揭露的半坡文化遗址，也是一处典型的两分结构聚落[②]。两分结构聚落似乎可以追溯到旧石器时代[③]，在新石器时代可谓比比皆是，在青铜时代也依然隐约可见，可以说是人类早期典型的聚落形态。白音长汗是目前发现的保存最为完整、揭露最为全面、现象最为清晰的两分结构史前聚落。我们就以其为代表，探讨一下这类两分结构聚落反映的亲族组织。

白音长汗位于内蒙古林西县最南端的双井店乡白音长汗村西南约500米的一列山岗，西拉木伦河北岸。遗存延续时间很长，其中最丰富的，是报告"二期乙类"的兴隆洼文化遗存（图一），包括两个环壕各自围起来的房子形成的两个居住区，以及各自拥有的一片墓地[④]。两个居住区南北排列，外围壕沟最近相距7.75米；两片墓地也

---

① 张忠培：《元君庙墓地反映的社会组织初探》，载《中国考古学会第一次年会论文集》，文物出版社1980年版。北京大学历史学考古教研室：《元君庙仰韶墓地》，文物出版社1983年版。

② 半坡博物馆、陕西省考古研究所、临潼县博物馆：《姜寨——新石器时代遗址发掘报告》，文物出版社1988年版。关于姜寨聚落结构的研究，参见陈雍：《姜寨聚落再检讨》，《华夏考古》1996年第4期。

③ 余西云：《巴史——以三峡考古为证》，科学出版社2010年版，第10—11页。

④ 内蒙古自治区文物考古研究所：《白音长汗——新石器时代遗址发掘报告》，科学出版社2004年版。

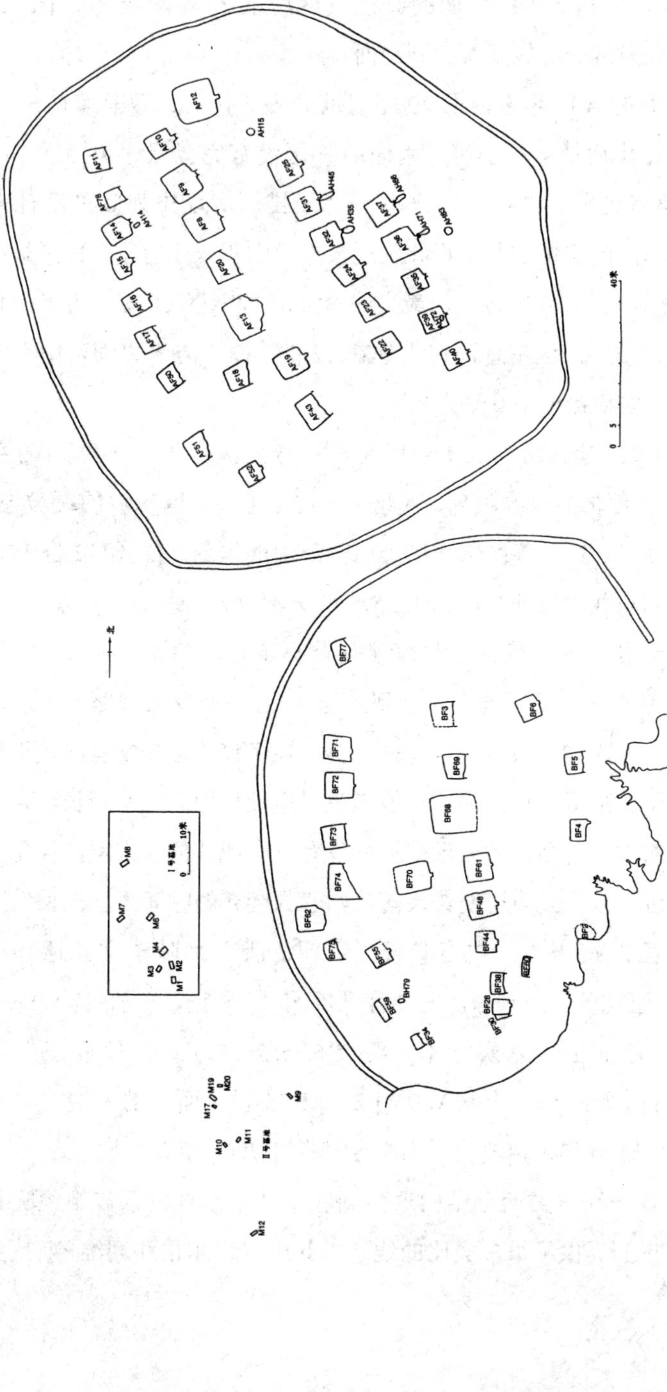

图一 白音长汗遗址的兴隆洼文化聚落

南北排列，各占一个山丘顶部，相距25米。其中北面的A区发现房址29座，灰坑8个；南面的B区发现房址25座，灰坑1个。在壕沟缺口处发现一片较坚实的硬土面。

北面的A区环壕内的29座房址分为6排，大致呈东南一西北排列，每排房址数目不等。南面的B区没有完全保存和揭示，发现的25座房址分为7排，大致南—北成排，房址排列似乎没有A区整齐。两区的房址的基本形状为近方形，面积大小有别。B区最小的BF28面积仅为16平方米，最大的BF68面积达100多平方米，且占据中心位置。A区房址面积大体在22.5—69平方米之间，中心大房址AF13面积接近100平方米。

墓葬14座，分布在I号墓区和II号墓区，各7座墓。I号墓区位于遗址西北部山的顶部，A区G1位于I号墓区东坡的缓坡地带，相距160米。II号墓区位于遗址西南部山的顶部，B区G2位于II号墓区山的东北缓坡地带，相距25米。大部分墓为积石土坑墓。

白音长汗的兴隆洼文化聚落具有明显的规划性，应该基本上是一次性完成的。发掘报告注意到，“室内居住面仅只薄薄一层，未见反复使用多次加工痕迹，灶膛内存留的烧烤痕迹也非常有限，不见那种长期用火形成的烧结面。一般来说，遗址使用的时间越长，存留的窖穴或灰坑也越多，此处聚落恰好没有集中成片的窖穴群，仅见一些零散灰坑。以上几点说明该聚落从始建到废弃的时间不会很长”。

根据发掘报告，白音长汗“二期乙类”兴隆洼文化遗存，年代为兴隆洼文化较晚阶段。有两个年代数据，一个是WB90-1，AF13居住面上的木炭标本，距今6590±85年，树轮校正为距今7215±110年；另一个是WB90-2，AF25居住面上的木炭标本，距今7040±100年，树轮校正为距今“超过7000年”。

白音长汗这类两分结构聚落到底反映了怎样的亲族组织呢？人类学为我们提供了很多类比的线索，其中以摩尔根和列维-斯特劳斯的研究成果最为突出。

列维-斯特劳斯曾经深入巴西中部的维美尔侯河流域观察过生活在这里的客贾拉村等土著村落，他认为这是“一个大体上未受现代文明影响的原始文化社会”，“是土著文化独立存在的最后一个坚强堡垒”。列维-斯特劳斯对客贾拉村进行了非常详细的描述[①]：

> 我走到一块空地中央，一边是河流，另外三边是森林，森林里面有不少种农作的田地[②]，穿过森林可以看见远方红色砂岩的陡峻山峰。在空地边缘一带有一些房子，共二十六栋，结构都和我住的那一家差不多，围成一个圆圈。圆圈中央有另外一栋房子，约二十米长，八米宽，比其他房子大很多。这就是baitemannageo，男性会所，未婚的成年男性睡在这里。族中男性如果不狩猎捕鱼，不忙着在跳舞场举行公共仪式的话，就在会所中消磨时间。跳舞场在会所西边，就是一片椭圆形的空地，以一圈木桩为界。女人严禁进入男性会所：女人住在围成一圈的房子里面，男人们每天都要沿着穿过灌木丛的小路，在会所和与配偶共有的房子之间来回走好多趟。从树上或屋顶上看下去，这个波洛洛的村庄就像一个马车的轮子，那些围成圈的房子是它的轮缘，小路是轮辐，而那座男人们的大房子则是轮毂[③]。

---

① 列维-斯特劳斯著，王志明译：《忧郁的热带》，生活·读书·新知三联书店2000年版。该书译文不准确之处颇多，本文所引部分全部请李俊根据法文本重新校订。Claud Lévi-Strauss, *Trist Tropiques*, Librairie Plon, 1955.

② 田地一词为“Jardin”，直译是花园的意思，指种植物的地方，不一定是农作物。与农田的区别是它们不是永久性的，在定居的狩猎采集人群中也会存在。——李俊注

③ 列维-斯特劳斯著，王志明译：《忧郁的热带》，生活·读书·新知三联书店2000年版，第265页。Claud Lévi-Strauss, *Trist Tropiques*, Librairie Plon, 1955, pp. 254-255.

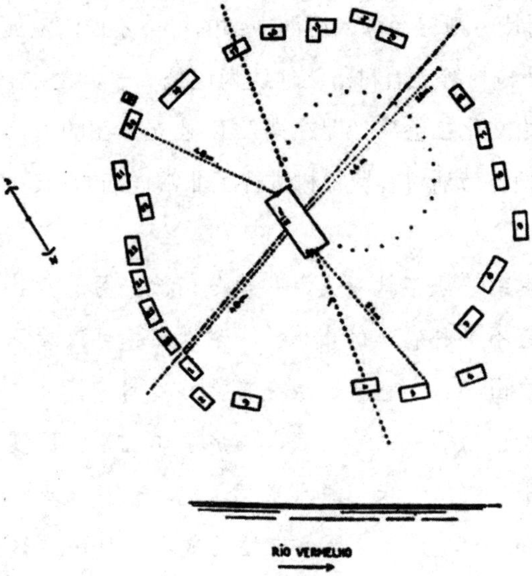

图二　客贾拉村的布局

客贾拉村的圆形村落接近维美尔侯河左岸，河流是由东往西流。理论上与河流平行的一条直径线把人口分成两半：北半的是却拉（Cera，读音是tchéra；我把所有名字都拼成单数），南半是图加垒（Tugaré）。前一个词的意思似乎是“弱”，后一个词意即“强”，但我不能确定。不论如何，这项划分非常重要，理由有二：（1）每一个人都和其母亲属于同一个半族（moiety）；（2）一个半族的男人只能和另一个半族的女人结婚。如果我母亲是“却拉”，我就也是“却拉”，我的太太就一定是“图加垒”。[①]

半族制度不但决定婚姻形式，也决定社会生活的其他方面。每次某个半族的成员得享某项权利，或得任某项义务时，都是

① 列维-斯特劳斯著，王志明译：《忧郁的热带》，生活·读书·新知三联书店2000年版，第266—267页。Claud Lévi-Strauss, *Trist Tropiques*, Librairie Plon, 1955, p. 256.

对另一半族有利，或受到另一半族的帮助。因此，一个却拉半族成员的丧礼是由图加垒半族负责举行，反之亦然。村落中的两个半族因此是合作者，每项社会的或宗教的行动，都必须得到另一半族成员的帮助，其成员担任辅助主要关系人的角色。这样的合作并不排除两个半族之间的竞争：每个半族仍有其自尊，互相之间也会嫉妒。[①]

根据列维-斯特劳斯收集的资料，这类两分结构的圆形聚落在南美洲、北美洲和大洋洲的土著中有非常广泛的分布。

并不是只有波洛洛人建圆形的村落；除了某些细节的差异外，圆形村落似乎是杰（Ge）语族各部落共有的习俗。杰族印第安人住在巴西中部高原，阿拉瓜亚（Araguaya）河与圣弗兰西斯哥（Sáo Francisco）河之间。波洛洛人可能是说杰语的部落中最南方的代表。我们知道他们北边最接近的邻居卡雅波族（Cayapo）也建类似波洛洛人的村落。卡雅波族住在里约多莫特河（Rio dos Mortes）右岸，十年前才第一次有外人到其村落。其他如阿平那耶族（Apinayé）、雪兰铁族（Sherenté）和卡内雅族（Canella）也都建造布局近似的村落。[②]

在北美洲，类似客贾拉这样的两分结构的聚落也大量存在。

温内巴戈人以前曾分成两个偶族[③]，分别称为万格列济，或

① 列维-斯特劳斯著，王志明译：《忧郁的热带》，生活·读书·新知三联书店2000年版，第269页。Claud Lévi-Strauss, *Trist Tropiques*, Librairie Plon, 1955, p. 257.

② 列维-斯特劳斯著，王志明译：《忧郁的热带》，生活·读书·新知三联书店2000年版，第265—266页。Claud Lévi-Strauss, *Trist Tropiques*, Librairie Plon, 1955, p. 255.

③ moiety，不同文献的翻译有所不同，本人倾向于将其译成半族，两个半族合在一起可以称为偶族或者两合组织。—— 引者注

“在上之人”，和曼耐济，或“地上之人”（以下为方便起见我们将称之为“在下之人”）。这些偶族是外婚制的，并且它们也有清楚的互惠权利与义务。因此每个偶族的成员都被要求为对方偶族的死者举行葬仪[①]。

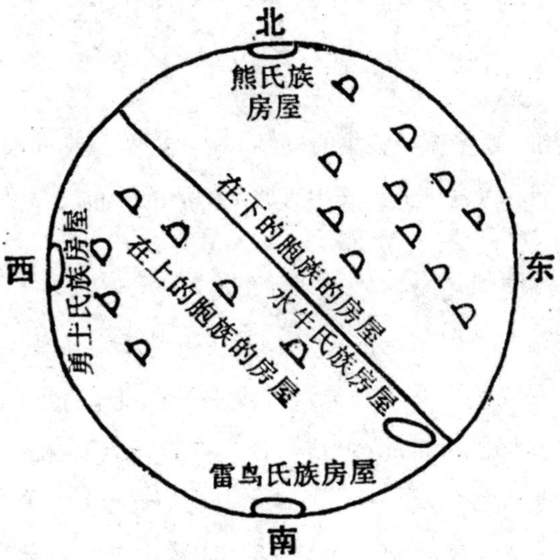

图三　温内巴戈人村落的结构

径分结构的例子是大量的。我们首先在北美洲发现它们，在那里，除温内巴戈人之外，几乎所有苏人营地都以这种方式设置。在南美洲，库尔特·尼缅达如的著作已经证明了在格人（即上引译文中的杰人——引者注）部落中径分结构的广泛分布，其中我们出于地理的、文化的和语言的理由还必须加上由柯尔巴齐尼和阿尔比塞蒂神父与笔者研究的中部马托格罗索的波洛洛人。这甚至可能是提阿华纳柯镇和库兹柯镇中的结构类型。还有一些例子

① 克洛德·莱维-斯特劳斯著，谢维扬、俞宣孟译：《结构人类学》，上海译文出版社1995年版，第141页。

可在美拉尼西亚的不同地区观察到。①

图四 波洛洛人村落的布局②

根据列维-斯特劳斯的研究，这类两分结构的村落，主要功能是互相婚配。与此相关联，还有一些其他功能，包括为对方半族的成员举行葬礼等。虽然他提到的这些村落并不都是母系的，但最有代表性的半族是母系的。事实上，有一些与半族类似的亲族组织却是父系的。

摩尔根《古代社会》提到一种与半族相关的亲族组织——胞族。

> 胞族（φρατρια）一词，从字面可以看出，是指兄弟同胞的关系；这种组织则是由氏族组织自然而然产生出来的。这是同一部落中的两个或两个以上的氏族为某种共同目的而结成的一种有机共同体或联合组织。凡结成一个胞族的氏族通常都是原

① 克洛德·莱维-斯特劳斯著，谢维扬、俞宣孟译：《结构人类学》，上海译文出版社1995年版，第143页。

② 克洛德·莱维-斯特劳斯著，谢维扬、俞宣孟译：《结构人类学》，上海译文出版社1995年版，第150页。

先由一个母氏族分化出来的。[①]

塞内卡部落有一个传说，认定熊氏族和鹿氏族为两个母氏族，而其他氏族都是从这两个（母）氏族分化出来的。[②]

他注意到“在这里（美洲土著中），氏族、部落和联盟都具有原始的政府功能，胞族却不具备这种功能”。那么，胞族有什么功能呢？

最早，同一胞族内的成员是不许互相通婚的，但每一胞族的成员都可以和另一胞族内的任何一个氏族的成员通婚。[③]

摩尔根并没有讨论胞族这种亲族组织反映的聚落形态，但摩尔根所谓的胞族与列维-斯特劳斯揭示的半族显然是同一类型的亲族组织，不过列维-斯特劳斯的半族往往还具有生命力，还有现实的婚姻功能，而摩尔根提到的胞族基本不具备婚姻的功能，而更多地为一种亲情纽带。

但摩尔根在《古代社会》中提到了一种具备实际婚姻功能的两分组织，那就是澳大利亚土著的“婚级组织”。

澳大利亚的卡米拉罗依人分为六个氏族，这六个氏族又分为两组：

第一组：1. 鬣蜥氏（杜利氏），2. 袋鼠氏（穆里腊氏），3. 负鼠氏（穆特氏）。

第二组：4. 鸸鹋氏（狄囊氏），5. 袋狸氏（比耳巴氏），6. 黑蛇氏（努莱氏）。

---

① 路易斯·亨利·摩尔根著，杨东莼、马雍、马巨译：《古代社会》（新译本），商务印书馆 1987 年版，第 86 页。

② 路易斯·亨利·摩尔根著，杨东莼、马雍、马巨译：《古代社会》（新译本），商务印书馆 1987 年版，第 88 页。

③ 路易斯·亨利·摩尔根著，杨东莼、马雍、马巨译：《古代社会》（新译本），商务印书馆 1987 年版，第 88 页。

原来，前三个氏族之间是不许彼此通婚的，因为他们是从一个母氏族分出来的，但他们可与其他三个氏族中的任何一个氏族通婚。反过来，其他三个氏族也一样[①]。

同时他们还把人们分为八个婚级，四个男性，四个女性。

男性	女性
1. 伊排	1. 伊帕塔
2. 孔博	2. 布塔
3. 慕里	3. 玛塔
4. 库比	4. 卡波塔

同一婚级的人，不论属哪个氏族，彼此都是兄弟或姊妹，都是从一个假定的女祖先传下来的。也就是说，其世系为母系。

伊排，可与卡波塔通婚，不得与其他婚级通婚，其子女为慕里和玛塔。

孔博，可与玛塔通婚，不得与其他婚级通婚，其子女为库比和卡波塔。

慕里，可与布塔通婚，不得与其他婚级通婚，其子女为伊排和伊帕塔。

库比，可与伊帕塔通婚，不得与其他婚级通婚，其子女为孔博和布塔。

摩尔根对卡米拉罗依人婚级组织的解释非常烦琐，而其后的很多研究者对其的理解更是叠床架屋，不胜其烦，都没有把握本质。我们将婚级组织进行简化，其内涵和性质一目了然：

卡米拉罗依人的六个氏族可以合并为两组，每组就是一个摩尔根所谓的“母氏族”，实际上，就是两个半族，这两个半族长期稳定

---

① 路易斯·亨利·摩尔根著，杨东莼、马雍、马巨译：《古代社会》（新译本），商务印书馆1987年版，第49页。

地互相通婚，就构成了八个婚级：两个半族中男女两种性别的人互相通婚；不同辈分的两代人不允许通婚；婚级的名称不断循环。

白音长汗的兴隆洼文化聚落反映的亲族组织应该就是两个半族构成的村落。这类亲族组织在中国古代文献中是否存在呢？或者说中国古代文献中是否存在与半族、胞族对等的概念呢？我们认为是有的，那就是姓所组合的人群，即“姓族”。

顾炎武《原姓篇》：“男子称氏，女子称姓。氏一再传而可变，姓千万年而不变。……是故氏焉者，所以为男别也。姓焉者，所以为女坊也。自秦以后之人以氏为姓，以姓称男，而周制亡而族类乱。”

先秦时期的姓与氏是有本质差别的两类概念，到秦以后，姓与氏合二为一。氏族是学术界非常熟悉的概念，而姓族则是比较陌生的概念，因为学术界没有深入讨论过“姓”的本质，没有探讨过“姓”界定的人群具有什么关系。顾炎武虽然注意到了氏、姓与男、女之间的联系，注意到了氏、姓变与不变的现象，但也没有深究其本质差别。

郑樵《通志·氏族略序》：“三代之前，姓氏分而为二，男子称氏，妇人称姓。氏所以别贵贱，贵者有氏，贱者有名无氏。……故姓可呼为氏，氏不可呼为姓。姓所以别婚姻，故有同姓、异姓、庶姓之别。氏同姓不同者，婚姻可通，姓同氏不同者，婚姻不可通。三代之后，姓氏合二为一，皆所以别婚姻，而以地望明贵贱。于文，女生为姓，故姓之字多从女，如姬、姜、嬴、姒、妫、姞、妘、婤、姶、姺、嫪之类是也。”郑樵的说法显然更接近本质，“姓所以别婚姻”，姓就是为了区分出不同的婚姻集团。

其实先秦文献经常提到“同姓不婚”，《礼记》对同姓不婚有比较系统的说明。《昏义》：“昏礼者，将合二姓之好，上以事宗庙，而下以继后世也，故君子重之。”《效特牲》：“天地合，而后万物兴焉。夫昏礼，万世之始也。取于异姓，所以附远厚别也。”强调了异姓通婚的必要性。《大传》：“其庶姓别于上而戚单于下，昏姻可以通乎？

系之以姓而弗别，缀之以食而弗殊，虽百世而昏姻不通者，周道然也。”《曲礼》：“取妻不取同姓，故买妾不知其姓，则卜之。”强调了同姓不婚的具体规定。《坊记》：“子云：取妻不取同姓，以厚别也。故买妾不知其姓，则卜之。以此坊民，鲁《春秋》犹去夫人之姓曰吴，其死曰孟子卒。”则举了一个反面的例子。

《左传》则对同姓通婚的利弊多有阐述。《左传·宣公三年》：“石癸曰：吾闻姬、姞耦，其子孙必蕃。姞，吉人也，后稷之元妃也。”《左传·僖公二十三年》：“男女同姓，其生不蕃。”从正反两个方面说明了同姓不婚的利弊。《左传·昭公元年》：“晋侯有疾，郑伯使公孙侨如晋聘，且问疾。……侨又闻之，内官不及同姓，其生不殖。美先尽矣，则相生疾。君子是以恶之。故《志》曰，买妾不知其姓，则卜之。违此二者，古之所慎也。男女辩姓，礼之大司也。今君内实有四姬焉，其无乃是也乎？若由是二者，弗可为也已。四姬有省犹可，无则必生疾矣。”晋平公生病了，子产去探视。子产借题发挥，就晋平公娶同姓批评了一番，其中谈到了同姓通婚的两个弊端：其一，“其生不殖”，不利于子孙繁衍；其二，“美先尽矣，则相生疾”。以往的研究者一般把其中“疾”理解为“疾病”。言下之意，晋侯娶了几个同姓美女，纵欲无度，所以把身体搞垮了。实际上，这里的“疾”应该通“嫉”。晋侯把同姓的美女都娶光了，容易引起“嫉妒”，不利于“附远厚别”，加强同其他姓族的联系。

只有两姓形成长期稳定的婚姻关系，才真正与人类学中的两合组织具有相同的内涵与性质。白居易在徐州古丰县朱陈村就观察到过这样的活生生的例子（白居易《朱陈村》）：

一村唯两姓，世世为婚姻。
亲疏居有族，少长游有群。
黄鸡与白酒，欢会不隔旬。

生者不远别，嫁娶先近邻。

死者不远葬，坟墓多绕村。

这是唐代的情形，有没有更早的证据？《国语·晋语四》："昔少典娶于有蟜氏，生黄帝、炎帝。黄帝以姬水成，炎帝以姜水成。成而异德，故黄帝为姬，炎帝为姜，二帝用师以相济也，异德之故也。异姓则异德，异德则异类。异类虽近，男女相及，以生民也。同姓则同德，同德则同心，同心则同志。同志虽远，男女不相及，畏黩敬也。黩则生怨，怨乱毓灾，灾毓灭姓。是故娶妻避其同姓，畏乱灾也。故异德合姓，同德合义。"姬姓与姜姓的联姻在先秦多有所见，姬姓与其他姓的联姻也见诸文献，如前引《左传·宣公三年》："石癸曰：吾闻姬、姞耦，其子孙必蕃。姞，吉人也，后稷之元妃也。"根据刘启益的研究，从武王至厉王恰好是每隔一代周王，就要娶一个姜姓女子为妻。这说明西周时姬、姜两姓是两个互为婚姻的政治集团，而这种习俗的来源，或者可以追溯到更遥远的古代[①]。《尔雅·释亲》："妻之父为外舅，妻之母为外姑。姑之子为甥，舅之子为甥，妻之昆弟为甥，妹妹之夫为甥。"这是上古时期两个姓族之间普遍存在长期稳定婚姻关系的更佳证据。

白音长汗的兴隆洼文化这类两分结构的聚落反映的应该是两个具有稳定婚姻关系的姓族构成的一个村落。

（原载于《东北亚古代聚落与城市考古国际学术研讨会论文集》，科学出版社 2014 年版）

① 刘启益：《西周金文中所见的周王后妃》，《考古与文物》1980 年第 4 期。

西山城的情境分析

1993—1996年，国家文物局第7—9期考古领队培训班对郑州西山遗址进行了大面积的发掘，发现了丰富的仰韶时期文化遗存，揭示出一座西阴文化时期的城址[①]。学术界对西山城的年代、性质等方面进行了大量的研究，提出了一些很有见地的认识。本文试图用情境分析方法对西山城的性质做一判断。

一

西山遗址位于郑州市北郊惠济区古荥镇孙庄村西，北距黄河约4公里。遗址西、北依西山，为自洛阳延伸而来的邙岭余脉。南面枯河，是发源于荥阳境内山区的一条短促的季节性河流，过遗址向东汇入黄河。东邻京广铁路，越过铁路即是广阔无垠的黄淮平原。遗址坐落在枯河北岸二级阶地南缘，地理坐标为东经113º31′50″，北纬34º54′45″。

西山城的城墙平面形状近似圆形，直径约180米，因枯河冲刷，

---

① 国家文物局考古领队培训班：《郑州西山仰韶时代城址的发掘》，《文物》1999年第7期。

城址南部已被破坏，推断城内面积应为25000平方米，现存城墙以内面积约19000平方米，如果将城墙及城壕的范围算上，面积约为34500平方米（图一）。

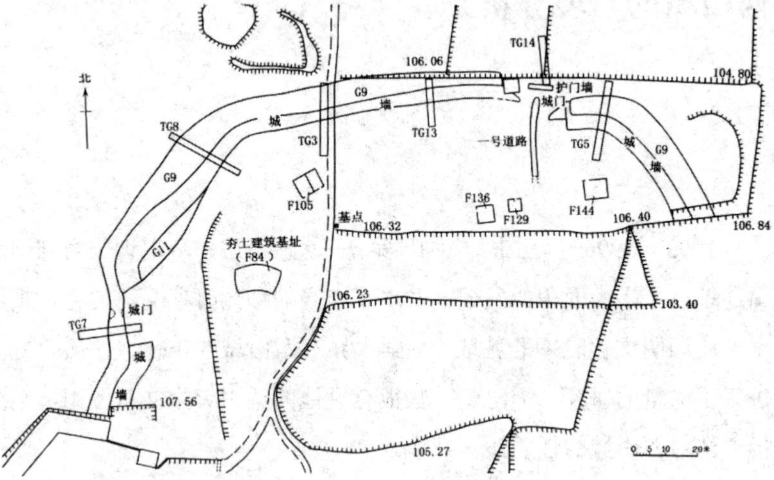

图一　西山城平面图

现存城墙长约265米，墙顶宽3—5米，存高1.75—2.5米。北城墙西北城隅段保存最好，这一段城墙呈弧形，由西南向东北曲缓与北墙相连。此段城墙基底宽11米，存高约2.5米，现存高度顶面宽约8米。城墙筑造采用方块版筑法。先在拟建城墙区段挖出倒梯形基槽，在槽内经过修整的基底平面上依托基槽内壁分段逐块逐层夯筑建墙，高出基础槽口以后，沿内侧地面展宽筑起。紧贴城墙外有壕沟环绕，城壕宽一般约4—7米。西北隅城墙外的壕沟宽达11米，壕深3—4.5米。

发现两座城门遗迹。西门设在城墙西北隅，门道宽约17.5米。城门南侧城墙宽约6米，北侧城墙宽9米。北侧城墙上有南北向2排和东西向3排基槽，槽内密布柱洞，将城墙分隔成数间面积达3—4.5平方米的单元房，简报推测是望楼一类建筑。西门外壕沟内的东、西两侧各有一个直径约3米的半圆形生土台，两个土台间壕沟的宽度约

2 米，推测是为了架设板桥，方便通行而设立的。

西门门道稍偏南处发现城门奠基遗存，分作上下两层。上下层各分为 8 组，有鼎、罐、大口尖底缸和环形平口尖底瓶等 20 余件器物，多件器物内发现有婴幼儿骨骼。

北门设在城址东北角，现存门道宽约 10 米，平面形状略呈“八”字形。东西两侧分别有略呈三角形的附筑城台。城台均由长方形、梯形、三角形和近于菱形的小版块筑成。版块面积约为 0.8 平方米。西侧城台曾遭破坏，在其外侧补筑了一个长 4.5 米、宽 4.5 米的正方形城台。北门外侧正中，横筑了一道护门墙。护门墙东西向，长约 7 米，宽约 1.5 米，夯筑十分坚硬。

北门西侧的城墙收分而成的台阶面上有奠基坑，分作 4 组，分别以环形平口尖底瓶和器盖、大口尖底缸及钵和夹砂罐为葬具，其中除夹砂罐外的其他 3 组内发现有婴幼儿骨骼。在此偏西的城墙夯土中，出土包括彩陶钵、鼎、罐等 9 件陶器，其中彩陶钵内有婴儿骨骼。另有多件陶器因位于探方壁外的城墙夯土中未取出，实际祭奠陶器数量应不止 9 件。

在城墙北门附近发现一段道路，南北向，存长 25 米，路宽 0.5—1.85 米。路土厚约 0.4 米，系用粗砂和红烧土碎粒与细沙质黄土相间分 8 层铺就。路土自城内东北部房址密集区，向北至北门门道正中护门墙前约 2 米处消失。

2004 年，河南职业艺术学院计划在西山城址北边兴建校舍，河南省文物考古研究所在这一带进行了考古钻探和发掘，发现一条西山城的外壕。环壕南临西山遗址一般保护区北界，现存部分呈半圆形，西起遗址西北角断崖，环绕遗址东行，向南至遗址南部枯河河道，现存长度约 550 米。环壕与西山城址城墙走向基本一致，与城墙之间相距约 150—200 米不等，由西向东依地势挖建于生土，两端现存高差近 10 米。由于近现代地貌变化较大，几处探沟发掘所见环壕的宽度、深度不完全一致。环壕口部宽 12.5 米、底部宽 4.5 米，深 6.7 米。根据这条环壕的走向推测，环壕内的面积约 35 万平方米。

虽然在西山遗址发现了大量的房基和灰坑等遗迹，但因为与西山城址同时期的遗存埋藏距离地表较浅，近代以来进行农田改造时，对遗址上部破坏较严重，与西山城同时期的房址发现不多，与城同时期的聚落形态并不十分清楚。但从这一时期的灰坑等遗迹出土的遗物等方面的情况看，没有发现能够证明该城址具有很高社会等级的明显线索。

二

关于西山城的修建过程和年代，简报介绍了一组地层关系。

B 组 G25 → G9 ①→②→③→④→第 III 段夯土墙→第 II 段夯土墙→ G9 ⑤→⑥→⑦→⑧→⑨→第 I 段夯土墙→ H1861（图二）。

G9 为城墙外的环壕，应该是取土筑城时形成的。从简报图二 TG5 东壁剖面图可以看出，修建第 I 段夯土墙时，取的是位于 G9 ⑤、⑥、⑦、⑧、⑨这个空间中的土。大致在第 I 段夯土墙使用期间，G9 ⑤、⑥、⑦、⑧、⑨这个空间的环壕又被逐步掩埋，形成了这几层堆积。第 II 段夯土墙和第 III 段夯土墙的南侧面为一条线，将它们看成同一个城墙应该是合理的。第 III 段夯土墙打破第 3 层及其开口于其下的遗迹和地层，在修建这两段夯土墙时，又形成了由 G9 ①、②、③、④层这个空间形成的环壕，并在使用过程中逐步填埋。

从这个剖面图可以看出，西山城的修建，经历了前后两个修筑阶段：先修筑第 I 段城墙，然后在其基础上增修了第 II 段夯土墙和第 III 段夯土墙。

关于西山城的修建年代，简报认为“始建于第四组，第五组时曾

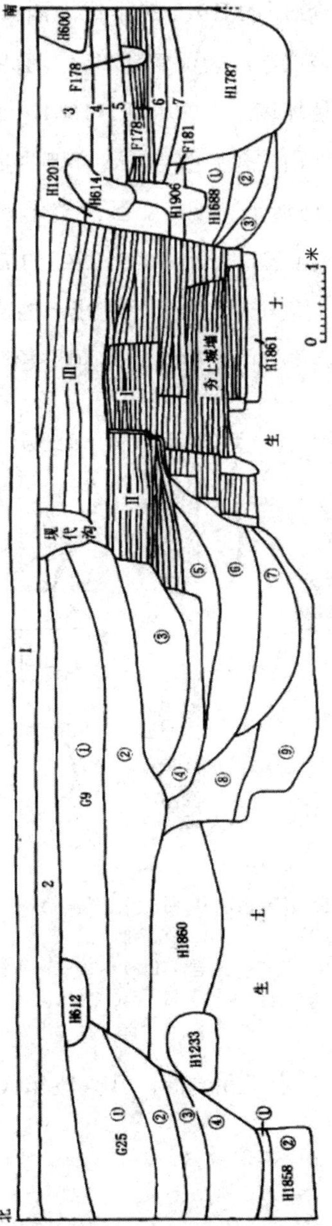
南
北
H600
F178
H1787
F181
H1201
H614
H1906
H1688
夯土城墙
H1861
现代沟
G9
H1860
H612
H1233
G25
H1858
1米

图二 TG5东壁剖面图

大规模重建，到第七组时被废弃”。张玉石后来又做了进一步讨论[①]。根据他的介绍，被城墙叠压的H912的年代为西山二期（即西阴文化）稍偏晚。在西北段城墙下，叠压有H2063；东北段城墙下，叠压有H1861；东北城门东侧城墙下，叠压有H1664，这些单位的年代约当西山第三期遗存（即西山文化）的早段。打破西北隅城墙的H289、H1907的年代相当于西山遗址三期（即西山文化）的晚段。简报发表了部分城墙奠基遗迹出土的陶器［即第四组的H1818（图三）和W141］，张玉石论文中发表了东北城门西侧出土的奠基陶器。根据这些研究成果，可以判定西山城的始建年代为西阴文化最晚一期。

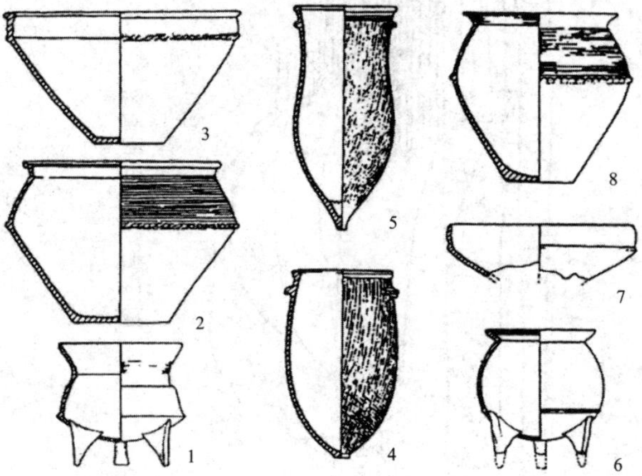

图三　奠基遗迹H1818出土的陶器

1. 鼎（H1818：20）　2. 罐（H1818：17）　3. 盆（H1818：23-2）　4. 尖底缸（H1818：23-1）　5. 尖底缸（H1818：24-1）　6. 鼎（H1818：3）　7. 豆（H1818：24-2）　8. 罐（H1818：7）

至于外壕沟，根据沟内堆积判断，其兴废年代与西山城址的兴废年代大致相同。

---

① 张玉石：《西山仰韶城址及相关问题研究》，载《中国考古学的跨世纪反思》（上），香港商务印书馆1999年版。

三

西山遗址所在的位置，正好处在邙山余脉的东端，这里是绵延不绝的豫西丘陵与一马平川的黄淮平原的交界线；西山遗址南面的枯河是黄河最后一个支流，往东的平原地区就是淮河流域的范围。这里既是重要的地理分界线，也是古代重要的文化接触地带。秦末汉初楚汉相争，刘邦集团与项羽集团长期对峙的鸿沟即位于西山附近。

不同时期的西阴文化的分布范围有所变动，不排除某些时段有分布到郑州以东的黄泛区而至今被掩埋的可能性，但至少到西阴文化晚期，郑州一带应该是西阴文化的东部边际。郑州西北郊分布着比较密集的西阴文化遗址，经过一定规模的发掘遗址除西山外，还有青台①、点军台②、后庄王③等（图四）。

图四 西山遗址所在位置及其与周边遗址的关系

① 郑州市文物工作队：《青台仰韶文化遗址 1981 年上半年发掘简报》，《中原文物》1987 年 1 期。

② 郑州市博物馆：《荥阳点军台遗址 1980 年发掘报告》，《中原文物》1982 年 4 期。

③ 河南省文物研究所：《郑州后庄王遗址的发掘》，《华夏考古》1988 年 1 期。

郑州市北郊的大河村遗址是目前发现的分布最东的西阴文化遗址[①]。大河村遗址位于柳林镇大河村西南约1公里的漫坡土岗上，该土岗呈西南—东北走向，南、北两面坡度较大。有一条西南—东北流向的古河道从遗址中部穿过。这里所在地为西南浅山丘陵区与豫东大平原的接壤地带，但“这里地势平坦而且低洼”，实际上已经是平原地带了，这与西山处在山上形成对照。遗址北距贾鲁河2.5公里，贾鲁河是淮河上游的支流，虽然与西山遗址的直线距离不过十余公里，但已经属于不同的大水系。

我们曾将其中的西阴文化时期的遗存分为四组，其中第一、二组遗存与西山遗址第一、二组的面貌接近。以F1—F4、F19—F20等为代表的第三组（即专刊第三期），器物的文化面貌则有了明显的变化（图五）。比如在大河村F1等第三组的房子中，除了出土这一地区典型的西阴文化因素，如盆形鼎、釜形鼎、深腹罐、盆、钵、器盖等之外，新出现了背壶、折沿豆、腹部饰鸡冠耳的罐等来自淮河下游方向的文化因素，说明这一时期大汶口文化等经过淮河达到了这一地区。

大河村F1等单位出土的夹砂深腹罐，肩部带一周附加堆纹。同类器物也见于西山城门的奠基遗迹中（H1818：7、H1818：17、T514K2）。这种肩部饰一周附加堆纹的夹砂绳纹罐具有鲜明的时代特色（年代更早的夹砂深腹罐腹部没有附加堆纹，而更晚一些的遗存，往往出现饰多周的附加堆纹的夹砂深腹罐）。这样的线索显示西山城的建筑年代与大河村F1—F4、F19—F20等第三期遗存出现的年代基本相同，其中的因果关系也就十分明确了。与西山遗址相距十余公里

① 郑州市博物馆：《郑州大河村仰韶文化的房基遗址》，《考古》1973年第6期。郑州市博物馆：《郑州大河村遗址发掘报告》，《考古学报》1979年第3期。郑州市文物考古研究所：《1982、1985年河南郑州市大河村遗址发掘》，载《考古学集刊》（11），中国大百科全书出版社1997年版。郑州市文物考古研究所：《郑州大河村》，科学出版社2001年版。

的大河村遗址出现了大量来自淮河下游方向的文化因素，表明来自淮河下游方向的文化已经占领郑州北郊一带，对原来分布在这一地区的西阴文化形成巨大的威胁和压力，双方甚至发生激烈冲突。处于守势的西阴文化一方，在非常有利于防守的西山构筑起城墙和环壕等防御体系。

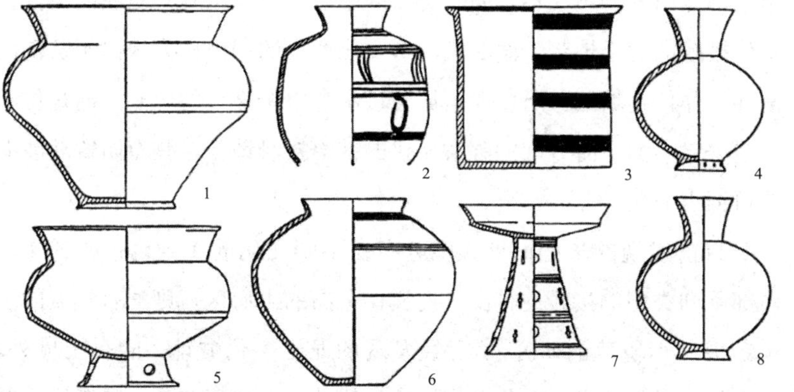

图五　大河村 F20 出土的外来文化因素

1. 罐（F20：10） 2. 壶（F20：26） 3. 杯（F20：24） 4. 壶（F20：21）
5. 罐（F20：25） 6. 罐（F20：20） 7. 豆（F20：5） 8. 壶（F20：16）

四

西阴文化是在后冈一期文化，特别是分布在晋南地区以北橄等遗址[①]为代表的具有地方特色的后冈一期文化遗存的基础上发展而来的，其早期的中心地带应该在后冈一期文化的范围内。后冈一期文化是从裴李岗文化发展而来，后冈一期文化的中心分布区就是豫中地区，西阴文化早期的中心区域应该就在嵩山两侧。

---

① 山西省考古研究所：《山西翼城北橄遗址发掘报告》，《文物季刊》1993 年第 4 期。

受黄河下游的大汶口文化西进的冲击，西阴文化节节后退。中期以后的中心就到了关中地区，而晚期则将重心移至宝鸡一带。甘肃秦安的大地湾之所以会出现像F901那样精致的宫殿式建筑[①]，应该就是西阴文化（融合了一些半坡文化因素）撤退到这一地区之后的结果。

西阴文化的中心地区有一个逐步西迁的过程，到西山城修筑的年代，西山一带不仅不是西阴文化的中心区，而是其与东面的大汶口文化接触的前沿地带。面对大汶口文化西进的强大压力，出于防御的需要，才修建城墙。所以西山城应该不是整个文化的中心，而是位于面对来自淮河下游方向的强大文化的前沿接触地带，具有防御功能的军事据点。

目前发现的早期城址大多分布在不同文化的接触地带或者文化内部不同类型的接触地带上，而文化分布的中心区域则鲜有筑城的现象。根据李伊萍的研究，“已经发现的龙山文化城址，除丹土城外，其余的或者位于龙山文化分布区的边缘地带，如藤花落、景阳岗，或者位于不同地方类型的边缘地带，如城子崖、丁公、田旺，都是尹家城类型的北部边缘地带，其中城子崖位于与尚庄类型交界之处，田旺则位于与姚官庄类型的交界之处。而且，从城子崖城址所在地区遗迹分布图上还可以看到，被视为这一区域内具有中心地位的城子崖遗址，并不是处在遗址群的中心位置，而是远离其他遗址，偏居遗址群的最东端，首当其冲的面对西部另外的地方类型，也正是其所处的特殊地理位置在攻防上的重要地位，才会兴师动众地在此修筑城墙，对聚落重点保护”[②]。

甚至到了夏商周时期仍然如此。比如据信是夏都的二里头遗址

① 甘肃省文物考古研究所：《秦安大地湾——新石器时代遗址发掘报告》，文物出版社2006年版。

② 李伊萍：《龙山文化——黄河下游文明进程的重要阶段》，科学出版社2004年版，第136—138页。

迄今为止还没有发现城墙，学界普遍认同为商代晚期国都的殷墟遗址也没有发现城墙，而西周时期的丰、镐二京所在的沣西、沣东也没有发现城墙[①]，而与这些遗址同时期的城址屡有发现，也证明了这个现象。

关于这种聚落形态的成因，古代文献中也不乏解释。《左传·昭公二十三年》："古者天子守在四夷；天子卑，守在诸侯。诸侯守在四邻；诸侯卑，守在四竟。慎其四竟，结其四援，民狎其野，三务成功；民无内忧，而又无外惧，国焉用城？"

五

在以往的研究中，往往把城作为文明起源的重要标志之一，有其合理性。城毕竟是不同文化剧烈碰撞的产物，是社会复杂化程度具有分水岭意义的指征。但是城到底是作为社会的政治、经济和文化中心，还是可能具有其他功能，则需要具体分析。

对西山城的功能和性质的判断，我们考察了西山城本身保留的城墙、城门、内环壕、外环壕等城址本身的规模和布局等，也根据残存的灰坑等遗迹分析了西山城是否存在社会分化等。但这些似乎并不能让我们对其性质有一个全面、客观的判断。

然后我们考察了西山城的建筑年代和过程，及其在西阴文化整体分布中的位置，这样就对其时间与空间有了一个判断。在此基础上，它与同时期其他遗址的关系，特别是与相邻的大河村遗址的关系，对我们理解其修建的原因非常有帮助。我们认为正是来自大汶口文化的因素到达大河村遗址这样的文化格局催生了西山城的修建。而

① 杨宝成：《殷墟文化研究》，武汉大学出版社 2002 年版，第 15 页。

这样的文化格局的判断也正好能够得到地理环境的佐证：西山本身是邙山余脉的东端；西山城位于豫西丘陵向黄淮平原的分界线上；旁边的枯河是黄河的最后一个支流，往东就是淮河流域了。这样的地理环境证明选择其作为防御据点具有合理性。

在一定程度上说，西山城的性质和功能是根据它与其他遗址的联系、这些遗址与地理环境之间的联系来确定的。

（我与赵新平合作完成，原载于《考古学研究》[十]，
科学出版社 2012 年版）

西阴时代：中国文明的滥觞

中国文明起源是一个非常复杂的课题，学术界对此可谓众说纷纭，主要涉及文明的标准、文明起源的时间、文明起源的机制与模式等。我们的基本认识是中国文明的起源是一个过程（而不是某一时间点上的一个事件），可以分为几个阶段。西阴文化时期（约前 4000—前 3000 年）在这个过程中处在非常关键的位置。

西阴文化以山西夏县西阴遗址命名。[①] 过去学术界也将这类遗存归入仰韶文化，称之为西阴类型或庙底沟类型。后来还提出过“庙底沟文化”的命名。

典型的西阴文化遗存的陶器以盆、罐（瓮）、瓶、钵（钵形甑）为大宗，另有少量的釜（釜形鼎）、灶、杯、器盖与器座。陶质可以分为泥质和夹砂两大类，泥质陶占绝大多数。陶色大体分为红（褐）、灰两大类，前者占绝大多数。纹饰以素面为主，线纹较多，有少量弦纹、附加堆纹等。

---

① Lichi，Archaeological Survey of the Feng River Valley，South Shansi，China，*Smithsonian Miscellaneous Collections*, No. 78: 7，1927. 中译载《考古》1983 年第 8 期。又载李光谟编：《李济与清华》，清华大学出版社 1994 年版。李济：《西阴村史前的遗存》，清华学校研究院丛书第三种，1927 年。又载李光谟编：《李济与清华》，清华大学出版社 1994 年版。又载《三晋考古》第二辑，山西人民出版社 1996 年版。李济：《西阴村史前遗址的发掘》，载李光谟编：《李济与清华》，清华大学出版社 1994 年版。山西省考古研究所：《西阴村史前遗存第二次发掘》，载《三晋考古》第二辑，山西人民出版社 1996 年版。

西阴文化的彩陶相当丰富，特征非常鲜明，是其典型特质之一。彩绘的颜色，以黑彩为主，红彩很少见。绘彩前往往在陶器上施红色或白色陶衣。彩绘一般施在细泥红陶器上。彩绘主要施在器腹外侧上部，也有少量绘在折沿盆的口沿上。

彩陶的构图尽管相当繁复，但其使用的绘画语符却相对简单。彩陶所使用的绘画语言可以分解为弧线三角、圆点、线条这样三个最基本的语素。三种基本语素互相结合，形成多种不同的语符。这些语符可以归纳为三类：阳纹弧线三角、阴纹弧线三角和圆点。其中弧线三角与圆点形成对比，阳纹和阴纹互衬。从某种意义上说，彩陶几乎均可以从阳纹和阴纹两个角度来观察，而这种互补的观察对于理解西阴文化彩陶极为关键。

鸟和花可以理解为男根和女阴，或者分别代表了阳器和阴器。这不仅具有一系列其他佐证，西阴文化彩绘本身正好以阳纹和阴纹分别表示两类不同图案。图案表现手法的阴阳互衬，与反映内涵的阴阳对比，可谓匠心独运。蛙与一些南方方言中的娃音同形近。以蛙来象征娃，大概与蛙和幼儿的姿势的相似性有关。

西阴文化彩陶基本语符的表现手法、含义和隐喻，可以图示如下：

	阳纹	:	阴纹
弧线三角	鸟	:	花
	阳器	:	阴器
		↓	
圆点		蛙（娃）	

图一　西阴文化彩陶的结构

西阴文化彩绘运用点、线和弧线三角这样几种经过高度概括的绘画语素，采用了阴阳反衬的手法来表现鸟、花、蛙等几种主要的语符，使用了叠加、连环等技法，来表示求爱、交配、孕育和生殖等内容。彩绘的中心主题是生殖（崇拜）。

西阴文化陶器上的彩绘是其鲜明的文化标志，几乎所有的西阴文化遗址中都有彩陶存在。在西阴文化影响所及之处，也都有其身影。苏秉琦先生曾在多篇文章中论到西阴文化的彩绘“花”纹与“华”人族群之间的关系。这是非常深刻的认识。[①]

目前学术界对西阴文化的起源有不同的意见。学术界的讨论主要涉及半坡文化与西阴文化的关系。代表性的观点一种是张忠培、严文明两先生在《三里桥仰韶遗存的文化性质与年代》一文中提出“半坡类型早于庙底沟类型，并且以一个中间链环把两个类型连系起来”的观点，即西阴文化是经“三里桥仰韶遗存”，下孟村 F1、F2 这类“中间链环”从半坡文化发展而来[②]。另一种观点以苏秉琦先生为代表，认为半坡类型与庙底沟类型（即西阴文化）“各自具有独特的文化面貌（主要表现在饮食炊盛器皿的基本形式和彩陶花纹上）。其原因大概主要由于两者文化渊源不同”，“两者具有不少的共同因素或共同之点，这应该是由于：两者大致同时，经历过类似的发展过程和阶段，两者主要都分布在关中，邻境交错，联系密切”[③]。

关于西阴文化的形成，基于如下几个主要事实：（1）西阴文化的核心内涵与半坡文化有相当大的共性。（2）典型西阴文化之前，往往有相当于半坡文化史家类型第 I 期的遗存存在。（3）西阴文化与史家类型遗存在诸多单位共存。（4）西阴文化早期遗存的分布范围大体上与后冈一期文化及其变体重叠。（5）西阴文化的重唇口尖底瓶可以

① 代表性的文章是：苏秉琦：《华人・龙的传人・中国人 —— 考古寻根记》，《中国建设》1987 年第 9 期。又见苏秉琦：《华人・龙的传人・中国人 —— 考古寻根记》，辽宁大学出版社 1994 年版。

② 张忠培、严文明：《三里桥仰韶遗存的文化性质与年代》，《考古》1964 年第 6 期。

③ 苏秉琦：《关于仰韶文化的若干问题》，《考古学报》1965 年第 1 期。

看成是后冈一期文化内折唇壶的口沿与半坡文化的尖底瓶器身相结合的产物。

我们大致可以推断，西阴文化的文化基础是半坡文化；族群基础是后冈一期文化。西阴文化是后冈一期文化系统与半坡文化系统在反复碰撞的过程中，经过融合、重组形成的。后冈一期文化与半坡文化接触、碰撞、争夺的前沿可能就是晋西南、豫西北至关中东部，这里应是西阴文化的原生区。豫中、汉水中游、河曲地带的西阴文化可能不应该理解为西阴文化的传播，或伴随着扩张而进行文化涵化的结果，可能是基于共同的血缘联系而产生的文化认同。关中西部、汉水上游、渭河上游地区的西阴文化可能是西阴文化受到内部的人口压力和来自东部的文化压力，向西拓展的结果。西阴文化这一起源过程显示出其为诸多人群融合的结果。

西阴文化本身的空间分布有一个过程：

第一阶段，与西阴文化有关的遗存，主要分布在陕晋豫交界区，汉水中游也有分布。这一阶段的遗存带有浓厚的半坡文化色彩。

第二阶段，西阴文化遗存主要分布在西（陕晋豫交界区）、东（郑州左近）、南（汉水中游）、北（河曲地带）这样几个相对独立的地理单元内。

第三阶段，西阴文化空间结构延续上一阶段而来，所不同的是其分布范围有进一步拓展。西阴文化的触角进入汉水上游和渭河中上游；桑干河流域也向西阴文化转化；嵩山周围地区成为西阴文化的重要分布区。

第四阶段，西阴文化除延续了上一期的分布，主要的变化是渭河中上游成为西阴文化的重要分布区；晋中也成了西阴文化的重要分布区。西阴文化的空间结构呈现出以陕晋豫交界区为核心，郑州左近（嵩山周围）、汉水中游、以关中西部为中心的地区（包括陇东和汉中）、河曲地带、晋中环绕展开的态势。

第五阶段，郑州左近、河曲地带的遗存有了质的变化；在陕晋豫交界区，文化内涵变得简化，出现了一些新的因素；关中西部的西阴文化遗存没有明显的变化。这一时期的文化的空间结构大体以关中西部为中心展开。西阴文化形成时构筑的空间模式被彻底瓦解。

西阴文化在其发展壮大的过程中，曾对广大地区产生过不同形式的影响。西阴文化的扩张导致了一系列文化的分化、瓦解、重建或重组。西阴文化影响所及，留下了或多或少特质，烙下了或轻或重的印记，从而为它所处的时代打上了鲜明的标记。

西阴文化在其扩张过程中，影响了广大地区的文化，但其影响的模式是有差别的。大致可以归纳如下几种类型：

（1）西阴文化向东北方向的推进，主要表现为直接嵌入的模式。西阴文化经张家口地区进入西辽河上游，在这里形成了红山文化。虽然红山文化包含多种中原地区文化的因素，但如果我们将红山文化的出现置于西阴文化生成和扩张这样一个大的背景下，就不难发现，西阴文化在这一过程中的关键作用。

（2）在太行山东侧形成的大司空文化基本上应该看成是西阴文化扶植起来的一种新的文化，其具有浓厚的西阴文化色彩，但其毕竟另有渊源。大司空文化与西阴文化之间的亲缘关系，反映了西阴文化对豫北冀南的控制。

（3）西阴文化向长江下游的扩张，大致呈现出与大汶口文化竞争的态势。其结果导致了一系列的文化重组。长江下游这一时期的遗存的主要陶器组合是鼎、豆、壶（罐），这一组合与西阴文化的差别颇大；也与这一地区早期的马家浜文化不同。这一器物组合与黄河下游的文化较为接近，大体上是北辛文化—大汶口文化系统向南扩张后生成的。西阴文化的势力可能一度达到了大别山东麓，影响及于长江入海口附近。西阴文化与大汶口文化在长江下游地区的争夺中，西阴文化虽然处于主动位置，但从最终的结果看，大汶口文化似乎更占上风。长江下游诸文化基本是以大汶口文化为蓝本重组而成。

（4）西阴文化对长江中游的影响更多地表现为一种文化辐射，而不是直接的介入。西阴文化的因素见于这一地区的几个文化中，但没有典型的西阴文化组合在这一地区出现，也没有从根本上中断这一地区的文化传统，甚至没有改变这一地区的文化格局。从另一个角度来看，西阴文化还是对这一地区的文化造成了比较大的影响，使它们的文化面貌，甚至文化性质达成了某种程度的转换，形成新的文化阶段。所以我们认为西阴文化向长江中游地区的扩张似乎更多地表现为一种文化传播或涵化。

（5）西阴文化向外扩张的方向首先是向东北方向经营，并控制太行山东麓；其次是向长江中、下游推进。长江下游地区是西阴文化与大汶口文化角力的结果，最终达成了某种程度的平衡。从这一过程看，西阴文化的扩张基本呈现出一种对黄河下游围攻的态势。我们似乎也可以理解西阴文化的扩张的最终目的正是在于与黄河下游文化之间的竞争。

大体相当于刘林期后，西阴文化对大汶口文化有比较强烈的渗透，典型的西阴文化因素（主要是彩绘）进入大汶口文化，并以鲁西南为桥梁，深入到胶东及辽东半岛南端。但这些因素在大汶口文化中的出现基本上是在相当于野店二期为代表的遗存之后。西阴文化似乎并没有参与刘林期遗存的生成。也就是说它虽然一度对大汶口文化产生了一定的影响，但似乎并没有触及大汶口文化的根基。反观大汶口文化，在接纳了一些新的文化因素后似乎更显活力，为下一阶段的发展与反攻积聚了力量。

大汶口文化是所谓东夷文化的代表或前身。西阴文化与大汶口文化的竞争正反映了古史提到的“夷夏之争”的一个阶段或前身——或者准确一点可称之为“华夷之争”。

从西阴文化的扩张和收缩过程看，其在不同文化背景和自然环境中表现出不同的文化扩张和影响模式，显示出复杂的政治谋略。如此丰富多彩的文化扩张模式与此前和以后很多文化不同，倒是与后来西周文化对外扩张时显示的多种多样的模式有同工之妙。

大体在距今5500年稍后，长江下游的良渚文化兴起。良渚文化开始向北扩张。受良渚文化的压力，大汶口文化退出了苏北地区，转而向东、北扩张，并把向西作为经略的重点。典型的大汶口文化沿淮河支流向豫中推进，瓦解了当地的西阴文化，并在其基础上生成了西山文化。随后豫北冀南的大司空文化失去了西阴文化的屏障之后也颓然崩溃，大司空文化的因素溶解在华北广大地区诸新文化中。大汶口文化向西，在河曲一带生成了庙子沟文化；在汉水中游生成了朱家台文化。同时大汶口文化经河曲与甘青地区的文化有密切的联系。至此，大汶口文化已基本上完成了对西阴文化合围。在这一背景下，关中东部的西阴文化蜕变为西王村类型，而关中西部的西阴文化逐渐向福临堡二期遗存转化。西阴文化就此土崩瓦解。

西阴文化的聚落形态对我们理解这一文化的社会组织结构尤有意义。从房屋建筑看，西阴文化早期多圆形单间房，同时存在方形单间房。晚期以后，在郑州附近、南阳盆地、汉水中游等地区开始出现方形多间房。这种多间房的出现应该不仅仅是建筑技术进步的结果，更主要的是社会需求的产物，是家庭形态发生了变化的表现。圆形房逐渐被淘汰也许正是因为它不具扩展的潜力。从单间房到多间房，反映了家庭规模不断扩展的趋势。这些多间房内往往都有不止一处灶台，有的每间房分别有灶，甚至一间房内有几个灶台，表明因这些住所联系在一起的人，经济上相对独立。许多双间房或多间房的门向并不一致，有的似乎是刻意形成差别，说明这些房间的居民有相对独立的家庭生活。如果我们假定一个灶台代表一个核心家庭，则从单间房到双间房到多间房到排房的变异大体反映出以核心家庭为基础，主干家庭、扩展式家庭、家族依次生成的过程。家庭规模的扩展表明人们对血缘关系的亲疏变得敏感了，对与自己亲一些和疏一些的人采取了不同的态度，这与早期的情况形成对比。

贮藏坑与住所的关系也有相应变化。在早期，住所与贮藏坑往往是分立的，在住所之外往往有许多用于存放东西的“灰坑”。到中期以后，在汉水中游和郑州地区，随着多间房出现，户外的“灰坑”减少了，住所内往往有用于贮存的空间。财产私有观念的出现和强化通过聚落形态表现得一清二楚。

近年在郑州西山发现了一座属于西阴文化的城址，有保存相当完好的城垣、大型夯土台基和众多的中小房基以及墓葬和窖穴①。

西山城址平面近似圆形，直径约 180 米，推测城内原有面积为 25000 平方米，南部被毁，现存 19000 余平方米。现存城墙残长 265 米，墙宽 3—5 米，存高 1.75—2.5 米，据发掘者推测，实际高度可能为 4—5 米。城墙外侧有环壕。发现城门 2 座。其一设在西北隅，其上可能有望楼一类建筑。其二设在东北角，门内有护门墙。城内发现房基 200 余座，似有一定布局。西门内有一座大型夯土建筑基址，略呈扇面形状，东西长约 14 米，南北宽约 8 米。其周围还有数座房基环绕。此建筑基址北侧是一个面积达数百平方米的广场。

西山城的出现与当时这一地区面临来自东面的文化的威胁应该有关。这种大型工程的建设，说明少数人能调动大多数人的劳动，表明社会已经分层。

西阴文化晚期，陕晋豫地区成为西阴文化的地理中心，而郑州地区、汉水中游、汉水上游、渭河中上游、河曲地带、晋中等地的西阴文化环卫其外。在当时的西阴文化聚落中，至少存在这样三级

① 国家文物局考古领队培训班：《郑州西山仰韶时代城址的发掘》，《文物》1999 年第 7 期。

结构：

文化中心（位于陕晋豫交界处附近，
↓　　庙底沟可能有其部分功能）
区域中心（类似西山）
↓
一般聚落

西阴文化聚落形态所揭示的变化，可以《礼记·礼运》中的这段话来理解：

> 大道之行也，天下为公，选贤与能，讲信修睦。故人不独亲其亲，不独子其子。使老有所终，壮有所用，幼有所长，矜寡孤独废疾者皆有所养。男有分，女有归。货恶其弃于地也，不必藏于己；力恶其不出于身也，不必为己。是故谋闭而不兴，盗窃乱贼而不作。故外户而不闭。是谓大同。今大道既隐，天下为家。各亲其亲，各子其子。货力为己，大人世及以为礼，城郭沟池以为固，礼仪以为纪。……是谓小康。

两千多年以前的这段文献描述了所谓小康社会（可以理解为文明社会）与大同社会（前文明社会）的种种区别，这些差别与西阴文化发展过程中所表现出来的变化是相当吻合的。西阴文化的聚落形态所展示的家庭结构和财产观念的变化，为这段文献中的某些说法，如“人不独亲其亲，不独子其子”与“各亲其亲，各子其子”，“货恶其弃于地也，不必藏于己”与“货力为己”等，做了生动的注解。文献中特别提到的小康社会具有的“城郭沟池以为固”的特征也得到了新发现的西山城址的印证。

西阴文化发端于陕晋豫交界区。鼎盛时期控制了中原的广大地区，东起豫中平原，西至青海东部，南自汉水中游，北达河曲地带。

影响所及更是东越渤海，南抵长江之滨，北逾燕山之阴，奠定了先秦中国的空间基础。西阴文化在其扩张过程中瓦解了固有的文化格局，造成了诸多族群的重组与融合。其以绚丽多姿的彩绘“花”纹为旗帜，开启了“华”夏族群浩荡洪流的先河。西阴文化时期，传统的家庭模式趋于瓦解，社会的层级化已然显现，私有观念逐步形成，成为中国文明的滥觞。

（原载于《武汉大学学报》2004 年第 6 期）

从群落到帝国

——三峡古代社会发展阶段性的考察

一

三峡地区的社会发展既有其自身的规律，也与周边地区，特别是北方的中原地区、东边的江汉平原和西边的成都平原，有密切的互动。所以我们在这里讨论的阶段性有些时段是基于三峡地区的判断；而有些时段，主要是历史时期，是在大的文化背景中对三峡地区的观照。当然，我们认为在这里概括出的阶段性对中原地区等中国其他地区应该有一定的参考价值。或者说，我们是把三峡地区作为中国古代文化具有一定代表性的个案来看待的。

第一阶段　群落

三峡地区的旧石器时代遗址数量比较丰富，发现有距今200万年左右的处在早更新世的巫山龙骨坡遗址；发现了冉家路口、池坝岭、高家镇、范家河、井水湾、枣子坪等一系列晚更新世早期遗址；还发现了忠县乌杨、云阳大地坪、奉节藕塘等晚更新世晚期遗址。这些遗址除了旧石器时代早期的龙骨坡遗址为洞穴遗址外，其余均为旷野遗址。

旧石器时代中期的遗址基本分布在长江第四级阶地和第三级阶地的下部；旧石器时代晚期的遗址均分布在第三级阶地；而分布在二级阶地上石器点，均为新石器时代遗址。旧石器时代中期的遗址均位于上游的丰都；旧石器时代晚期的遗址基本上均位于丰都以下的峡西地区；湖北省境内三峡库区发现的所谓石器遗址差不多都是新石器时代遗址。这些分布规律应该与三峡地区阶地的发育规律有关。

三峡地区的旧石器时代人类活动，从旧石器时代早期的个别遗址点到旧石器时代中期的一群遗址点再到旧石器时代晚期的全面分布，是一个明显趋势。这一趋势固然与遗址年代越久远、越难保存、越难发现有关，但主要应该还是与人口的逐渐增殖有关。

旧石器时代中期的六个遗址分布在丰都相对狭小的范围内，文化内涵也比较接近，均分布在长江两岸第四级与第三级阶地中，年代应该相距不远，呈现出群集的分布状态。

从其他地区的考古发现来看，旧石器时代遗址也往往呈现出聚集分布的倾向。经过系统调查的广西百色盆地[①]和陕西洛南盆地[②]等地，都是在一个面积不大的小盆地内分布着大量的遗址。旧石器时代的丰都，虽然就遗址的数量而言，相对较少，但不失为另外一个案例。这些遗址是同一人群不同的生活场景，还是不同人群在这里聚居，是一个值得思考的问题。

继 19 世纪摩尔根在《古代社会》一书中分辨出“部落”这种政治组织形式，20 世纪人类学界又分辨出一种更早的政治组织性质“游群”（band）。一般认为，游群是与狩猎采集维生模式相适应的，往往是非定居的（这也是名称的由来，但也有定居的）。在世界范围

---

① 广西壮族自治区博物馆：《百色旧石器》，文物出版社 2003 年版。

② 陕西省考古研究院、商洛地区文管会、洛南县博物馆：《花石浪（I）——洛南盆地旷野类型旧石器地点群研究》，科学出版社 2007 年版。陕西省考古研究院、洛南县博物馆：《花石浪（II）——洛南花石浪龙牙洞遗址发掘报告》，科学出版社 2008 年版。

内，不同地区“游群”的属性有很大的差异。如果预先采纳这样一个概念，对深入理解中国具体的考古资料并无多大助益。我们倾向于根据目前了解的情况，将类似丰都一带的旧石器中期的社会组织称之为“群落”。我们并不是认为它一定与所谓“游群”不同，只是强调其特点应该由中国的具体个案来概括。

从三峡地区的丰都以及洛南盆地、百色盆地的情形看，往往都是许多遗址群集分布。难以想象有与遗址数量大致相当的人群同时在一个盆地内相对狭小的空间中生活。这些遗址应该是个别人群在漫长的时间内留下的。也就是说，这一时期人们的活动空间可能相对有限，往往长期局限在一个相对狭小的地理空间内。

基于生物学常识，丰都这些遗址应该包含有不同的群体，解决人群内部的婚配问题，避免长期近亲繁殖导致的人口退化。旧石器时代中期分布在丰都的六个遗址可以分为三组，分别位于镇江镇杜家坝村、三合镇新湾村和高家镇附近，明显具有成对分布的特点。这三组遗址是代表三个不同群体，还是代表了具有早晚关系的一个或两个群体，我们难以判断。但这三组遗址都具有成对分布的现象，我们有理由认为这不是偶然现象。遗址成对分布这种聚落形态有可能反映的是互相婚配的两群人，而这样的现象一再出现，说明两群人长期互相依存，暗示了半族的存在。在新石器时代以后的遗址中，两分结构的聚落比比皆是[①]，丰都的这三组旧石器时代中期遗址可能就是这种两分结构聚落的早期形态。

第二阶段　村落（新石器时代早期）

三峡地区新石器早期的遗址数量较旧石器时代有明显增加，但

① 余西云、赵新平：《河南淅川马岭遗址聚落考古的探索》，《华夏考古》2010 年第 3 期。

保存状况普遍不好，绝大部分只是在一些冲沟内留下了少量遗存。这一时期的聚落形态可以楠木园为代表。在楠木园遗址，G II 和 G30 东西相对，南端均明显向内侧弯曲，但没有连接到一起，北端均消失在台地边缘，大致形成一个直径约 50 米的不完整圆形聚落区。能够说明当时聚落形态的遗迹不多，可能是房屋建筑的遗迹是 H127，另外有 H149 和 H150 等少量灰坑。另外在 G II 南端的台地底部也发现楠木园文化地层，这些楠木园文化堆积的位置大致与 G II 开口的地面处在一个坡面上。G II 西侧的 G I 的底部也发现有少量楠木园文化地层。这两处楠木园文化堆积均为地层，没有发现其他遗迹，且地层相对纯净，包含极少量的细碎夹砂红褐色绳纹陶片。这些区域可能也是当时的活动区。

稍晚的大溪文化时期，出现了中堡岛和大溪这样的比较大的村落。

这一时期，三峡地区的遗址数量虽然较旧石器时代增加了不少，但密度还是相对比较小；文化面貌比较单纯。可以想象的是，不同聚落之间的资源竞争也不会非常激烈，社会相对平和。

第三阶段　方国（新石器时代晚期）

这一时期聚落方面有些明显的变化：（1）屈家岭下层文化进入三峡地区之后，在白狮湾和大溪遗址都留下了比较纯净的屈家岭下层文化的墓葬，在这两个遗址也出现了随葬品比较丰富或者出土高档次随葬品的墓葬。如大溪 I M4 和白狮湾 M4 等。（2）在峡西地区出现了哨棚嘴文化这类与西阴文化系统有关的文化遗存。（3）在相当于屈家岭上层文化之后，峡区的遗址数量锐减。

从大溪文化晚期开始，不同文化介入三峡地区。首先是屈家岭下层文化从江汉平原西部渐次向西，不仅与这里的大溪文化融为一体，且有像白狮湾这样典型的屈家岭下层文化墓地，证明有屈家岭下层文化人员深入三峡腹地。稍后，北边的西阴文化南下。这一支文化随着黄河中游地区文化的变迁而同步变化，也呈现出仰韶晚期诸文化的特征，表明其与黄河中游地区有源源不断的人员、物质或者信息的交流。这一文化传统进入三峡地区以后有所分化，一支向东与峡区的大溪文化结合；一支向西到达峡西地区，形成有一定地方特色的哨棚嘴文化。此后，屈家岭上层文化深入三峡地区，不仅以非常典型的遗存到达巫峡一带，零星的文化因素更是远播到忠县等地。石家河文化在三峡地区浅尝辄止，影响基本上限于西陵峡。

这些从不同方向进入三峡地区的文化，或已开始复杂化，或者是复杂化的结果。它们介入三峡地区后，不仅使三峡地区文化面貌变得复杂了，社会结构也有相应的调整。虽然这方面的资料尚少，但在白狮湾、大溪等遗址中出现了随葬品丰富且包含有玉器等高等级器物的墓葬，表明这一时期的墓葬已经开始分化。

大溪 I M4 位于 I T0503 东隔梁下，叠压于 14A 层下，打破 14B 层。墓长 2.25 米，宽 0.71 米，深 0.25—0.4 米，方向为 151°。填土为黄褐色沙土，其中出土一块夹砂褐陶片，表面饰细绳纹交错而成的菱格纹，口沿压印花边，卷沿，深腹。简报认为其“应为哨棚嘴文化类型的陶片”。墓内左右两边靠近墓壁处放置石块若干，葬式为仰身直肢。随葬器物 16 件，大多为陶器，有少量石器。陶器放置在人骨架上，其中头部左右两侧分别放置陶钵和小口陶壶各 1 件，左右手掌各握 1 枚石斧。检索发表的器物，其中既有镂孔高柄豆（I M4 ：10、I M4 ：9）、圈足壶（I M4 ：12）这类屈家岭上层文化的典型器物，也有圜底釜（I M4 ：8）、内折沿碗（I M4 ：4）这类大溪文化的典型器物，还有敛口平底钵（I M4 ：14、I M4 ：1、I M4 ：6）这类与西阴文化系统有关的器物。根据现在发表的资料难以判断哪种因素占主导地位，因此也很难判定其墓主人来自哪种文化。这与湖北境内发现的这一时期墓葬的情况是有所不同的，但这样的文化面貌与湖北境内灰坑等居住性遗迹出土的遗存的组合情况类似，应该是这一时期文化的更完整的代表，死者身份更值得琢磨。

这一时期，从墓葬的情况看，有明显的分化，既有个别随葬品特别丰富的墓葬，也有一些随葬品较少的墓葬，还有一些基本没有随葬品的墓葬。

另外在中堡岛遗址出现了大量的祭祀坑①。

新石器时代晚期，三峡地区的釜文化经历了不同方向而来的外来文化的风吹雨打，文化面貌变得复杂起来了，不同时期的遗存的文化面貌也有所不同，其中的釜类器所占比重也不太一样，但釜系文化传统并没有终结。作为大溪文化的后续文化，釜系文化主要分布在瞿塘峡以东的峡区，基本没有涉及峡西地区。

关于巴人的社会复杂化，在古代文献中是有明确反映的。有关记述最早的见于相传是西汉刘向所著的《世本》，范晔《后汉书》（卷一一六）、郦道元《水经注》（卷三七，《夷水注》）、唐人所辑的《晋书》（《李特传》）、杜佑《通典》（卷一八七，《边防》）、樊绰《蛮书》（卷一〇）、五代杜光庭《录异记》（卷二），都有些记录，大都以《世本》为依据或辗转征引②。

《后汉书·南蛮西南夷列传》：

> 巴郡、南郡蛮，本有五姓：巴氏、樊氏、瞫氏、相氏、郑氏。皆出于武落钟离山。其山有赤黑二穴，巴氏之子生于赤穴，四姓之子皆生黑穴。未有君长，俱事鬼神，乃共掷剑于石穴，约能中者，奉以为君。巴氏子务相乃独中之，众皆叹。又令各乘土船，约能浮者，当以为君。余姓悉沉，唯务相独浮。因共

① 卢德佩：《湖北宜昌中堡岛发现原始社会群体器物坑》，《江汉考古》1994年第4期。

② 潘光旦：《湘西北的“土家”与古代的巴人》，《中国民族问题研究集刊》1955年第4辑。本文引自《潘光旦选集》（II），光明日报出版社1999年版，第332页。

> 立之，是为廪君。乃乘土船，从夷水至盐阳。盐水有神女，谓廪君曰："此地广大，鱼盐所出，愿留共居。"廪君不许。盐神暮辄来取宿，旦即化为虫，与诸虫群飞，掩蔽日光，天地晦冥。积十余日，廪君伺其便，因射杀之，天乃开明。廪君于是君乎夷城，四姓皆臣之。廪君死，魂魄世为白虎。巴氏以虎饮人血，遂以人祠焉。

这段文献主要记述了巴人从"未有君长，俱事鬼神"的前文明社会走向文明社会的社会复杂化过程。既谈到了社会分层：巴氏之子生于赤穴，樊氏、瞫氏、相氏、郑氏四姓之子皆生黑穴；也强调了权力集中过程：巴氏子务相……为廪君。这个过程可能还伴随着世系的转化：从姓到氏；廪君与盐水女神之争。这段话可以说就是巴人"英雄时代"的写照。有研究者认为《路史》提到的"顾相"就是这里所谓的"务相"[①]，这种推断有其合理性。也就是说从"顾相"或者"务相"开始，巴进入了早期文明社会，巴人历史在这里进入了一个新的阶段。

《华阳国志·巴志》对巴人早期历史有一个概括："其君，上世未闻。五帝以来，黄帝、高阳之支庶，世为侯伯。"

西阴文化是华人文化，也就是黄帝集团的文化[②]。所谓"五帝以来"，当然就是指西阴文化介入三峡地区以后。在此之前，"其君，上世未闻"，可能根本就没有"君"；从此以后，成为"黄帝、高阳

---

① 杨铭：《巴人源出东夷考》，载《巴渝文化》第4辑，重庆出版社1999年版，第100—115页。

② 余西云：《西阴文化：中国文明的滥觞》，科学出版社2006年版。其中引述苏秉琦先生西阴文化是华人文化的观点。西阴文化的分布范围"鼎盛时期控制了中原的广大地区，东起豫中平原，西至青海东部，南自汉水中游，北达河曲地带。影响所及更是东越渤海，南抵长江之滨，北逾燕山之阴"与《史记·五帝本纪》描述的黄帝的活动范围"东至于海，登丸山，及岱宗。西至于空桐，登鸡头。南至于江，登熊、湘。北逐荤粥，合符釜山，而邑于涿鹿之阿"是基本吻合的，西阴文化也是史前唯一分布范围能够与黄帝活动范围大致吻合的文化。

之支庶，世为侯伯”。所谓“其君，上世未闻”大体应该就是指“顾相”或者“务相”之前的历史。“五帝以来，黄帝、高阳之支庶，世为侯伯”应该就是“顾相”或者“务相”以后的历史。

廪君的故事最早见于汉代文献，后世的学者往往有意无意认为其发生的年代应当为汉代或者比汉代早不了多少。我们从考古资料上可以确定三峡地区的社会复杂化发生在新石器时代晚期，特别是其较早阶段，廪君的故事也就大致发生在这个阶段。

值得注意的是，三峡地区的社会复杂化是外来文化介入的结果；在三峡地区没有形成高等级的中心聚落，这与中原地区和江汉平原同时期的文化以及成都平原稍晚时期的文化都形成了以城为特征的中心聚落是有差别的。三峡地区的巴文化有“被文明”的意味。

第四阶段　王国（夏商周时期）

大体相当于夏初甚至稍早，煤山文化介入三峡地区，在三峡地区釜系文化的基础上形成石板巷子类型遗存。同时釜系文化也出现在汉水上游甚至中原地区。

煤山文化向长江中游地区的楔入与文献上提到的尧、舜、禹征三苗有关。根据我们的分析，尧、舜、禹所征的三苗应该主要是江汉平原东、中部的石家河文化，在其基础上形成的是肖家屋脊类型。同时在汉丹地区（主要以今丹江口水库为中心的区域）后冈一期文化系统基础上生成乱石滩类型。

夏文化对鄂西三峡地区的扩张与控制，也能在文献上找到一些线索。《华阳国志·巴志》：“禹会诸侯于会稽，执玉帛者万国，巴蜀往焉。”说明巴人与夏有密切而友好的文化联系。《竹书纪年》（卷上）：“帝启八年，帝使孟涂如巴，莅讼。”《山海经·海内南经》：“夏后启之臣曰孟涂，是司神于巴人，请讼于孟涂之所。”这些文献说明夏对巴人进行了有效的行政管理。

从石板巷子类型的器类组合看，除了少量的釜是这一地区的文化传统，其余包括侧装足鼎、盘口深腹罐、矮领罐、高柄豆、大圈足盘、擂钵、瓮等都是煤山文化的典型器物，只是这里的器类组合较煤山文化以及随后的二里头文化的器类组合偏简单，似乎是煤山文化的一个简化版。这类遗存要么是夏人直接进入，将巴人挤出这一地区，至少挤出长江沿岸的峡谷地带的结果；要么是部分夏人进入并控制这一地区，巴人接受夏文化后形成的遗存。陶器中有少量釜，石器中也有部分锐棱砸击法石器；文献所展示的夏人与巴人的关系，都说明后一种可能性更大一些。而釜形鼎更是两种文化因素结合的产物，是巴文化与夏文化融合的结果。总的来看，石板巷子类型遗存应该属于夏文化的范畴，巴文化的特色并不明显，反映了当时的巴人已经被纳入夏王国统治范畴这样一个事实。

大体在相当于中原地区的二里头文化晚期，三星堆文化在成都平原生成，并很快进入三峡地区。这一文化最早深入巫峡一带，遗存见于楠木园等遗址，并与峡区传统文化碰撞，在此基础上生成了朝天嘴文化。朝天嘴文化的有些遗址中有绳纹圜底釜这类巴文化的标志，说明这类遗存是蜀文化控制下的巴文化。

三峡地区的朝天嘴文化中包含零星的商文化因素，如鬲、厚胎缸等，表明商文化对三峡地区还是有一定影响的。但文献对这一时期的巴人基本没有什么记述，甲骨文中是否有巴一直也难有定论。这种现象应该与蜀文化在三峡地区占主导地位有关。

路家河文化的分布范围及影响区域远远大于朝天嘴文化：向西，达到峡西地区；向东，在江汉平原西部分布有这类遗存；向南，在清江流域有典型的路家河文化遗存分布；北面的陕南汉中一带，分布有城固宝山一类遗存。路家河文化的形成代表了巴文化的崛起。路家河文化的年代大致从殷墟文化晚期延续到西周文化中期。

路家河文化时期，西周王朝对三峡地区进行了有效的渗透和控制。在秭归石门嘴、清江流域的香炉石遗址的路家河文化遗存，出土了比较多的甲骨。说明西周王朝虽然可能没有派出大量的人员进入鄂西三峡地区，周文化也没有明显改变这一地区的文化面貌，但某些掌管神权的上层人物可能已经融入当地文化，这些人还极有可能也控制了这一地区的行政权。《华阳国志·巴志》："武王既克殷，以其宗姬封于巴，爵之以子。古者远国虽大，爵不过子，故吴、楚及巴皆曰子。"

巴文化可能与周人有某种同盟或者属地关系。《华阳国志·巴志》中有关于巴人参与武王伐纣的内容："周武王伐纣，实得巴蜀之师，著乎《尚书》。巴师勇锐，歌舞以凌殷人，前徒倒戈；故世称之曰，武王伐纣，前歌后舞也。"《尚书·牧誓》罗列了一些伐纣的成员："王曰：嗟！我友邦冢君，御事：司徒、司马、司空，亚旅、师氏，千夫长、百夫长，及庸、蜀、羌、髳、微、卢、彭、濮人，称尔戈，比尔干，立尔矛，予其誓！"

总的来看，巴人与夏、商、周三个中原王朝的关系有所不同。夏明显控制并管理了三峡地区的巴人。商人与巴人的关系虽没有明确的文献，但未必完全没有联系，一是甲骨文可能有所谓伐巴的记录，二是在三峡地区也能够看到商式鬲、尖底厚胎缸等商文化因素。至于西周王朝则可能与巴人有某种同盟关系，对巴人采取相当温和的管理方式。巴文化则乘势发展，进入鼎盛时期。

综上所述，从夏代初年开始，三峡地区的巴人应该进入了中原王国的统治范围。而且因这些中原王朝采取统治模式的差别，巴文化的表现形式也有很大不同。

第五阶段　帝国（秦汉以后）

秦据三峡地区之后，巴人的社会结构，也可以从墓葬材料中有所体现。巴人墓葬至少可以分为两类。第一类，以小田溪诸墓为代表，可能还包括点易的两座墓葬。以一组青铜器为特色，其中的矛、剑别具风格，早有论者认定为巴式剑和巴式矛。第二类，以镇安、蔺市、八卦等地墓葬为代表。墓葬规模较小，随葬品数量较少，以陶器为特色。陶器的核心组合是圜底釜、簋形豆。

小田溪的这些墓葬有的破坏严重，随葬遗物多已散佚，从仅存的这一部分看，造型优美、做工精细，气势非同寻常。引人注目的是这里发现的许多铜器上都铭刻有一组符号，这些符号与同一时期中原地区的古文字大相径庭，而被学术界指认为巴人文字。不过这些铭文中夹杂的几个“王”字却是明明白白地表明了墓葬主人的身份非同寻常。徐中舒认为“小田溪二号墓有錞于和钲，说明墓主人应有他所号令的士众，他应是巴部族的一个酋长，钲上有二‘王’字，可能表示他在巴部族内还是称王的”[①]。发掘报告认为，从各地出土文物看，在印章、钲、剑、矛、斤等器物上，往往铸有“王”字，这也说明秦灭巴蜀以后，巴部落内部称“王”的人数较多。说明秦对巴人可能采取了分而治之的措施。

《华阳国志·巴志》：“汉兴，亦从高祖定乱，有功。高祖因复之，专以射虎为事。户岁出賨钱口四十。故世号白虎复夷。一曰板楯蛮。今所谓弜头虎子者也。”西汉以后，巴人往往称呼为“賨民”，东汉以后称为巴郡南郡蛮和板楯蛮夷等[②]。

《华阳国志·巴志》：“汉高帝灭秦，为汉王，王巴、蜀。阆中人范目，有恩信方略，知帝必定天下，说帝，为募发賨民，要与共定秦。秦地既定，封目为长安建章乡侯。帝将讨关东，賨民皆思归；帝嘉其功而难伤其意，遂听还巴。谓目曰：‘富贵不归故

---

① 徐中舒：《四川涪陵小田溪出土的虎纽錞于》，《文物》1974 年第 5 期。

② 任乃强：《华阳国志校补图注》，上海古籍出版社 1987 年版，第 16 页。

乡，如衣绣夜行耳。’徙封阆中慈乡侯。目固辞。乃封渡沔侯。故世谓：‘三秦亡秦，范三侯’也。目复〔请〕除民罗、朴、昝、鄂、度、夕、龚七姓不供租赋。阆中有渝水。賨民多居水左右，天性劲勇；初为汉前锋，陷阵，锐气喜舞。帝善之，曰：‘此武王伐纣之歌也。’乃令乐人习学之。今所谓《巴渝舞》也。天下既定，高帝乃分巴、蜀置广汉郡。孝武帝又两割置犍为郡。故世曰‘分巴割蜀，以成犍、广’也。”

秦汉以后，巴人纳入了中央集权的帝国体系中，这是巴人历史的一个转折点。由“巴人”到“賨民”这样称谓上的变化，反映了巴人与中原政权之间关系的变化。在先秦，巴人与周王朝基本为一种贡纳关系，而到了汉代变成了税赋关系。至于板楯蛮与武陵蛮这类称呼，更是带有某种歧视意味，表明了帝国内部族群地位的不平等。

虽然从汉代初年，中原王朝就与三峡地区的巴人建立了密切的联系，但这里的文化面貌并没有马上发生变化。大体从汉武帝以后，汉文化全面进入三峡地区。三峡地区的文化，一方面表现出典型的汉文化特色；另一方面，又保留了巴文化的传统，留下了不同形式的釜（包括鍪）。釜和鍪这些巴文化因素甚至影响到鄂西三峡以外地区。

二

三峡地区峡谷型的地理环境极大地限制了古代人类的生计类型以及居住和埋葬等的选址，而作为一个人员、物质和信息等的交流管道，决定了三峡地区的聚落形态的特色和模式。

三峡地区古代遗址的埋藏过程有一定的特殊性：一是滑坡等造成的次生堆积比比皆是；另一个是江水和雨水对古代遗址的冲刷，使得许多遗址局部遭到破坏，甚至整个遗址荡然无存的可能性也是存在的。而崎岖不平的地势形成的具有特色的吊脚楼一类的建筑形式也使得这里的古代遗址中建筑遗迹明显偏少。这样的遗址特点以及埋藏过程对聚落形态是否会造成影响？在这样的地区能否进行聚落形态的研究，是一些学者的疑惑。

三峡工程建设前，对三峡库区古代遗址进行过比较全面的调查和规划，这是一个优势；但因为这里的土壤含石量大等方面的原因又导致许多遗址并没有进行全面的钻探，使很多遗址在面积估算时误差较大，这是一个不利因素。三峡库区考古的遗址绝大部分都进行过发掘，而且不同遗址根据面积、堆积厚度和保存情况进行了分级，这是合理的。但许多项目在发掘和报告的编写过程中对不同时期遗存的分布范围和面积并没有特别的关注，对聚落形态的研究非常不利。

任何宏观的聚落形态研究，都很难完全依据准确的发掘资料来进行。事实上，许多宏观的聚落形态研究只是依据调查资料推测出来的遗址面积等进行的。如果我们一定要完全根据发掘资料来进行宏观研究的话，可以说，这样的研究在任何一个地区都无法进行，甚至可以说永远都没有办法进行：目前的发掘普遍不够；将来可能越挖越多，但谁能保证哪个地区的遗址都能够保留下来呢？我们对三峡地区古代聚落的宏观考察，包含抽样统计的理念：古代遗址的被破坏可能是随机的；考古发掘的遗漏也具有一定的随机性；不同时期的遗址的发掘面积都可以认为只是一种随机抽样。虽然我们观察到的每一个时期的聚落都不可能是真实的，但长程地看，遗址的相对数量和聚落的相对规模的变化应该还是有可能接近真实情况的。这是我们对研究资料的一个基本判断。所以我们尽可能正视三峡地区遗址保存状况的特点，分析三峡考古的不足。毕竟，在一个相对较小的地理单元内，进行了如此大规模的考古发掘，积累的资料是史无前例的；发掘资料不说比调查资料更可靠，但至少不会更不可靠吧。综上分析，基于三峡考古积累的巨量聚落形态资料进行研究，应该具有可行性，其结论也应该大致可信。

本书（《三峡古代聚落形态研究》）涉及聚落面积有三部分内容：调查的遗址面积、遗址发掘面积和根据发掘报告推测出来的发掘的不同时期遗存面积。虽然这三种面积都具有抽样统计的性质，考虑到三峡地区的考古发掘，是基于考古调查，对遗址分级，再确定发掘面积，进行的几乎全覆盖式的发掘，发掘所得的不同时期遗存的分布面积显然与不同时期聚落的真实面积正相关。从统计的数据看，凡是发掘面积较大的遗址，遗存一般也较丰富。一般情况下，遗址的发掘面积与遗存的丰富程度成正比。发掘面积较大的遗址多是分布在比较平坦的地区或是宽谷地带，且遗址的地理位置一般也较重要，或分布在整个文化分布范围的最边缘，或位于整个文化分布范围的中心区域。所以遗址的发掘面积与遗存的丰富程度及遗址的重要性是相关的。

三峡地区城背溪文化的聚落没有明显的等级分化；楠木园文化的聚落则有一定的等级分化现象，遗址可以分为两个等级。从大溪文化开始，聚落可以分为三个等级。从遗存情况看，灰坑中有些可能为祭祀坑；墓葬中的随葬品有多寡不均的现象，与遗址等级划分相对应，显示了社会的分层和分化。新石器时代晚期的遗存总体不是很丰富，但发现的可能与祭祀活动有关的灰坑增多，随葬品的贫富差距进一步加大。这与廪君传说所反映的社会复杂化过程是一致的。导致这种社会复杂化，既可能是中原地区以及江汉平原社会复杂文化的介入引起的文化变迁，也可能是这一地区文化自身演化的结果。不过从文化变迁的格局看，前一种可能性应该更大一些。

夏文化时期，遗存发现不多，石板巷子类型的聚落依然只可以分为三级。朝天嘴文化和路家河文化时期的聚落遗址也只能分为三级。随着夏文化的楔入，三峡地区也纳入了王朝体系，但三峡地区的社会结构似乎并没有同步发生大的变化，没有像四川盆地那样出现一系列的城，出现像宝墩、三星堆、金沙等这样具有都邑性质的中心聚落。这可能与三峡地区的地理环境，以及由此形成的生计模式有关：三峡地区的资源难以支撑大规模的聚落。但更有可能的是这一时期，三峡地区的文化主要处于外来文化的压制之下，限制了其政治组织的升级。

从西周晚期的双堰塘文化开始，峡区内出现了四级聚落遗址，在双堰塘文化的庙坪墓地中，可以看出行政权和军事权的分化。楚文化时期的聚落遗址也分为四级。反过来说，三峡地区的巴人始终没有形成独立的王国，这与江汉平原的楚文化、四川盆地的蜀文化是完全不同的。

至秦代前后，三峡地区的墓葬等级划分达到了新的高峰，不同等级的墓地截然分开，说明权力分化进一步加强。这都是巴人进入帝国体系之后的事情了。

总的来说，巴人在大约距今5000多年前发生社会复杂化，但可能是因为地理环境的制约，或者外来文化的压制，始终没有形成王国式的政治组织，没有出现可以与四川盆地蜀文化、江汉平原楚文化相抗衡的政治强权和相应的军事力量，以致在与这些文化接触过程中，长期处在一种比较被动的地位。但塞翁失马，焉知非福，当秦、汉帝国兴起之后，松散的社会组织不足以抗衡中原王朝，巴人也没有像楚人或者蜀人那样很快融入汉文化之中，其文化反而得以延续。当然，巴人的族群性质以及由此产生的文化认同、族群认同也与楚人和蜀人不同，应该是更重要的原因。

（原载于《三峡古代聚落形态研究》，
科学出版社2011年版）

第三编　方法理论

遗存的分类与形式

一、遗存的分类

考古学研究的对象是实物遗存（material remains），或简称遗存（remains）。所谓“遗存”就是过去遗留下来的，能够反映人类活动的实物。

遗存分类大体可以有二分法、三分法和四分法。

所谓二分法，是目前考古文献中比较常见的分类方案。就是把遗存分为遗物和遗迹两类。有比较明确的表述是《中国大百科全书·考古学》中的“遗物”与“遗迹”条[①]。但《中国大百科全书·考古学》中的“遗物”与“遗迹”条的界定与现在学术界一般的理解和用法有比较大的差别。

所谓三分法，即把遗存分为（人类）遗物、遗迹和自然遗物。[②]

---

① 《中国大百科全书·考古学》解释为：“遗迹（remains）”是“古代人类通过各种活动遗留下来的痕迹。包括遗址、墓葬、灰坑、岩画、窖藏及游牧民族所遗留下来的活动痕迹等。”“遗物（artifacts）”是“古代人类遗留下来的各种生产工具、武器、日用器具及装饰品等。……一般而言，遗物都经过人类有意识的加工和使用，未经人类加工的自然物，也必须与人类活动有关而能够反映人类活动，如各种农作物、家畜及渔猎或采集所获得的动植物的遗存等。”参见《中国大百科全书·考古学》，中国大百科全书出版社 1986 年版。

② Robert J. Sharer, Wendy Ashmore, *Archaeology: Discovering our past*, New York: McGraw-Hill Higher Education, 2003.

（1）人类遗物，（简称遗物，artifacts），是可携的遗存，它们的形态为人类活动所改变或完全由人类活动所创造。

（2）遗迹（features），是不可携的遗存。位置和布局是遗迹最重要的方面，因此不能在不改变或损坏它们原初形式的情况下移动它们。

（3）自然遗物（ecofacts），指那些虽然不是人类活动直接创造或改造，但提供了关于过去人类活动的重要信息，因而具有与文化相关性质的实物遗存。如遗址中发现的野生或家养的动物、野生或驯化的植物的残余，如动物骨骼、植物残骸、花粉等。它们通过揭示人类生存自然环境以及对食物和其他资源的利用而有助于我们对过去人类行为的理解。

这一分类的明显特征是将遗物分为了人类和自然两类。这种划分当然与学科的专门化、科技考古在整个考古研究中占有越来越大的分量这一背景有关。但仅从分类本身来看，这一分类具有明显的不对称性：遗迹能否分为人类与自然两部分？

自然遗迹：因自然因素形成的不可携的遗存，如遗址的地形、地貌；特别是遗址中因自然因素形成的地层和其他遗迹，如洪水形成的淤积层、山洪形成的冲沟、风沙形成的沙层、地震形成的地貌等。

这一部分往往为学术界所忽略。虽然很多考古文献注意到了遗址的地形、地貌等包含或表达的人文内涵，但往往将其看作考古学研究的背景知识。这些因素对我们理解遗址的生成过程、聚落的环境变迁等很有帮助。随着考古学研究领域的扩展，理应作为单独的一类遗存。

遗物的分类主要是类型学研究的范畴，本文不想涉及。遗迹的分类似乎属于层位学研究的范畴，但已有的层位学理论著作对这一问题并没有给予特别的关注。

目前考古文献中对层位分类的表述可以概括为三类：地层、灰坑、其他遗迹，如房屋、墓葬、道路、水井、窖穴、祭祀遗迹等。

灰坑最早大体指窖穴，它的出现可以追溯到20世纪二三十年代对殷墟的发掘。[①]一直到二十世纪六十年代的《西安半坡》还特别强调“灰坑”“绝大部分是用来储藏食物和用具的”“窖穴”[②]。但之所以使用“灰坑”这一概念，而不像其他遗迹那样直接定性，说明研究者已经意识到这两者之间还是有差别的。[③]在后来的许多考古文献中，“灰坑”一词被赋予了越来越广泛的内涵，不仅包括窖穴，也指灰土坑或日常所谓的垃圾坑，也包括了大量未能在发掘中辨明其用途和性质的其他遗迹，甚至包括了那些仅仅是与所在地层的土质、土色、包含物有所不同的“一块特殊的土”。出现这种现象似乎也是必然的。在田野发掘中，除了地层和能够马上确定性质的遗迹外，总有一些遗迹无法判定性质，在定名上需要有一个相对模糊的概念作为缓冲。

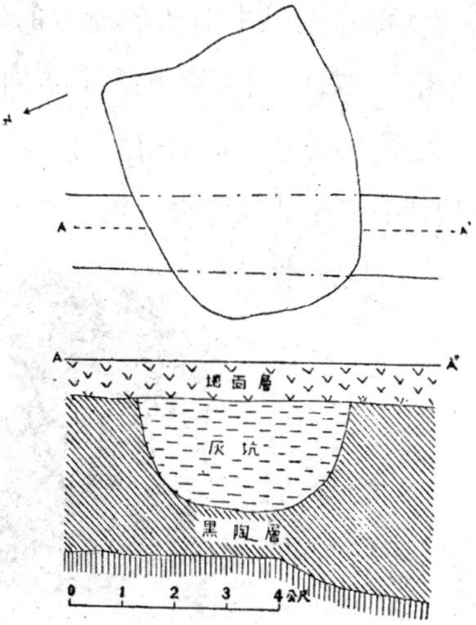

图一　小屯H024的平面与剖面

---

① 安阳发掘之初就使用了“坑”（董作宾：《中华民国十七年十月试掘安阳小屯报告书》，载《安阳发掘报告》第一册，1929年）和“灰土坑”（李济：《小屯地面下情形分析初步》，载《安阳发掘报告》第一册，1929年）这类概念。
大体在抗日战争后，文献中正式使用“灰坑”一词以及用“H”编号。（石璋如：《殷墟最近之重要发现，附论小屯地层》插图十九，载《中国考古学报（即田野考古报告）》第二册，1947年）。

② “在半坡遗址中发现了很多窖穴，这种窖穴，就是我们一般所谓的‘灰坑’。它们绝大部分是用来储藏食物和用具的，这从民族学的资料中可以找到很多证明。”参见中国科学院考古研究所、陕西省西安半坡博物馆：《西安半坡——原始氏族社会聚落遗址》，文物出版社1963年版。

③ 20世纪30年代的殷墟发掘中，研究者对“方坑、圆坑”的用途就有多种推测和认识，归纳起来有“穴居说”、“窖藏说”和“埋祭说”。参见郭宝钧：《B区发掘记之二》，载《安阳发掘报告》第四册，1933年。

考古文献中对一般遗迹的结构（包括边界、形状、布局等）和功能基本有一个明确的判断；对地层的结构和功能（或成因）一般缺乏全面的了解。而灰坑正好处于两者之间：对其结构往往有认定，对功能的判断比较模糊。这三类层位的分类关系可以图示如下：

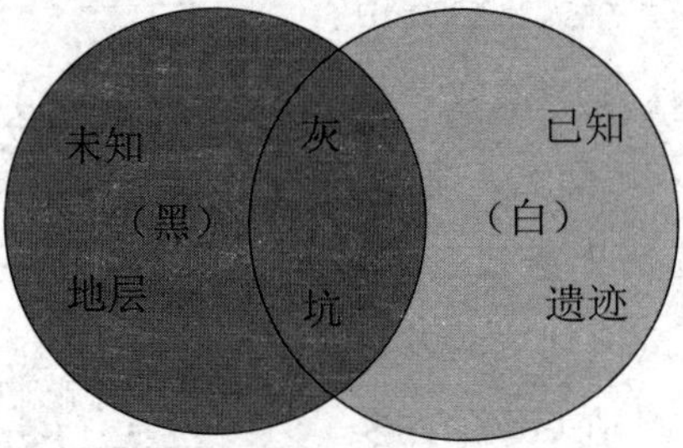

图二 层位的分类与关系

中国考古学界对一般的遗迹定性往往在发掘的过程中就已经完成了（涉及遗迹的编号）。发掘者的判定既是以源远流长的文化传统为条件，也是以经验为基础，其结论未必不对。但比较理想的操作程序应该是避免在发掘过程中对遗迹的性质遽下结论，而把定性的工作留在进行深入分析之后，至少应该给这一过程留下必要的空间。解决这一问题的办法无非是将各类层位在发掘过程中统一编号，在整理和研究期间再对各类层位定性。当然也可以考虑只将各类遗迹统一编号。

二、遗存的存在形式

1. 层位

层位（有时也称为“单位”），是遗存的基本形式，它往往以单个遗迹或地层为基础，包括其中的人类遗物和自然遗物。层位往往是人类一次行为或一个特定时间段的行为造成的，代表了时间上的一点或一段。同一个层位内的遗存往往代表了一定时间内的共生关系与组合关系；单个遗迹或不同遗迹之间存在空间结构。层位提供了考古学的时空基础。

2. 遗迹组

遗迹组，指功能或结构整合的一组遗迹。功能遗迹组大多以房屋为中心，包括与房屋相关联的窖穴、窑、井、墓葬等其他不同性质的遗迹，它们往往以地面或道路相联系。它们代表了特定的人类活动场景。结构遗迹组指结构上整合的遗迹组合。如张忠培先生将元君庙仰韶墓地分为两个墓区[①]，陈雍先生将姜寨聚落分为四组[②]，这些组分的内涵大体相同，它们共同构成一个整体。

3. 聚落面

聚落面，指遗址中的人类活动平面，是聚落的载体。聚落面一般也是地层的分界面；但地层的分界面并不都是人类的活动面。因为一个聚落在其存续期间可能存在其中的某些建筑废而复建等情况，若干个地层面可能只代表一个聚落面。而有的时候一个地层平面上存在若干个聚落面。这也有不同的情形：有的本来存在几个面，经过遗址的埋藏过程中的破坏，最终表现为一个地层面；有的不同时期的人们本来就在同一地层面生活。很多时候，准确判断一个聚落面是很困难的，甚至是不可能的。不过聚落在一段时间内往往具有结构的稳定性，若干个叠压的聚落面反映出同一聚落结构。

4. 遗址

空间上相对集中的一群遗存。如一座城址、一艘沉船、一个洞穴、一座塔、一个村落、一个墓地、一个作坊、一座石窑。一般来说，其包括有遗迹现象。如果只有少量的遗物，而没有遗迹，有时也将其称为地点。地点一般指经过自然力，如水、风、山体滑坡等人为

① 北京大学历史系考古教研室：《元君庙仰韶墓地》，文物出版社1983年版。

② 陈雍：《姜寨聚落再检讨》，《华夏考古》1996年第4期。

或自然搬运之后形成的次生堆积。地点可以看成是遗址的一种特例。

有些文献中，将遗址等同于居住址，往往与墓地并列。这种观点的不合理性是显而易见的：在大多数情况下，墓地与居住址是密不可分的。

5. 地区

地区至少有两个角度的理解：一个是地理区，如一个山谷、一个小流域、一个平原等。地理区指共享一个文化生态系统的一系列有内在联系的人类社区。地理区一般是由地形特征所决定的，一个自然区内的文化往往具有较密切的联系。另一种是文化区。许多情形下，文化区是由地理区决定的，但两者并不总是重合的：一个文化区可以包括了若干地理区，一个地理区中也可能涉及几个文化区。

从历史的长时段看，文化区有稳态与动态的区分，大体上就如张忠培先生归纳的“亲族文化区”与“历史文化区”的分别。[①] 在史前时期，稳态文化区可以海岱地区为代表；而动态文化区可以豫北冀南和陕晋豫交界地区为代表。文化的稳定是相对的，这种稳态与动态的划分当然也是相对的，但这两种文化区的文化结构与调节机制是有明显区别的。

文化认同与族群认同相关，族群变迁与文化变迁相联。这种由物到人的桥梁作用使得文化概念在考古学中受到特别的重视。文化区概念也成为我们建构早期人类历史的一个重要手段。不过，从文化区这个途径我们可以接近历史，从地理区也可以达到重建人类过去的目的。

（原载于《庆祝张忠培先生七十岁论文集》，
科学出版社 2004 年版）

① 张忠培：《中国北方考古论文集》，文物出版社 1990 年版。

情境与情境方法

Context一词如何中译，学界尚没有取得共识。我们在《考古学：发现我们的过去》中将这个词主要翻译成“层位”，并在“译后记”中进行了说明[①]：Context，按照索引的解释，指考古遗存由生成过程和转化过程形成的属性，通过共生关系、埋藏介质和位置关系来判断。我以为这个词最贴切的翻译应该是“层位”。当然在有些情况下，这个词也指“背景”。林沄先生在书序中指出“这些译法似乎都不能确切表述该术语的意义”。根据林沄先生的提示，我们又反复思考这个问题，有一得之见。

Context本意指“语境”。好比在阅读文章的时候，遇到不认识或不理解的字、词，要么根据偏旁部首（词根或者前后缀）来猜测其意思；要么根据“上下文”来推测其含义。“上下文”就是“语境”，这是context的本意。借用到考古学研究，如果需要解读一个考古现象（可能是遗物、遗迹或者遗迹组，也可能是遗址或者遗址群），这个研究对象就类似不认识或不理解的字、词，要么根据其本身的属性（如器物的形态、制法、颜色、质地、纹饰、图案或者铭文等；遗迹的大小、形状、结构等；遗址的规模、内涵与布局等）来判断；要么

---

① 罗伯特·沙雷尔等著，余西云等译：《考古学：发现我们的过去》，上海人民出版社2009年版。

根据它与其他遗存的共存关系、共生关系、埋藏环境、位置关系等来推测。“与其他遗存的共存关系、共生关系、埋藏环境、位置关系等”就是 context。虽然考古遗存也是一种语言体系，但有其特殊性，为与其他语言相区别，将 context 译为“情境”比较合理[①]。

中国考古学界很早就注意到“情境”这个概念涉及的内涵及其对考古学研究的重要性。陈梦家先生 1954 年在《殷代铜器》一文中提出：“研究殷代铜器，可以从种种方面着手，如铜器出土的环境，铜器本身的研究，铜器与同时代其他器物的比较。铜器出土的环境需要发掘的资料，这些资料就已发表的而说，还是有限的。”[②] 这里所说的“出土的环境”，就可以理解为“情境”。

张忠培先生也曾经指出：“考古发掘的任务，一是要弄清每一墓葬、遗迹的相对年代；二是要确定同时期的墓葬、遗迹的相互关系。在研究墓葬和遗迹的层位关系时，习惯上往往注重它们的相对年代，即纵的关系，而忽视观察它们的空间关系，即横的关系。”[③]“考古学遗存在地下的相互关系，既有纵向的，也有横向的。在很长时间，我们把层位关系片面理解成前后年代关系，其实它也应包含平面关系，即诸遗存的横的关系。”[④] 这里所说的纵向和横向的层位关系就是“情境”。

我们之所以觉得“层位”与 context 的含义并不相同，是因为往

---

① 在以往的一些考古学译著中，即有人将 context 翻译成“情境”。比如徐坚在《阅读过去》（伊恩·霍德、司格特·哈特森著，岳麓书社 2005 年版）中把这个词翻译成“情境”，但书中对该词的定义为“每个客体同时存在于多个尺度中，因此，一旦资料存在，则一个关联和对比丰富的网络可以用于建立意义的解释，围绕着任何客体变化的相关尺度的总和可以定义为客体的情境”。这段话令人费解，所以这个译名也没有引起学术界足够重视。

② 陈梦家：《殷代铜器》，载《考古学报》第七册，1954 年。

③ 张忠培：《地层学与类型学的若干问题》，《文物》1983 年第 5 期。

④ 张忠培：《关于考古学研究的几个问题》，载《文物研究》第五辑，黄山书社 1989 年版。

往将层位理解为叠压、打破构成的纵向关系，而忽略了位置、共存和共生构成的横向关系；侧重其中的时间要素，而忽略了其中的空间要素；大量借助其进行遗存的分期与年代判断，而较少涉及对遗存的性质、功能和意义的判断。进行空间关系的建构，就会注意同一地层平面不同遗迹之间的联系，或者同一地理区域不同遗址之间的联系。如果要判断遗存的性质、功能和意义，位置关系和埋藏介质（如灰坑或者墓葬中的填土）的质地、颜色及其他包含物就可能非常有意义，共存的其他遗物也可以提供启示；共生的其他遗迹也可以提供解释，甚至地理环境等因素也可能就是答案。这些方面（位置关系、埋藏介质、共存关系、共生关系、环境等）都是"情境"。实际上，"情境"这个概念既包含了"层位"这个概念的内涵，但又比"层位"的含义更为宽泛，可以进一步分为不同层面。

情境（context）包含层位。层位分为地层关系和组合关系两部分。

1. 地层关系：不同遗迹之间、不同地层之间、不同遗迹与不同地层之间的关系。地层关系又可以分为两类：

（1）由叠压、打破构成的早晚关系。

（2）同一聚落面上不同遗迹之间的共生关系。

2. 组合关系：同一遗迹和地层中的遗物之间的共存关系；遗物与填土等的关系。组合关系又分为两种：

（1）同时组合，即同一组合的遗物生产时间的差别可以忽略不计。

（2）异时组合，即同一组合的遗物生产时间相差较大，也就是晚期单位出土有早期遗物这样的情形。

情境还包括：

1. 聚落的不同组成部分（如不同居住区或不同墓区、居住区与作坊区、宫殿区与平民区、居址与墓地等）之间的联系。

2. 聚落与环境之间的联系，也可以分为两种情况：

（1）人文环境，主要指不同聚落之间的关系。

（2）自然环境，聚落与地形、地貌、生态等之间的关系。

关于用地层关系、组合等层位概念来进行遗存的分期和年代判断，学术界有过深入的理解和大量成功的实践，在此不予讨论。下面主要就如何运用“情境方法”解读考古遗存的功能和性质，用一些研究案例来说明①。

1958 年初冬至 1959 年夏末发掘的元君庙仰韶墓地完整地揭露出一个包含 57 座墓葬的“半坡类型”墓地，这些墓葬排列比较规整，每一排都包括有很多合葬墓。合葬墓中的个体，多为二次葬，个别为一次葬。

要正确解释元君庙墓地反映的社会组织，首先就得准确地掌握这个墓地的时间与空间。经过分析，揭示出元君庙墓地从时间上可以分为三期；从空间上可以分为两个墓区，每个墓区各包含三排按时间顺序排列的墓葬，两个墓区延续的时间大致相当。这样就可以确定是各包含三排墓葬的墓区而非一排墓，才是组成墓地的独立单元。

经过与一系列民族学资料的类比，报告认为合葬墓代表了不同的家族，墓区代表了氏族，而墓地代表了部落，元君庙墓地反映的是“若干家族组成一氏族，两个氏族组成一部落”②。

在这个研究案例中，对这些墓葬性质的解释并不只是由单座墓葬本身来确定的，而是由不同墓葬、不同墓区之间的关系来判定的，在对墓地进行准确分期基础上确定的不同墓葬、不同墓区之间的空间联系是至关重要的。这就是“情境方法”的运用，元君庙墓地的研究可以看成是对一个遗址内遗迹和遗址的不同组成部分进行情境分析的经典。

林沄先生在解释青铜弓形器用途时，注意到“无论在西伯利亚

① 许永杰先生列举过另外一些例子，见许永杰：《中国考古学研究中的情境分析》，《考古与文物》2011 年第 1 期。

② 北京大学历史学考古教研室：《元君庙仰韶墓地》，文物出版社 1983 年版。

还是在黄河流域，青铜弓形器均有在墓中位于死者腰际的例子”。如米奴辛斯克盆地的一座卡拉苏克墓葬中发现的青铜弓形器，正是“和铜刀都放置在死者的腰部”。托姆斯克南郊的大岬第28号墓中发现的弓形器，也正是和青铜短剑、镜一起压在死者股骨的近腹一端之上，在弓形器上还残留有绳子的痕迹。小屯第164号墓中，青铜弓形器也正是压在俯身葬的死者的骨盆下面，显然当初是和铜刀、砺石等物一起挂在腰带上的。正是这一系列考古发现中青铜弓形器与其他遗物的共生关系和空间联系，与乌施金-乌魏尔第14号“鹿石”上的图案进行类比，得出“弓形器是悬挂在腰带正前方的”这一判断。然后又注意到弓形器与马有多方面联系：如在小屯C区第164号墓中，腰带前方有弓形器的死者是和一匹马共葬的；车马坑中经常出土弓形器等。从这种共生关系推测青铜弓形器是“挂缰钩”[①]。这一研究可以作为对一类遗物的用途进行解读的范例。

许永杰先生对泉护文化及相关遗存陶抄的解释，除了对陶抄这种器物本身的形态和规格进行分析之外，还讨论了陶抄出土于大地湾F901“原始殿堂”，花楼子H6，固镇H18、H22窖穴，案板GNZH1祭祀坑等单位的情形，借助陶抄与其他遗物的共存关系、与出土遗迹的联系、与所在遗址的联系来论证其为量器的性质，也是一个成功的研究案例[②]。

我们对西山城的解读，则可以作为对遗址进行情境分析的例子[③]。为了对西山城的功能和性质进行判断，我们首先考察了城墙、城门、内环壕、外环壕等遗迹构成的西山城址本身的规模和布局等，也根据残存的灰坑等遗迹现象判断西山城并没有高等级遗存。然后我

---

① 林沄：《关于青铜弓形器的若干问题》，载《吉林大学社会科学论丛》（2），1980年。

② 许永杰：《“陶抄”的考古情景分析》，载《新果集——庆祝林沄先生七十华诞论文集》，科学出版社2009年版。

③ 余西云、赵新平：《西山城的情境分析》，载《考古学研究》（十），文物出版社2012年版。

们考察了西山城的建筑年代和过程，及其在西阴文化整体分布中的位置，这样就对其时间与空间有了一个判断。在此基础上，它与同时期其他遗址的关系，特别是与相邻的大河村遗址的关系，对理解其修建的原因非常有帮助。我们认为正是大汶口文化的因素到达邻近的大河村遗址这样的文化格局催生了西山城。做出这样的文化格局的判断也能够得到地理环境的佐证：西山本身是邙山余脉的东端；西山城位于豫西丘陵与黄淮平原的分界线上；旁边的枯河是黄河的最后一个支流，往东就是淮河流域了。这样的地理环境证明选择其作为防御据点的合理性。在一定程度上，西山城的性质和功能是根据它与其他遗址的联系、这些遗址与不同地理环境之间的联系来确定的。

考古遗存是一种语言体系，考古学研究就是对这个语言体系进行建构和解读，"情境"是考古遗存的灵魂。"情境"是考古学与金石学和古物研究的分水岭。金石学和古物研究往往只关注器物本身，只就器物本身进行解释。考古学的资料的收集、分析、解释都会涉及"情境"，考古学离不开"情境"。中国考古学过去对"情境"这个概念的理解和运用很大程度上是"自在的"；现在提出来讨论，进行界定，说明这个概念已经变成"自觉的"，对考古学的理解也深入了一层。

（原载于《庆祝张忠培先生八十岁论文集》，
科学出版社 2014 年版）

马岭：聚落考古的探索

一定程度上说，在发掘中有意识地探寻不同遗迹的功能，探究不同遗迹之间的联系，探索遗址内不同时期聚落的布局和规律的考古研究，都可以纳入“聚落考古”的范畴。中国考古学的聚落考古的探索可以追溯到20世纪50年代的西安半坡、华县元君庙等遗址的发掘，甚至可以追溯到中国考古学发源地之一殷墟的发掘。但时至今日，如何在中原地区以文化层堆积厚、地层关系复杂为特色的软遗址中进行聚落考古尚没有形成一套行之有效的方法，以至于有些学者认为“聚落考古”这个概念本身就难以成立，只能进行“聚落形态研究”，也就是只能被动地对已经发掘出来的遗迹或者聚落进行分析和研究，而无法主动揭示聚落的形态。

南水北调中线工程贯穿中原地区，特别是其淹没区覆盖了诸多完整的重要聚落遗址，为我们进行聚落考古的探索提供了契机。马岭遗址位于河南省淅川县盛湾乡贾湾村马岭自然村，中心地理坐标为北纬32°55′49″，东经111°28′30″，海拔高度160—166.3米。遗址所在的位置为丹江与淅水交汇处的一处临江台地。河南省文物考古研究所与武汉大学历史学院考古系合作，2007—2009年对该遗址进行了大面积发掘。

马岭遗址的主要堆积可以分为后冈一期文化、仰韶晚期的朱家台文化、煤山文化（部分延续到二里头文化前期）和汉代—六朝时期这样几个主要阶段。另外也有少量西阴文化、石家河文化、东周时期、清代前期遗迹。其中，后冈一期文化和朱家台文化的地层堆积比较厚，遗迹数量大，种类丰富，聚落形态大致保存完整，是我们重点关注的对象。我们在马岭遗址进行的聚落考古探索大致可以概括为如下几个方面。

一、半开放式发掘

聚落考古强调不同遗存（特别是不同遗迹）之间的共时性联系，中国考古学界长期以探方发掘为规范的发掘方式，注重揭示不同地层、遗迹之间叠压、打破所反映的历时性关系，在一定程度上限制了对遗存之间共时性联系的观察、分析与记录。

我们希望能够突破传统的探方发掘方法，但又需要兼顾河南省文物局南水北调办公室对南水北调中线工程考古项目的操作要求。我们先按 10×10 平方米的探方进行发掘，完全按照探方发掘的技术要求记录资料；然后在发掘到遗迹或一个地层面后根据需要随时打掉隔梁，以尽可能完整地揭示出遗迹的完整面貌和相互之间的联系。按照这样的方法进行发掘，要求领队及工作人员随时对地层及地层关系进行把握。发掘结果表明，这种方法对完整揭露遗迹、观察不同遗迹之间的联系、揭示聚落布局比较有利，不失为一种从探方发掘到开放式发掘的有效过渡形式。

二、遗迹的确认

聚落考古的基础是辨认遗迹和判定不同遗迹的性质和功能。

2007年我们清理了一些基槽，2008年发现了许多史前建筑物的墙体，使我们对这些房子的建筑程序和埋藏过程有了比较清晰的认识：挖基槽→立柱（有些柱子会比基槽底面更深一点）→把柱子筑紧→在柱子之间设隔板→在柱子和板子上抹泥→用火烧烤成红色烧结块（类似现代红砖）→（房子使用中或者废弃后）柱子腐烂形成空洞→柱洞周围或者上面的土填入柱洞（图一）。

图一 朱家台文化H54出土的烧土块上的木板痕迹

因为很多时候挖基槽后就直接把从原来位置挖出的土填回去，所以很多情况下，基槽内填土与两侧土并没有明显不同。只是基槽填土可能经过拍打，往往比较紧密、板结、坚硬一点。至于柱子洞，因为是柱子腐烂后周围的土或上面的土填入，所以有时颜色、质地及其中的包含物差别明显，绝大部分时候颜色、质地及其中的包含物差别很小，只是土质稍软。基于这样的分析，我们在基槽或者房子中间确认了很多柱洞。

在发掘过程中，特别强调结构与功能在判定遗迹时的意义。具体说，经过刮面、划线、判断早晚之后，并不马上开始清理这些确定的单位，而必须对这些单位的性质、功能以及不同单位之间的关系或者联系等进行观察、分析和判断，尽量能够说清楚是哪类性质的遗迹或者地层。

三、遗迹组的判断

遗迹之间的联系与遗迹本身同样重要，甚至更加重要。

在马岭遗址的发掘过程中，一方面，我们注意到这里的房子往往面积很小，大部分圆形房基的内径不足两米，难以容纳很多家居生活的内容。另一方面，这里有很多遗迹，明显与居住活动有关。我们将这些遗迹与居住遗迹联系起来，就可以复原出一个功能更加完备、结构更加完整的生活场景。

T5733 东部和 T5833 西部发现有一座仰韶晚期的房基 F43，在其东侧有一处红烧土面，面上有红烧土块以及灰烬等物，我们判断其为烧灶遗迹，编号为 Z5。F43 北侧发现一个平底浅坑（H518），其中的遗物主要就是分布于底部的河卵石和石器半成品，这个遗迹应该是加工石器的地方。在同一地层平面上，F43 东南还分布有一个灰坑（H519）。这样的一组遗迹，根据其处在同一地层面上以及出土的陶片等都可证明是同时的，功能上具有互补性，我们就推论其为一个遗迹组。通过这样的遗迹组，我们对当时的生活场景有了更具体、更完整的了解（图二）。

图二　F43 遗迹组

四、聚落面的建立

在发掘过程中强调尽可能完整地揭示聚落面，尽可能将同一地层平面上的遗迹同时揭露出来，以便在现场判断、记录不同遗迹之间的空间关系。

同时我们在发掘过程中尽量利用遗迹之间的叠压、打破等地层关系，利用不同遗迹出土的陶片等遗物，判定哪些遗迹不是同一时期的遗迹，哪些遗迹可能具有共生性。实际上就是把以往留待整理期间进行的年代判断等工作适当提前至田野发掘过程中（图三）。

图三 仰韶晚期朱家台文化的聚落面

五、对遗迹发掘过程的多次记录

传统发掘中对遗迹的记录（照相、摄像、绘图）一般在遗迹清理完毕之后进行。这主要是因为传统的光学相机的拍摄成本问题。现在数码相机已经成为一种普通的考古装备，利用数码相机的便利，我们就能够很方便地对遗迹多次记录。我们要求重要遗迹在划线之后、清理过程中和清理完毕后，多次拍摄、绘图。

Z1 是一处二里头文化时期的灶坑遗迹。在清理 Z1 之后拍摄的照片表明，Z1 就是在一个圆形的平底浅坑内放置了一些石头。这样的场景我们一般大概很难将其与灶这类烧火遗迹联系起来。如果硬要寻找 Z1 与烧火遗迹的联系，大概也只是发现其中有一块大石头已经严重风化，很容易掉下粉末，可能是经过长期烧烤的结果（图四）。

我们在 Z1 发掘之前拍摄的照片表明其中部有一个严重风化的石头，这个石头的外围分布有大量的红烧土和炭灰等，也散落有二里头文化常见的凹底罐的底部碎片。这样的场景使我们很容易就可以联想到这是一处二里头文化时期的烧火遗迹：当时的人们将凹底罐直接放置在石头上，再在石头周围烧火将其加温。联系清理完毕后发现的大量石头，我们还可以认为这些石头可能是当时用来加工工具或者加工食物用的（图五）。

图四　清理后的 Z1

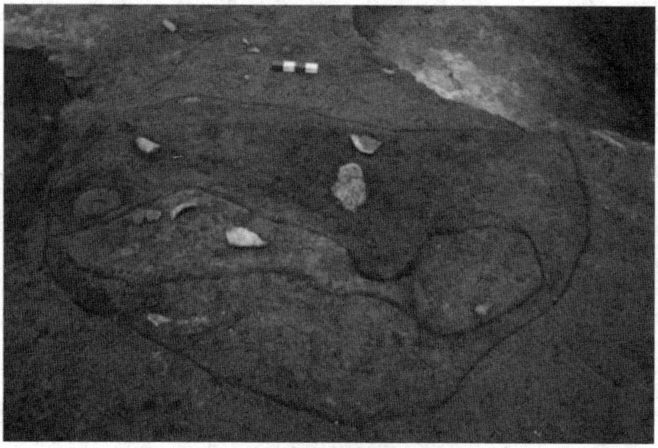

图五　清理前的 Z1

在遗迹发掘的不同阶段拍摄的照片往往能记录遗迹更多的信息，形成一个证据链，有利于更加充分有效地判断和说明遗迹的功能和意义。

在遗迹组和聚落面的判断方面，反复的记录更是必不可少的。许多遗迹在清理之前，甚至在清理之后，很难马上判定其年代，更难以确定它们与其他遗迹之间的联系。反复的记录虽然不可能完全揭示这些联系，但毕竟有可能记录下更多的联系。考古资料除了要被发掘者本人研究之外，更主要的还需要为学术界其他人所接受和利用，而好的照片和录像所记录的遗迹以及遗迹之间的联系显然要比我们在室内整理期间仅仅根据平面图拼合起来的联系更有说服力。

六、演绎的思维模式

演绎和归纳一样，都是科学的思维方法。归纳就是对已有的资料进行综合、概括，从中寻找联系，发现规律。在以往的研究中，归纳是最普遍采用，甚至是唯一的思维模式。这种思维方式固然非常科学，但未必适合解决所有的问题。在聚落考古方面，如果采用归纳的思维模式来处理遗迹之间的联系，那么只能在一一证明不同遗迹之间具有共生性后才能得到一个遗迹组或者聚落面。归纳的思维模式，走到极致，大概也只能确定用活动面或者路面连接起来的遗迹具有共生性。

如果采用演绎的方式来思考聚落形态，就可以基于这样一个假设："某些遗迹可能具有共生性"。通过地层学和类型学等各种方法排除掉一个地层平面上那些不具有共生性的遗迹，就可能得到一个或者多个遗迹组或者聚落面。演绎的思维方式可以在聚落考古的各个层面发挥作用。

在划线确定单个遗迹时，观察（土质、土色、包含物）与想象、假设、推理、分析、判断往往密不可分。在划线时，经常会遇到这样的情形：只能够观察到不同单位之间局部的差别，或者某些线索的提示（如早期地面上还存在晚期陶片）。而最终划出线来，除了反复的观察与体会，无论如何也离不开假设与推理。

在确定遗迹组时，演绎是基本的前提。我们将一些处于同一地层平面上，空间上具有结构性，功能上具有互补性的一组遗迹假定为遗迹组。然后再通过不同遗迹出土的遗物进行类型学分析或者借助其他手段，排除那些不具共时性的遗迹或者遗迹组。得到的就是可以进一步分析和研究的资料和对象。有经验的研究者早就认识到了，不同遗迹之间的年代关系可能是非常复杂的，成组的遗迹之间的年代关系可能会是一个排列组合问题。如果以这样的认识和经验为前提，来证明不同遗迹之间具有共生性，基本上是一个无法解决的难题。

在聚落面这个层次上，面对中原地区普遍以地层堆积厚、叠压打破的地层关系复杂为特色的遗址进行聚落考古，离开演绎的思维方式，势必更是寸步难行。首先，我们有时很难找到地层平面。其次，即使有了地层平面，我们很难确定这个地层平面上哪些遗迹具有共生性。再次，即使根据类型学分析（或者其他年代学方法）得到的“同时”往往也不足以成为支持这些遗迹具有“共生性”的充分理由。事实上，同一地层平面上的遗迹，既可能是同一时期存在的，也可能是不同时期形成的；而一些看似位于不同层面上的遗迹倒可能是同时存在的。如果我们充分考虑到遗址形成和转化过程的复杂性，那么势必对任何遗迹之间的“共生关系”都无法肯定。

我们换一个思路，首先假定处在同一地层平面上的遗迹是“同时”的，然后再通过类型学或者其他年代学手段，分辨出那些“早期的”或者“晚期的”单位，就能够得到一个或多个聚落面。

“演绎”得到的聚落面未必“真的”是由具有共生性的遗迹构成的聚落，既有可能将原本不同时期的遗迹置于同一聚落面，也有可能将具有共生性的遗迹遗漏掉。但这样得到的聚落面仍不失为进行分析、研究的有效对象。一方面，我们可以借助不同方法进一步对这个聚落面进行修正，以尽可能趋近真实。另一方面，这样的聚落面也可能保留了“真实的”聚落的基本结构，在一定程度上，由其也可以推论出与“真实的”聚落相同或者类似的结论。

比如说，姜寨遗址中的半坡文化聚落，根据其中出土的陶器分析，大致延续了近千年[①]。在这个漫长的时间段中，既可能只是在极短的时间段内形成了目前所见的聚落结构（陶器的类型学研究已经表明这种可能性不大）；也可能是由一个极小的聚落长期延续累加形成现在所见的聚落结构；还有可能是一个相对较小的聚落经过“建造—迁徙”的多次反复，最终形成目前所见的聚落形态。考虑到半坡文化时期，集约化农业尚未出现，这些农耕者基本保持着刀耕火种的初级农业技术，聚落的定期搬迁应该是一种合理的模式。但不管是哪一种情形，姜寨聚落历千年而能够保持基本的结构，说明这种结构具有可复制性。

再如，元君庙仰韶墓地中半坡文化中期的聚落结构最基本的特征就是“两分”[②]，这种“两分”的结构既见于河南的水泉[③]、内蒙古的

---

① 半坡博物馆、陕西省考古研究所、临潼县博物馆：《姜寨——新石器时代遗址发掘报告》，文物出版社 1988 年版。关于姜寨遗址的聚落结构参见陈雍：《姜寨聚落再检讨》，《华夏考古》1996 年第 4 期。

② “元君庙墓地分为甲、乙两个墓区”，甲墓区位于东侧，乙墓区位于西侧。北京大学历史系考古教研室：《元君庙仰韶墓地》，文物出版社 1983 年版。

③ 水泉的裴李岗文化墓地，小渠以东墓地比较完整，墓地南北两边的墓葬比较密集，中间有一个空白地带，只有一个圆形烧土坑，将整个墓地分为东西两部分。中国社会科学院考古研究所河南一队：《河南郏县水泉裴李岗文化遗址》，《考古学报》1995 年第 1 期。

白音长汗[①]，也可能存在于青海阳山[②]或者山东的三里河[③]。也就是说，在如此广泛的时空中，不同类型的聚落都可能具有某种相同的基本结构。这样，我们也有理由推测这种结构存在于更多的遗址中，只是因没有发掘或者发掘面积太小而没有揭示出来。

这两种情形说明，无论是不同时期的聚落叠加在一起，还是只揭露了一些聚落的片段，只要我们以聚落考古的视角加以观察、分析和研究，都有可能揭示出“真实的”聚落的某些基本结构，也都可能推测出当时人与人之间的某些关系。

（与赵新平合作完成，原载于《华夏考古》2010年第3期）

① 白音长汗分为南北两个分别用环壕包围的聚落区，“以及各自拥有的一片墓地”。内蒙古自治区文物考古研究所：《白音长汗——新石器时代遗址发掘报告》，科学出版社2004年版。

② 阳山“墓地中东西二区是具有同样时空结构的两个并行单位”。青海省文物考古研究所：《民和阳山》，文物出版社1990年版。

③ 三里河遗址属于大汶口文化的墓葬，在位于南面的I区发现24座，位于北面的II区发现40座。这两个墓区南边都是沟崖；北边都有居住遗迹分布，没有发现墓葬；东西两侧也没有发现墓葬。报告认为I、II两个墓区的墓葬都已经清理出来了，应该分属两个墓区（报告称之为两个墓地）。III区破坏严重，只发现两座墓葬，性质有多种可能性。参前中国社会科学院考古研究所：《胶县三里河》，文物出版社1988年版。

考古学文化与类型学

文化认同与族群认同相关，族群变迁与文化变迁相连。这种由物到人的桥梁作用使得文化概念在考古学中受到普遍的重视。

学术界对文化的定义众说纷纭，考古学中对文化概念的理解和具体运用也千差万别。我们认为考古学中的文化（考古学文化）指功能大致整合且结构相对稳定的一类遗存。

考古学文化的结构是多层次的[①]。一个考古学文化往往包括不同的时间性和（或）空间性亚文化（最常见的表述是期和类型）与结构性亚文化。结构性亚文化可能是同一群人不同生活场景形成的，如居住和埋葬死者可能形成有差别的遗存，不同经济活动也可能形成相当不同的文化遗存，不同阶层或不同社会集团也可能形成不同的遗存；也可能指由不同族群整合而成的社会所保留的文化上的差别等。亚文化本身也是多层次的。

界定一种考古学文化需要把握其功能和结构两个方面。强调功能整合可以避免根据局部特征界定一种文化，避免内涵缩小导致的外延无限扩大。而把握文化结构可以从两个方面着手：遗存的组合与类型学方法的运用。

遗存的组合本身就是文化结构的一个侧面，而且它又与文化结

---

① 严文明：《新石器时代考古研究的两个问题》，《文物》1985 年第 8 期。

构的其他侧面相关联。遗存组合的相对稳定反映了文化其他侧面的相对稳定，遗存组合出现质的差别也反映了整个文化结构质的变化。

类型学从本质上讲就是分类学，是分类学在考古学中的运用。其核心内容是分类与排序。分类以排序为主要目的，排序以分类为基本前提。

文化的稳定是相对的，变异是永恒的，剧变也是经常会发生的。如果一种文化遗存循着某种趋势有序变异了一段时间之后，不再遵循这一变异的趋势，就可能意味着文化结构的变异、文化传统的改变。考古学中经常发现的一些“过渡性”遗存，往往正是这种文化剧变的产物。类型学的实现与否往往正好和文化传统的保持与丧失有关。正因为如此，类型学对于判定一种文化的内涵与外延也是有极为重要的意义的。

顺便说一下，即使我们以某种“均匀的”类型学尺度来衡量考古遗存，得到分期，每一期在时间上也可能并不是等长的。文化处在相对稳定阶段的一期可能比处在迅速变迁阶段的一期代表的时间更长一些。

（摘自《西阴文化：中国文明的滥觞》，
科学出版社2006年版）

中国考古学理论的演进

考古学研究的对象，从具体层面来说，是古代人类留下来的各类遗存。这些古代遗存虽然表现为各种具体的实物，但其中包含有人类行为（制作、使用、废弃、埋藏等）的信息、社会组织及其运行的信息，同时也反映了古代人类的思想。人们的思想有些是通过遗存及其情境无意识地流露出来的，有些则是通过器物的造型、装饰或遗存之间的联系有意识地表达出来的。考古学家对这些遗存的解读必然涉及古代人的思想、情感、精神、宗教和哲学。

比如说，西阴文化彩陶基本的构图要素是弧线三角和圆点，但其中的弧线三角均可以从阴文和阳文两个角度来观察[①]。从阴文的角度观察，这些弧线三角就是花瓣的形状；从阳文的角度观察，这些弧线三角是鸟的造型。距今约6000年前开始的西阴文化彩陶是我们能够观察到的最早的花鸟画，开创了中国绘画的一个经典主题。花和鸟可以理解为女性和男性或阴与阳的象征。西阴文化彩陶用阴阳互衬的手法，表达阴阳对比的概念，用非常具体的形式表达出抽象的哲学思想。阴阳概念的起源当远早于西阴文化时期，宋代以后拟构出来的太极图基本上只能算是西阴文化彩陶的翻版。

从抽象层面来说，考古学的研究对象是人类的文化。“文化理

---

① 余西云：《西阴文化：中国文明的滥觞》，科学出版社2006年版。

论”是考古学的灵魂，其演进过程代表了学科发展的基本脉络。“文化理论”也是近代以来人文哲学的核心内涵。

中古时期形成“世界观”和“宇宙观”，将时间与空间结合起来（中国的“五行学说”是其中的典型），产生了“文明与野蛮”、“华夏与蛮夷”之类的概念，用来区分“我族与异类”，这是一种由己及人、由内而外的视角。“地理大发现”及随后的殖民扩张，欧洲人有机会接触大量不同的族群，由此形成“国际观”和全球视野，产生了现代意义的“文化”和“民族”概念，这是一种由上往下、由外而内的视角。人类学是这一文化视野的产物。传统的历史学为人们观察世界提供了一个历时性的视角，近代以来的人类学则为观察世界提供一个共时性的视角。过去的一百多年，人类学成为各种社会思潮、哲学思想的温床，从进化论到传播论，从功能主义到结构主义等。

随着工业化的推进，世界各地的传统文化日渐式微，人类学也成了无源之水，理论创新能力走向衰竭。特别是第二次世界大战之后，广大亚非拉地区政治独立，文化自觉，人类学居高临下的视角逐渐失效，考古学则开始提供一种更加整体、更加平衡的文化观。考古学兼具了历史学的历时性视角与人类学的共时性视野的优势，经过长期的资料积累，担负起对人类文化及其历史进行全景式考察的使命，成为人类获取新知的重要途径、文化思潮和哲学思想产生的土壤。

中国考古学是近代以来在传统学术的基础上，接受西方学术影响形成的。20世纪前半期，中国考古学与西方学术界有十分密切的关系，是西方殖民学术的重要组成部分。50年代，中国考古学亦受到苏联考古学的短暂影响。1959年，夏鼐发表《关于考古学上文化的定名问题》[①]，讨论了考古学中的文化概念，为中国考古学走向独立自主的理论创新铺平道路。

① 夏鼐：《关于考古学上文化的定名问题》，《考古》1959年第4期。

在经历“文化大革命”的十年停顿之后，苏秉琦在70年代后期提出“区系论”，系统地构建中国古代文化的时空框架（苏秉琦形象地称之为“条条块块说”）。其一方面“块块”主要涉及文化的空间分化，揭示不同区域文化的相对性。具体到中国文明起源的研究，就是用所谓“满天星斗说”取代传统的“中华大一统观”，证明中国不同地区的文化都对中国文明起源有重要贡献，而不是像学术界传统认为的只有中原地区一枝独秀。费孝通对苏秉琦的这些思想非常欣赏，并在1988年写成《中华民族的多元一体格局》[①]，运用考古学资料、历史文献、民族学材料，系统论证了中国文化的“条条块块”，并最终提炼出“各美其美，美人之美，美美与共，天下大同”的著名论断。这一思想引导了中国人在对外开放过程中建立正确的文化观。

苏秉琦“区系论”的另一方面“条条”则在于揭示文化的渊源流向，阐释文化随时间发生的变迁。他曾经形象地提出：“楚（文化）就好像一棵大树，有大的树干，大的树冠，还有大的树根体系。这是一个譬喻，是为了说明楚文化应有两个范畴：其一是，犹如这棵大树的树干，指的是因时而异的楚文化自身；其二是，犹如包括树根、树冠和树干的这棵大树，指的是楚文化形成和发展过程中的基础、背景以及同它有关系的诸不同地区、不同文化之间的相互影响和相互作用。”[②]

在其基础上，张忠培在20世纪80年代中期提出“谱系论”：“文化传播和迁徙是广泛存在的历史事实，在它的作用下，考古学文化之间大量出现了文化渗透、借用、融合、同化和考古学文化的分化，使任何一种考古学文化成了不同谱系的多元结构，即不同谱系的文化因

① 费孝通：《中华民族的多元一体格局》，《北京大学学报》（哲学社会科学版）1989年第4期。

② 苏秉琦：《楚文化探索中提出的问题——在中国考古学会第二次年会闭幕式上的讲话》，《江汉考古》1982年第1期。

素，结合成统一的考古学文化。”[①]“谱系论”强调了文化之间的相互影响在文化变迁中的作用，通过揭示不同文化之间的互动，阐释文化变迁的动态过程，总结文化运行的机制与规律。

近代以来，中国现代化道路跌宕起伏，思想界有人将“现代化”与“西方化”混为一谈，在全面西化与固守传统之间摇摆不定。张忠培又以大量考古学文化实践与研究为前提，将文化的动态变迁过程概括为“传承、吸收、融合、创新”[②]，揭示了文化演进的普遍规律，使“谱系论”从一种考古学理论升华为具有现实意义的文化思想，对中国现代化进程具有指导意义。

考古学研究的实践不停，考古学的理论创新不息。考古学给社会带来的最宝贵的财富，并不只是那些世界级的遗产或国宝级文物，还包括闪耀着智慧光芒的哲思。

（原载于《中国社会科学报》2013 年 7 月 24 日）

① 张忠培：《研究考古学文化需要探索的几个问题》，载《文物与考古论集》，文物出版社 1986 年版。

② 张忠培：《中国考古学会第十五次年会开幕词》，载《中国考古学会第十五次年会论文集》，文物出版社 2013 年版。

文化谱系论及其意义

去年曾应约写了《中国考古学理论的演进》这篇短文[①]，年前编辑转来一篇读者的商榷文章[②]，希望我回应一下。这位读者认为我夸大了文化谱系论的意义，但文章一方面认为文化谱系论“制约学科发展”，另一方面却鼓吹“产业（生业）谱系论”。就我所知，产业（生业）只是文化的组成部分，如果像这位读者认为的“产业（生业）谱系”如此有意义，文化谱系论的意义岂不更大、更全面？这种自相矛盾的表述，表明该读者并没有很好地理解“文化谱系论”。这也许与我在短文中对文化谱系论的介绍语焉不详有关，在此我想就文化谱系论再做一些说明，以帮助这位读者解开“疑惑”。

考古学中谱系研究的实践最早可以追溯到20世纪40年代苏秉琦等人的陶鬲谱系研究，这些研究以中国学者对类型学的独特理解为基础。此后，不断有学者丰富谱系研究的实践，张忠培1980年发表的《客省庄文化及其相关诸问题》称得上其中的典范之作[③]。文章根据制作方法分析客省庄文化陶鬲的五种形态（这样的研究方法或可称为形制学，与一般仅对遗存形态进行分类的类型学方法相区别），由此初步揭示出客省庄文化的演进过程及谱系关系。

---

① 余西云：《中国考古学理论的演进》，《中国社会科学报》2013年7月24日。

② 扎拉嘎：《考古学“谱系论”意义不宜夸大——就中国考古学理论演进与余西云教授商榷》，《中国社会科学报》2014年1月13日。

③ 张忠培：《客省庄文化及其相关诸问题》，《考古与文物》1980年第4期。

1986 年，张忠培正式对考古学文化谱系论进行理论概括："文化传播和迁徙是广泛存在的历史事实，在它的作用下，考古学文化之间大量出现了文化渗透、借用、融合、同化和考古学文化的分化，使任何一种考古学文化成了不同谱系的多元结构，即不同谱系的文化因素，结合成统一的考古学文化。这些文化因素，可通过和前后左右诸考古学文化进行类型学比较研究而被解析出来，明晰其源流。它们在考古学文化中的多少、主次有别，地位不同，各自对对方既有吸力，又存在排它的倾向，彼此既存在融聚力，也存在拆离的倾向，竞相发展，使考古学文化成了以主流因素为代表，又包容新旧成分的统一与矛盾的有机体。"①

近年张忠培又从"考古学文化的文化"这个层面对谱系论进行了凝练与升华，他提出"环渤海地区自新石器时代到秦汉帝国，经历的是一条从文化多元一体到国家一统多元的发展道路"，"考古学文化的文化的多元一体，讲的是'一体'内的诸考古学文化的文化所联结成的一体性，甚或文化的同一性，而就这多元一体内的各个考古学文化的文化谱系结构来说，则是一元为主的多元文化谱系结构，即多元谱系文化所结构成的'一体'文化，故多元一体内的诸考古学文化的文化谱系结构，也是多元一体的。这种文化谱系结构的考古学文化，就是杂种文化。杂种文化，是文化杂交的产物，文化杂交产生的杂种文化，则遵循文化'传承、吸收、融合、创新'这一文化演进规律向前发展"。②

"传承、吸收、融合、创新"是对文化变迁规律的高度概括，这一表述包含的思想精髓就是文化谱系论。文化谱系论既能够解析"从文化多元一体到国家一统多元"的内部结构，又能够揭示文化的动态

① 张忠培：《研究考古学文化需要探索的几个问题》，载《文物与考古论集》，文物出版社 1986 年版。

② 张忠培：《中国考古学会第十五次年会开幕词》，载《中国考古学会第十五次年会论文集》，文物出版社 2013 年版。

变迁过程，为考古学研究开辟了广阔的空间。

文化谱系论源自考古学文化的研究，但它是对文化变迁普遍规律的总结，同样适用于当代文化。至于文化谱系论怎样指导现代化建设，张忠培《文化杂交：广州的过去与未来》一文有系统阐述，我们摘录其中的一段①：

> 文化的演进，是以当时的传统文化和外来文化互为参照系数，进行比较、鉴别，得出其时的认识，传承传统文化的优秀部分，吸收当时能认识到并能为之所用的外来文化的长处进行融合，化传统文化为文化传统，从今天走向明天，实现创新。这创新是经化传统文化为文化传统之后，进而构建出一新的或当代的传统文化平台。

考古学的历史，归根结底是理论的演进史，是思想史。中国考古学虽然起步较晚，但能够傲立于国际学术界，就在于其能够在实践的基础上不断进行理论创新，谱系理论是理论谱系的重要一环。在西方考古学界，1962年宾福德最早明确提出搞“新考古学”的诉求。后来将有关的理论思考概括为“文化过程主义”，这个概念仍然只是对文化演变现象进行的表述。直到1992年邓内尔落脚到文化谱系，才算最终抓住了文化变迁的本质②。这时离张忠培正式发表文化谱系论已经过去了六年时间。

（原载于武汉大学历史学院内部刊物《古今》2014年总第35期，正式发表于《中国社会科学报》2014年5月26日，编辑对文稿有较多改动，现按《古今》改回原稿）

---

① 张忠培：《文化杂交：广州的过去与未来》，《中国文物报》2011年2月25日。

② R. C. Dunnell, Archaeology and evolutionary science, *Quandaries and Quests: Reflections by Archaeologists and Philosophers*, Carbondale: Southern Illinois University Press, 1992, pp. 209-224.

能动性：文化变迁的内在动力

文化变迁的动力可能来自文化内部的技术层面，如工具或者产品及其代表的生产力的创新；也可能来自社会组织层面的调整，如生产关系、政治组织和亲族组织的变革；还有可能源于文化外部的环境变迁，或者其他文化的影响。而意识，包括情感，所具有的能动性，也是文化变迁的一个重要动因。文化的意识层面包括知识、艺术、道德、信仰、价值观等行为规范，也涉及礼制与法制等行为规定。文化认同虽然涉及文化的所有层面，但本身也是一种包含认知和情感在内的意识范畴。

我在《西阴文化：中国文明的滥觞》一书中就对西阴文化的彩陶进行过解读①，认为西阴文化彩陶所使用的绘画语言可以分解为阳纹弧线三角、阴纹弧线三角、圆点这样三个最基本的语素。三种基本语素互相结合，形成多种不同的语符。其中弧线三角与圆点形成对比，阳纹弧线三角和阴纹弧线三角互相映衬。同时从阳纹和阴纹两个角度来观察，就可以把弧线三角纹分解为互相依存的鸟和花，并且将西阴文化的彩陶结构理解为下图（图一）：

---

① 余西云：《西阴文化：中国文明的滥觞》，科学出版社 2006 年版。

	阳纹	:	阴纹
弧线三角	鸟	:	花
	阳器	:	阴器
		↓	
圆点		蛙（娃）	

图一　西阴文化彩陶的结构

苏秉琦先生曾经提出“庙底沟类型（即西阴文化——引注）的主要特征之一的花卉图案彩陶可能就是华族得名的由来”[①]。西阴文化所到之处，甚至影响所及，都有花鸟图案的彩陶存在。彩陶是西阴文化的标志性内涵，也是这一文化产生广泛认同的基础，无疑对西阴文化的生成、扩张以及“华”族的生成具有强大的推动力。

写作《巴史——以三峡考古为证》这本书，对文化认同所具有的能动性在文化变迁中的作用有了更加具体而深入的理解。

族群认同到底以什么为基础？王明珂近年对这个问题有比较深入的讨论：“在族群本质研究中，‘历史’、社会记忆或人群间一种共同起源想象，常被认为是凝聚族群认同的根本情感源头。在‘国族主义’（nationalism）研究中，学者也注意到‘历史’建构与‘国族’（nation）意识间的关系。在过去的著作中，我也曾以社会历史记忆的形成与变迁，来说明族群认同的根基性与工具性本质。以族群认同的根基性而言，我认为族群成员间的根基感情产生自仿真同胞手足的同源情感；它的工具性便在于，此种‘同源’记忆经常在人们的争辩与操弄之中，因而‘起源’也被修饰、改变与遗忘以应和环境变迁。这

① 苏秉琦：《关于仰韶文化的若干问题》，《考古学报》1965年第1期。

说明为何在许多强化族群或民族认同的社会回忆活动中，人们经常在追溯、寻索、创造及争论‘共同起源’。”[①]

族群认同主要基于血缘与文化两方面。真实的或者虚拟的血缘联系是族群认同的基础。即使有些情形出于利益或者其他原因，使族群认同带有明显的功利色彩（工具性），但毕竟往往也要假托成血缘联系。但血缘联系往往并不是判定族群认同的充分条件，族群认同更重要的是文化认同。

我们在全面检索、分析三峡考古积累的田野资料的基础上，建立了遗存的时空框架；再采用谱系理论，重建了三峡古代文化变迁的过程。通过这个过程，我们已经能够比较明晰地看出不同历史时期釜文化认同的情况。然后把釜文化的认同情况与巴文化的认同（不是等同）联系起来，把三巴地区的釜文化作为判定巴文化的线索。之所以让釜作为这一文化谱系的标志，是因为我们认为釜既是一种客观文化因素，也具有主观象征意义。釜是一种恒定的文化因素与文化象征，同时这也是与三峡地区来自周边地区的不同的罐文化、不同的鼎文化、不同的鬲文化比较的结果。

同治《恩施县志》（卷一二）：

> 向述，河内郡人，为汉景帝驸马。时巴蛮攻劫，帝以王（即向述）镇秭归。元妃公主刘氏，次妃许氏，王之健将则许氏兄弟也。王在镇，安攘有功，教养有法，得楚蜀人心。生子十六，分十子入衡阳，六子入川。聚桥头分遗破釜，命各执一片，世守为信。

---

① 王明珂：《羌在汉藏之间——川西羌族的历史人类学研究》，中华书局2008年版，第117页。

关于这个传说中的主人公向述的族属，潘光旦认为，向王之“向”，就是巴务相的“相”，而向王就是廪君或其某一辈的继承人[①]。这个传说表明釜在巴文化中已经超乎了一般的器物，成为一种文化象征、文化基因、文化密码。我们以釜作为判断巴人、巴文化的认同标准，应该有其合理性。

从城背溪文化延续到大溪文化，三峡地区的釜文化处于一种相对稳定的发展过程。从新石器时代晚期开始，来自北方关中地区的西阴文化及其后续文化，来自东面江汉平原的屈家岭下层文化、屈家岭上层文化、石家河文化，来自中原地区的煤山文化，来自西面成都平原的三星堆文化，一浪盖过一浪地持续对三峡地区的釜文化形成冲击。到朝天嘴文化时期，三峡地区的釜文化已处于非常弱势的地位。但在这个漫长的历史时期，釜文化依然不绝如缕，成为维系三峡地区巴文化传统的一个鲜明标志。而到了路家河文化时期，釜文化突然兴盛起来。其间的原因很难一下子完全明了，但至少有两点值得注意：（1）巴文化与周文化的关系。周文化的崛起，可能是以釜为代表的巴文化中兴的背景。（2）釜作为巴文化的象征。

釜在路家河文化中几乎占到器物总数的三分之二，无疑是夸张地显示了釜的功能与意义。釜是一种物质的存在，对其产生认同也会涉及这一文化的其他层面。认同本身是一种意识活动，它最终转化为生产大量的釜这一行为，同时也是复活巴文化整体结构的一种表达。这就是精神变物质，也就是意识所具有的能动性的体现和产生效果的机制。这个案例比较好地说明了文化认同所具有的能动性如何推动文化的变迁。

巴文化虽然地处蜀、楚之间，与这两支文化都有过非常密切的

---

① 潘光旦：《湘西北的“土家”与古代的巴人》，载《潘光旦选集》（II），光明日报出版社1994年版，第349页。

联系，但在秦汉之际的文化大融合中，走出了完全不同的道路。蜀文化与楚文化最终融入了汉文化，而以釜为代表的巴文化得以延续，甚至分布范围还有所扩大。原因可能是多方面的：（1）楚文化与蜀文化从族源上看，本来就与中原地区的华夏集团有千丝万缕的联系；巴人则属于南蛮集团。（2）楚文化与蜀文化都生成了强大的中心聚落，形成了王国政体和相应的政治权威，成为中原王朝必须进行政治整合的对象。巴文化虽然也可能进入了方国和王国体系，但基本属于“被文明”状态，其政治影响不能对帝国的权威形成挑战，反而使其成为秦、汉帝国先后借助的军事盟友。虽然可能还有其他原因，但文化认同无疑在巴人作为一个族群延续过程中起到了至关重要的作用。

《华阳国志·巴志》：“汉高帝灭秦，为汉王，王巴、蜀。阆中人范目，有恩信方略，知帝必定天下，说帝，为募发賨民，要与共定秦。秦地既定，封目为长安建章乡侯。帝将讨关东，賨民皆思归；帝嘉其功而难伤其意，遂听还巴。谓目曰：‘富贵不归故乡，如衣绣夜行耳。’徙封阆中慈乡侯。目固辞。乃封渡沔侯。故世谓：‘三秦亡，范三侯’也。”范目有功于汉，这是他可以与汉高祖刘邦讨价还价的先决条件，但其先后辞去长安建章乡侯和阆中慈乡侯，接受渡沔侯的分封，不排除可能涉及政治或者经济利益上的博弈，但更主要的应该还是包括思乡情结在内的文化认同。这种文化认同应该是巴人、巴文化得以延续下去的一个根本原因。巴人在三巴地区经历数千年风风雨雨，最终自然成为这里的土家。这个例子说明了文化认同在抗拒文化异化时的重要作用。

近年来，学术界比较关注从礼制的角度来解释中国文明的形成。什么是礼或礼制？从本质上说，礼或者礼制是一种行为规定。人类社会的行为规定大致分为两个部分：礼与法。法规定社会的人不能怎么做；礼规定社会的人应该怎么做。法由警察、监狱等刚性的强制力量做保证，礼则由舆论等柔性的强制力量做后盾。礼与法是行为的规定，它们都是各种文化规范外显的表达。礼与法都有一个漫长的形成和发展过程，都在文明化进程中发挥了重要作用。礼形成于遥远的古代，也存在于现代；中国有，外国也有。

文化是一个社会生活模式的总和。考古学在把生产力、生产关系、亲族组织、政治组织等文化内在的物质结构以及自然环境和人文环境（其他文化的影响）等外在因素这些客观层面作为文化变迁的动力加以考察的基础上，从文化的主观层面、意识层面来理解文化变迁，把意识所具有的能动性作为文化变迁的内在动力，对文化变迁的动力和机制的理解更加全面。对文化进行这种整体性研究，应该是考古学已经发育成一门成熟的人文学科的标志。

中国近三十年间，文化、社会发生了翻天覆地的巨变，最根本的动力应该是思想解放以及由此释放的巨大能动性。在中国传统文化的基础上，吸收其他文化符合时代发展要求的先进因素，重建信仰体系等行为规范，在完善法律体系的同时，明晰全社会应该遵守的行为规定，无疑是中国现代化建设中非常紧迫的任务。

（原载于《中国文物报》2011年9月2日）

作者著述列表

一、学术著作

1.《巴史——以三峡考古为证》(独著)，科学出版社2010年版。

2.《西阴文化：中国文明的滥觞》(独著)，科学出版社2006年版。

3.《考古学：发现我们的过去》(合译，主持)，上海人民出版社2009年版。

4.《巴东楠木园》(合著，主持)，科学出版社2006年版。

5.《永远的三峡——文物世纪大抢救》(合著)，福建人民出版社2003年版。

6.《湖北考古的发现与研究》(参撰)，武汉大学出版社1995年版。

7.《商代盘龙城学术研讨会论文集》(副主编)，科学出版社2014年版。

二、学术论文

1.《湖北丹江口市莲花池墓地2009年的发掘》(余西云、张志强、郝晓晓、袁飞勇)，《考古》2017年第5期。

2.《河南淅川姜元墓地发掘简报》(李长盈、余西云)，《江汉考古》2017 年第 2 期。

3.《河南淅川县马岭汉代砖室墓发掘简报》（余西云、郝晓晓、赵新平），《考古》2016 年第 6 期。

4.《湖北郧县庹家洲遗址老官台文化遗存发掘简报》（李默然、余西云、李俊），《考古》2016 年第 1 期。

5.《穿越古代社会看古代姓族》，《光明日报》2015 年 8 月 4 日。

6.《两分结构聚落反映的亲族组织》，载《东北亚古代聚落与城市考古国际学术研讨会论文集》，科学出版社 2014 年版。

7.《华中地区两周时期的陶鬲》，载《中国陶鬲谱系研究》，故宫出版社 2014 年版。

8.《盘龙城遗址商代遗存的几个问题》，载《商代盘龙城学术研讨会论文集》，科学出版社 2014 年版。

9.《情境与情境方法》，载《庆祝张忠培先生八十岁论文集》，科学出版社 2014 年版。

10.《文化谱系论揭示文化演进规律》，《中国社会科学报》2014 年 5 月 26 日。

11.《中国考古学理论的演进》，《中国社会科学报》2013 年 7 月 24 日。

12.《三峡考古重建的巴史》，载《巴人巴国巴文化》，文物出版社 2013 年版。

13.《法国考古学者艾瑞克·博伊达眼中的早期人类起源与扩散》，《中国文物报》2013 年 4 月 26 日。

14.《三峡考古重建巴史》，《中国社会科学报》2013 年 8 月 2 日。

15.《西山城的情境分析》（余西云、赵新平），载《考古学研究》（十），科学出版社 2012 年版。

16.《能动性：文化变迁的内在动力》，《中国文物报》2011 年 9 月 2 日。

17.《从群落到帝国》，载《三峡古代聚落形态研究》，科学出版社 2011 年版。

18.《欧亚大陆新石器化研究动态》（余西云、李俊），《考古》2011 年第 4 期。

19.《湖北郧县店子河遗址发掘简报》（宋海超、余西云），《考古》2011 年第 5 期。

20.《一件战国琉璃环的 EDXRF 无损分析》（李清临 余西云 凌雪 姚政权），载《光谱学与光谱分析》2011, Vol.31 ,No.12 。

21.《河南淅川马岭遗址聚落考古的探索》（余西云、赵新平），《华夏考古》2010 年第 3 期。

22.《河南淮滨县黄土城地区区域考古调查简报》（任新雨、张志清、余西云、王炎溪），《华夏考古》2010 年第 4 期。

23.《长江中游及周边地区几类新石器早期文化的谱系与年代》，载《新果集——庆祝林沄先生七十华诞论文集》，科学出版社 2009 年版。

24.《湖北省郧县胡家窝遗址发掘报告》（李俊、余西云、龚鑫炳），《江汉考古》2009 年第 3 期。

25.《〈考古学：发现我们的过去〉译后记》，《中国文物报》2009 年 4 月 15 日。

26.《徜徉于历史的长河中——〈湖北省南水北调工程重要考古发现 I〉读后感》，《中国文物报》2008 年 4 月 9 日。

27.《关于三峡地区石器工业中的锐棱砸击制品》（李英华、余西云、侯亚梅），载《第十届中国古脊椎动物学学术年会论文集》，海洋出版社 2006 年版。

28.《湖北巴东县楠木园遗址发掘简报》（余西云、王风竹、侯亚梅、李英华），《考古》2005 年第 6 期。

29.《楠木园文化及相关诸问题》，《中国文物报》2005 年 9 月

30 日。

30.《湖北巴东楠木园遗址 2001 年夏季发掘简报》（王风竹、罗运兵、余西云），《江汉考古》2004 年第 3 期。

31.《考古遗存的分类与形式》，载《庆祝张忠培先生七十岁论文集》，科学出版社 2004 年版。

32.《西阴时代：中国文明的滥觞》，《武汉大学学报》2004 年第 6 期。

33.《巴东楠木园遗址的发现与研究》（王风竹、余西云），载《重庆·2001 三峡文物保护学术研讨会论文集》，科学出版社 2003 年版。

34.《三峡库区先秦时期的文化变迁》，载《2003 年三峡文物保护与考古学研究学术研讨会论文集》，科学出版社 2003 年版。

35.《楠木园：三峡考古的一个坐标点》，《文物天地》2003 年第 6 期。

36.《建构三峡古文化序列的力作》，《中国文物报》2002 年 2 月 1 日。

37.《鄂巴东楠木园一期遗存发掘》，《中国文物报》2001 年 12 月 28 日。

38.《下王岗"仰韶文化一期"遗存试析》，载《中国考古学跨世纪的回顾与前瞻》，科学出版社 2000 年版。

39.《罗山姚台子遗址发掘获重要成果》（张志清、王然、赵志文、余西云），《中国文物报》1998 年 3 月 1 日。

40.《湖北宜城郭家岗遗址发掘》（王然、余西云、李福新），《考古学报》1997 年第 4 期。

41.《湖北江陵朱家台遗址 1991 年的发掘》（余西云、刘琳、黄文新、胡文春），《考古学报》1996 年第 4 期。

42.《长江中游新石器时代的陶鼎研究》，《华夏考古》1994 年第

2 期。

43.《关于“石家河文化”的几个问题》（陈冰白、余西云），《江汉考古》1993 年第 4 期。

44.《三元宫遗址的分期及其文化性质》，《江汉考古》1992 年第 2 期。

后　记

1983年，我懵懵懂懂地考入吉林大学考古专业，在那里遇到了张忠培、林沄、陈雍等诸位先生，他们把我带进了学术天地。1987年开始跟随张忠培先生攻读硕士研究生，方向为中国新石器时代考古，硕士论文是《长江中游新石器时代的陶鼎研究》。1990年硕士毕业后来武汉大学考古专业工作，最初的几年，完成了《三元宫遗址的分期及其文化性质》，与陈冰白先生合作完成《关于“石家河文化”的几个问题》，在朱家台遗址1991年的发掘报告中讨论了“大溪文化”的内涵与分期。这几篇论文聚焦于江汉地区新石器时代的文化谱系。

我的第一个教学任务是1990年下半年与王然先生等一起带领88级考古班去宜城郭家岗实习。这是一处东周时期的居住遗址，文化内涵非常丰富，揭示的层位关系明确，直到今天，仍然是讨论楚文化分期的基石。2000年开始承担湖北巴东楠木园等三峡考古项目，此后数年，重点关注了三峡地区夏商周时期的文化谱系，完成了发掘报告《巴东楠木园》（科学出版社2006年版）、专著《巴史——以三峡考古为证》（科学出版社2010年版），与王风竹先生合作完成《永远的三峡》（福建人民出版社2003年版）等。近年完成的《盘龙城遗址商代遗存的几个问题》和《江汉地区两周时期陶鬲谱系研究》，可以算是当年工作的延伸。2006年开始参与南水北调中线工程考古项目，承担的项目既有淅川马岭、郧县庹家洲等新石器时代遗址，也有一些秦汉时期的遗址，研究兴趣也随之后移，目前已经初步完成了湖北丹江口莲花池、河南淅川马岭等多个遗址秦汉时期遗存的发掘报告。我的相当一部分论文和报告，采用谱系研究方法，对江汉地区的文化历史进行重建，这是第一编的内容，也是论文集题目的来由。

1995年开始跟随张忠培先生攻读博士学位，学位论文选题研究西阴文化，主要是希望拓展一下学术视野，将研究的空间拓展到中国北方。在对西阴文化建立时空框架的基础上，通过文化谱系研究，揭示其动态变迁过程；借助聚落形态，考察这一时期的社会组织及其发展，由此触摸到了中国文明起源这个重大学术课题（《西阴文化：中国文明的滥觞》，科学出版社2006年版）。

2002年，斯洛文尼亚卢本亚娜大学的米哈伊尔（Mihael Budja）先生到访楠木园遗址，2003年邀请我参加他主办的“欧亚大陆新石器化研究论坛”。在会上认识了一些欧洲研究新石器化的学者，并跟法国高等实践研究院的让-皮埃尔·波切特-艾蓓尔先生等人建立了长期的合作关系，他们把我带到“新石器化”研究领域。其后数年，我对楠木园遗址、三峡地区、长江中游地区的新石器化进行了初步研究，对欧亚大陆的新石器化研究一直保持关注。

参与南水北调考古之初，我很想进行聚落考古的探索。在张志清先生等的支持下，我们选择淅川马岭遗址进行尝试，最终得偿所愿，揭示出了比较完整的史前聚落。对其聚落形态反映的亲族组织，目前已经完成了《马岭：穿越古代社会看姓族》、《两分结构聚落反映的亲族组织》等前期成果。这些研究是对文化内涵的复原，论文收在第二编，涉及的空间不局限于江汉地区。

第三编收录的论文则主要反映了我对考古学的概念、方法和理论的一些思考。攻读博士学位期间，导师张忠培先生就督促我说，博士论文往往奠定一个人的学术地位，应该有一定的理论追求。循着先生的指导，我在论文中对地层学、类型学和考古学文化等方法和概念进行了讨论，但未能达到理论层面。博士论文完成后，我和几位学生翻译了《考古学：发现我们的过去》（上海人民出版社 2009 年版），对美国考古学的理论变迁有了一定的了解，然后再回过头来领悟中国考古学理论演进的脉络。2010 年《巴史——以三峡考古为证》发表之后，意犹未尽，思绪升腾，最终完成了《能动性：文化变迁的内在动力》，在博士毕业十年之后，算是完成了先生交给的任务。

论文集付梓之际，先生遽归道山。文集中的论文是我追随先生治学的见证，谨此寄托我对先生深深的哀思！

余西云

2017 年 7 月 10 日